교육 전문 팟캐스트 '나비 프로젝트'와 그 뒷이야기

혁신 교육
나비게이터
곽노현입니다

발행일   2015년 8월 10일 초판 1쇄 발행

글쓴이   곽노현

발행인   방득일

편 집   신윤철, 신중식

디자인   강수경

마케팅   김지훈

발행처   맘에드림

주 소   서울시 중구 퇴계로길 48길 26(묵정동 31-2) 2층

전 화   02-2269-0425

팩 스   02-2269-0426

e-mail   nurio1@naver.com

ISBN 978-89-97206-32-2 03370

교육 전문 팟캐스트 '나비 프로젝트'와 그 뒷이야기

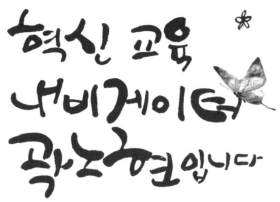

혁신 교육 내비게이터 곽노현입니다

곽노현 편저 · 해제

맘에드림

곽노현의 나비 프로젝트 훨훨 날아봐,
오늘 순서 시작합니다

"아니, 방송을 그렇게 갑자기 끝내면 어떡해요?"

방송 PD 출신으로 모든 방송 시간을 함께하며 도와준 전문갑 (곽노현과함께하는사람들 대표) 씨가 생방송을 마치고 나오는 나를 향해 쓴소리를 날린다. 조심했어도 또 실수를 한 모양이다. 방송 진행자는 바늘방석에 앉은 것과 같다. 방송을 보는 사람은 물론 만드는 사람들도 한마디씩 거든다. 진행자의 표정, 복장, 분장, 말투, 활력은 모두의 눈에 확 드러난다. 출연자와의 친밀도나 주제에 대한 소화 정도도 금세 드러난다. 방송은 강한 공공성 때문에 진행자가 한시라도 긴장을 풀 수 없다.

진행자는 출연자의 발언을 주의 깊게 들으며 시청자를 대신해서 질문을 준비해야 한다. 답변을 들으면서 다음 화제로 넘어갈 시점을 저울질해야 한다. 시간 관리는 기본이다. 더욱이 방송에

선 일상의 대화나 강의보다 톤을 높게 잡고 진행해야 활력 있게 들린다. 진행자가 힘이 빠지면 출연자도 힘이 덩달아 빠지기 때문에 목소리 톤을 높게 유지하려니 힘이 곱절은 든다. 그래서 한 시간만 하고 나도 피로감이 몰려온다. 특히 서로 다른 꼭지 3개를 숨 돌릴 틈 없이 생방송으로 진행했기 때문에 더 힘이 들었다. "오늘 방송 여기까집니다"라는 클로징 멘트가 몹시도 기다려지는 나날이었다.

그렇게 팩트TV에서 1년간 매주 1시간씩 진행했던 〈곽노현의 나비 프로젝트, 훨훨 날아봐〉를 한 권의 책으로 묶어 세상에 내놓는다. 〈곽노현의 나비 프로젝트〉는 최초의 교육정책 인터뷰 전문 방송프로그램이었다. 2회를 방송하고 나서 세월호 참사가 발생했다. 현장 중계 전문 팩트TV는 팽목항 현장 중계에 모든 역량을 집중해야 했다. 당시 온 세상이 울음바다에 빠져 완전 정지 상태였다. 〈곽노현의 나비 프로젝트〉도 5회나 중단하지 않을 수 없었다. 그런 가운데 교육감 선거가 코앞으로 다가왔다. 심기일전하여 조희연 후보를 필두로 전국의 진보 교육감 후보들을 일일히 인터뷰하며 방송을 재개했다. 그리고 2014년 6월 4일 지방선거에서 17개 시도 교육청 중 13개를 진보 교육감이 휩쓸었다. 서울, 인천, 부산, 세종, 경남, 충남, 충북, 제주를 새로 맡게 되었다는 점에서 질적으로도 의미가 큰 압승이었다. 어느 시인의 표현처럼 "희망은 참으로 격렬하게 왔다." 〈곽노현의 나비 프로젝트〉는 교육 혁신 지원 방송을 자임하며 진보 교육감 2기 첫 9개월을 지켜보고 성원하는 행운을 누렸다.

　평소 방송 진행을 해보고 싶었다. 오디오, 비디오가 다 된다(?)는 주변의 평가와 권유에 솔깃한 측면도 있었지만 교육 전문 방송 프로그램을 해야겠다고 마음먹은 데는 크게 두 가지 이유가 있었다. 첫째, 2014년 6월 4일로 예정된 교육감 선거에서 진보 교육감이 많이 당선되려면 일반 시민들이 교육개혁과 학교 혁신을 위한 각종 현안과 쟁점을 제대로 파악할 수 있도록 대중 친화적인 교육 전문 프로그램이 필요하다고 생각했다. 이러한 이유로 교육감 선거를 100일 정도 앞둔 시점에 다소 서둘러서 방송을 시작했다. 둘째, 개인적으로는 교육 문제에 감을 놓치고 싶지 않았다. 기왕 시작한 일, 본격적으로 교육을 공부하고 싶었다. 그때그때 가장 논란이 되는 교육 의제와 쟁점에 대해 최고의 전문가를 모셔서 이야기를 나누며 배우기에는 방송만 한 것이 없다고 생각했다.

　매주 교육 의제 하나에 30분, 자녀 교육 상담에 10분, 정책 현안 하나에 20분 모두 세 꼭지를 구성해서 1시간씩 생방송했다. 매주 따끈따끈한 주제를 잡고 최고의 전문가를 섭외하는 데 시간을 썼다. 방송 인터뷰를 매끈하게 진행하려면 인터뷰 주제와 인물에 대해 깊이 있는 공부를 해야 한다. 그렇지 않으면 무미건조한 이야기만 오가기 쉽다. 잘 준비된 방송과 그렇지 않은 방송은 확연히 차이가 난다. 특히 늦어도 방송 개시 1시간 전에 출연자들의 얘기를 집중적으로 듣는 것이 필수다. 이 시간은 질문지 행간과 배후의 생생한 이야기와 고민을 듣는 시간이다. 진행자로서는 비로소 주제에 대한 이해의 폭이 늘고 깊이가 생긴다. 질문지를 대폭 수정하고 질문 순서와 코멘트의 대강을 잡게 된다. 이렇게 두세 시간을 지내면 마치 전투 치르고 난 후의 기분이 든다. 아마도 모든 방송 진행자가 비슷한 경험을 하지 않을까 싶다.

　TV 방송 강의를 많이 해본 방송대 교수 출신으로서 나는 나름대로 방송 진행에 자신이 있었다. 그러나 결과는 신통치 않았다. 막상 1년 만에 접고 나니 아쉬움이 컸다. 그러던 차에 혁신 교육과 혁신학교 전문 출판사로 이름난 맘에드림 출판사 방득일 대표로부터 방송 인터뷰를 책으로 만들고 싶다는 연락을 받았다. 얼마나 기뻤던지! 이 책은 그 결실이다. 교정 과정에서 몇 차례 읽어보니 당시 1년의 고민과 노력이 손에 잡힐 듯 생생하다. 방송 인터뷰 입말을 풀어선지 술술 읽히는 장점이 있다. 내용도 지금의 교육 지형과 과제, 현안을 전체적으로 이해하는 데 부족하지 않은 것 같다. '지금 알아야 할 최소한의 교육 이야기'라는 부제를 붙인 이유다.

많은 분들의 도움이 없었더라면 〈곽노현의 나비 프로젝트〉는 몇 차례 하지 못하고 문을 닫았을 것이다. 이 책이 생생하게 말해 주듯이 최고 전문가들이 출연료도 없이 기꺼이 참여해주셨다. 줄 잡아서 80분도 넘는다. 이름 없고 인기 없는 방송인 줄 알면서도 나를 돕고 싶은 마음으로 먼 길을 마다 않고 달려와 출연해주신 모든 분들에게 깊이 감사드린다.

방송 인터뷰 중 어떤 것을 책으로 묶어낼지는 전적으로 출판사 의 판단에 따랐다. 이 번거로운 일을 맡아 멋진 작품을 내준 맘에 드림 출판사 방득일 대표와 신윤철 주간에게 깊이 감사드린다. 방송 인터뷰를 몇 차례나 들어보고 선별한 후 일일이 녹취를 풀고 교정하는 긴 작업을 해 주셨다. 1년 동안 〈곽노현의 나비 프로젝 트〉에 멍석을 깔아준 팩트 TV 김태일 대표, 신재관 제작국장, 김 민영 PD에게 감사드린다. 언제나 격려해주신 이기명 선생님께도 특별한 감사를 드린다.

끝으로 나와 함께 매주 기획 회의를 하고 함께 섭외에 나섰으며 일일이 방송을 모니터해주며 끊임없는 요구를 쏟아냈던 전문갑, 강민정 선생을 비롯해서 방송이 있는 날마다 내 방송 진행의 질에 따라 감정의 진폭을 경험했던 '나비톡방' 동지들에게 깊은 감사의 말씀을 드린다. 박재동 화백님을 필두로 이분들의 애정 어린 관심과 성원이 없었더라면 방송 기획과 섭외 자체가 불가능했을 뿐 아니라 시청자가 많지 않은 방송 진행의 어려움을 견뎌내지 못했을 것이다. 특히 손명선, 한기현, 신동진, 박숙경 선생께 특별한 고마움을 전한다. 두고두고 사랑의 빚을 갚아나가겠다고 다짐한다.

마침 진보 교육감 2기가 1주년을 넘겼다. 진보 교육감들은 현재 우리나라의 희망 등불이다. 오늘의 학교와 교실에서 자라는 것은 비단 아이들뿐만이 아니다. 우리나라 민주주의와 공공성의 미래, 진보의 미래가 학교와 교실에서 형성되고 있다. 한국의 미래가 이분들에게 달려있다고 해도 과언이 아니다. 공교육은 누가 뭐래도 민주주의와 공공성을 위한, 민주주의와 공공성에 의한, 민주주의와 공공성의 교육이 되어야 한다고 믿는다. 진보 교육감들이 아이를 살리고 민주주의를 살리며 미래를 살리는 교육개혁과 학교 혁신에서 반드시 큰 성공을 거둬서 꺼져가는 희망의 불씨를 다시 환히 밝히기를 기대한다.

차 례

혁신 교육 ⊕
내비게이션
곽노현입니다

1장

자 — 녀 — 교 — 육

황 선 준

남 상 철

혁신 교육 ✱
나비게이터
곽노현입니다

자녀에게 줄 수 있는
최고의 선물

곽노현 스웨덴 교육 전문가, 황선준 박사 모셨습니다. 제가 알기로 황 박사님은 반은 스웨덴 사람이라는 말이 있습니다. 스웨덴에서 몇 년을 사셨나요?

황선준 스웨덴에서 거의 27년 살았습니다.

곽노현 그런데 스웨덴에서 박사 하시고, 교수 하시고, 고위 공무원 하시고, 예쁜 집도 있고, 말도 있다고 들었습니다. 그런데 왜 다 버리고 한국에 오셨습니까? 특별한 동기가 있으셨습니까?

스웨덴 복지국가의 철학 : '모든 개인은 독립되어야 한다.'

황선준 당연히 있지요. 가장 큰 동기는 그래도 한국 교육 때문입니다. 제가 스웨덴에 살면서 한국에서 나오는 신문들을 쭉 훑어보고 있었습니다. 특히 교육 문제에 관심이 있었습니다. 한국에서는 어른들이 아이들을 다그치면서 아이들을 진짜 힘들게 하고 있다고 생각했습니다. 학부모들도 아이들 교육 때문에 너무 고생하고 있었습니다. 모든 사람들이 이런 상황에서 손해를 보며 소중한 것을 잃고 있는 모습이었습니다. 그래서 어떤 식으로든 돌파구를 마련해 보고자 한국에 왔습니다.

곽노현　지금 거의 교육감 선거 출사표 듣는 기분이었습니다. 스웨덴 하면 다들 알다시피 복지국가 아닙니까? 사실은 우리나라도 이것저것 조금조금 하고 있습니다. 스웨덴 복지국가와 우리나라 복지국가의 철학에는 어떤 차이가 있습니까?

황선준　한국 복지국가의 철학은 제가 아직까지 파악을 못했습니다. 안 보입니다. 그러나 스웨덴 복지국가의 철학은 아주 뚜렷합니다. 모든 개인은 누구에게도 의존해서는 안 된다, 독립되어야 한다는 철학이 아주 강합니다. 그래서 모든 개인도 평등해야 한다는 것이 스웨덴 복지국가의 철학입니다. 아이들이 18세가 넘으면 부모들한테 절대 의존하지 않고 살아갈 수 있게 해줍니다. 이것은 부부 간에도 마찬가지로 적용됩니다. 많은 나라에서 남편과 아내가 서로 보완한다고 얘기를 하는데, 스웨덴은 다르게 얘기를 합니다. '남편과 아내는 서로 독립되어야 한다. 경제적으로도 독립되어야 하고 법적으로도 독립되어야 한다. 평등해야 한다. 그랬을 때 참 사랑이 생길 수 있다. 그리고 나이가 들어서 부모가 되었을 때에도 자녀들한테 의존하지 않도록 해야 한다.' 그래서 스웨덴은 연금 제도나 돌봄 제도가 잘되어 있습니다. '모든 개인은 독립되어야 한다.'는 것이 스웨덴 복지국가 철학의 가장 깊은 생각이 아닌가 싶습니다.

곽노현 독립된 개인 간의 사랑과 연대, 이것이 스웨덴 복지국가의 철학이라는 말씀이시네요. 성경에서 사랑장이라고 불리는 고린도전서 13장에 '사랑은 의존하지 아니하며', 이것을 반드시 넣어야겠어요. 굉장히 멋진 이야기 같습니다. 부모와 자녀 간에도 서로 의존하는 관계가 되지 않도록 국가와 공동체가 최대한 지원해준다는 것인데요, 그래서 스웨덴의 출산율이 상당히 높은 것 같습니다.

황선준 스웨덴 출산율은 한국보다 2배 높습니다. 한국이 0.9~1.2 정도 되면 스웨덴이 1.9~2.1 정도 됩니다. 우리나라 같은 경우 많은 젊은이들이 결혼을 안 하려고 하고 결혼을 해도 아이를 낳지 않으려고 합니다. 왜냐하면 아이를 낳고 키우는 것이 너무 힘들어서 그렇습니다. 그런데 스웨덴의 경우는 사적 영역이라고 하는 육아에 국가가 개입해서 복지를 많이 펴고 있습니다. 유급 육아휴직, 아동 수당, 아주 탄탄한 공공 유아학교를 통해서 여성이든 남성이든 육아와 직장 생활을 병행할 수 있도록 해놓은 것이 스웨덴 복지입니다. 그래서 스웨덴 출산율이 그렇게 높습니다.

곽노현 그거 부럽네요. '2.1연구소'라는 걸 만든 분이 있습니다.

여기서 '2.1'은 출산율 2.1을 의미하는 건데요. 스웨덴은 이미 2.1 이군요. 우리가 1.1 정도이기 때문에 2.1로 가자고 이계안 전 의원이 만든 연구소가 '2.1연구소'입니다.

한국 교육은 가정을 파괴하고 있다

황선준 사실 출산율이 1 정도 되면 상당히 문제가 많습니다. 나중에 20년~25년 후에 한국의 인구 구조가 역피라미드 형태로 됩니다. 그렇게 되면 생산력을 가진 인구가 줄어들고 부양해야 할 사람 수가 많아지기 때문에 큰 문제가 됩니다. 이런 문제를 사회적으로 심각하게 이야기해야 합니다.

곽노현 출산율이 사회 제도와 구조의 결과라는 것은 놀라운 것 아닙니까? 과거에 출산율을 사회적 현상으로 보는 경우는 드물었습니다. '가장 깊은 의미의 구조적 현상이 출산율이다.' 이렇게 얘기할 수 있다는 것이 스웨덴과 한국의 비교를 통해서 명백해지는 것 같습니다. 이제 책 이야기로 돌아가겠습니다. 이 책 제목이 심상치 않습니다. 《스칸디 부모는 자녀에게 시간을 선물한다》, 이 제목을 보는 순간 굉장히 건방지다는 생각도 듭니다. '아니, 한국 부모는 자녀에게 시간을 선물하지 않으려 하는가?' '어느 부모가 자녀와 함께 지내고 싶어 하지 않을까?' 다만 우리는 저녁이 없는 삶을 살고 있는 사람이 너무 많고 근로시간이 너무 긴 결과로 이런 것들이 일어나는 것인데, 스칸디나비아 부모들은 자녀에게 시간을 선물한다고 할 때 이 말의 참뜻은 어떤 겁니까?

황선준 제가 2011년 한국에 와서 가장 심각하게 느낀 것이 우리나라 가정이 파괴되어 있다는 것이었습니다. 아버지는 아버지대로, 어머니는 어머니대로 바쁘고, 그리고 아이들은 학원을 전전합니다. 이런 가정 속에서 어떻게 인성 교육과 민주주의 교육을 할것인가? 그리고 이것이 학교와 계속 연결이 되어 있어야 하는데안 되어 있습니다. 그래서 학자로서 학문적인 글을 써야 되는데대중적인 글을 써서 한국에 경종을 울리자는 생각에 이 책을 썼습니다. 제가 볼 때 한국 사회의 가장 큰 문제 중 하나는 일과 삶 사이의 불균형입니다. 일이 언제나 우선이고 삶은 뒷전입니다. 근로시간은, 한국이 2200시간, 미국이 1700시간, 독일이 1200시간입니다. 한국인은 엄청나게 많은 일을 하고 있습니다. 학생들의공부도 마찬가지입니다. 우리는 일하는 시간을 좀 줄여서 가정으로 돌아와야 합니다. 여성만 가정으로 돌아오라는 얘기가 절대아닙니다. 남성도 같이 돌아와서 공동육아와 공동 가사를 해야합니다. 지금은 21세기입니다. 그렇게 해야 합니다.

곽노현 맞습니다. 많은 반성이 됩니다. 제가 얼마 전 박재동 화백의 부부 전시회에 갔는데 그림 하나가 잊히지 않습니다. 그 그림에 대한 설명을 들었는데, 박재동 화백이 저녁 8시에 집으로 들어가는데 마치 조퇴하고 가는 학생 기분이 들더라는 겁니다. 이

땅의 아버지들이 깊이 공감하지 않을 수 없는 내용인데 반성해야 겠습니다. 그러나 반성하기 위해서 우리는 투표를 잘해야 합니다. 저녁이 없는 삶도 전혀 자연현상이 아닙니다. 불가피한 현상이 아닙니다. 먹고살기 위해서 반드시 그렇게 해야 되는 것이 아니라는 것을 전 세계 많은 나라들이 보여주고 있습니다. 《스칸디 부모는 자녀에게 시간을 선물한다》를 읽으면서 저는 '사람 사는 방식이 이렇게 다를 수가 있구나!', '그러면서 얼마든지 행복할 수가 있구나!' 하는 생각이 들었고, 그것이 가장 감명 깊었습니다. 한국의 부모 마음이나 스칸디나비아 부모 마음이 다르지 않을 겁니다. 마음은 다르지 않은데 행태는 다릅니다. 어디 차이가 나는 겁니까?

성적은 있지만 석차는 없다

황선준 양쪽 나라 부모님들 모두 아이들을 생각하는 마음은 똑같습니다. 그런데 아이들을 대하는 방식이 크게 다릅니다. 한국의 부모들은 그야말로 아주 세밀한 부분까지 결정해서 아이들에게 이렇게 하라 저렇게 하라는 경향이 매우 강하지만, 스웨덴 같은 경우는 절대 그렇게 하지 않습니다. 아이들의 자율성과 독립심을 키웁니다. 아주 어릴 때부터 밥을 혼자 떠먹게 한다든지 유치원에 갈 때 아이들이 옷을 직접 입게 한다든지 초등학생만 되어도 외국 여행을 갈 때 모든 가방을 자기가 직접 싸야 합니다. 만약에 빠트린 부분이 있으면 다음엔 절대 안 빠트리게 됩니다. 이런 형태로 독립심을 키워주고 공부하는 것도 마찬가지입니다. 자기주도학습을 아주 어릴 때부터 하게끔 한다는 점에서 스웨덴은 한국과 상당히 다릅니다. 독립심을 키워주느냐 키워주지 않느냐, 여기에 큰 차이가 있습니다.

곽노현 그러니까 가정에서는 아이들에게 독립심을 키워서 자율성과 책임감을 길러준다는 이야기인데요. 자기의 일은 자기가 알아서 하는 버릇을 길러주지 후견주의적인 간섭이 매우 약하다는 뜻이지요. 이건 문화라고 생각이 들긴 하는데요. 그런데 사회적으로 보면 우리는 아이 중심적인 사회가 아닌 것이 틀림없습니다. 황 박사님이 쓰신 책을 보고 또 하나 놀랐던 것이 아파트 주차장 사건입니다. 그것 때문에 27년 만에 '기러기 가족'이 되어 버리셨는데, 그 내용을 설명해 주세요.

황선준 제가 박사학위를 마치면 한국에 가서 살기로 집사람과 약속을 했었어요. 그래서 박사학위를 마치고 직장도 구할 겸 해서 한국에 왔습니다. 서울부터 경남까지 내려가서 많은 사람을 만났는데, 한번은 저희 동생 집을 찾아갔습니다. 차를 주차하고 점심을 먹고 집사람은 밖에서 애들하고 놀겠다고 나갔다 왔어요. 그날 부모님께 한국에 돌아오기로 인사를 하고 스웨덴으로 돌아왔는데 집사람이 한국으로 안 가겠다는 얘기를 하는 겁니다. 제가 왜 그러느냐고 물어보니까, 나한테 동생네 집에 갔을 때를 기억하느냐고 물으면서 집사람이 이런 이야기를 하는 거예요. "그 아파트 놀이터가 응달에 있는데, 그것이 한국에서 아이들과 여자들을 보는 시각이다. 한국에서 저렇게 아파트를 짓고 설계를 해도 누구 하나 얘기하지 않는 그런 사회 속에서 우리 아이들을 어떻게 키우고 내가 거기에 가서 어떻게 사느냐, 한국으로 못 돌아간다." 그래서 제가 바로 포기를 했습니다.

곽노현 저는 책을 통해서 알고 있었는데도 이 말씀을 들으면서 전율을 느꼈어요. 여성과 아동의 시각에서 세상을 디자인하지 않는 사회와 그렇게 디자인하는 사회의 차이는 얼마나 큰 것일까 하는 생각을 했는데요. 지금 말씀하신 내용이 실질적 복지국가의 정의일 것 같습니다. 제가 그 책을 보면서 놀랐던 것 중의 하나로 한국식 아빠와 스웨덴식 엄마의 차이를 극명하게 드러내주는 성적표 사건이 있습니다.

황선준 아이들 키울 때 갈등이 상당히 많았습니다. 특히 아이들 교육 때문에 갈등이 많았습니다. 한번은 집사람이 아들더러 아버지한테 성적표를 보여주라고 했어요. 좋은 성적, 최고의 성적을 받았다며 우리 아들이 나한테 보여줬어요. 보니까 그야말로 최고 좋은 성적을 받았어요. 그때 제가 아들한테 바로 질문한 것이 있습니다. "너희 반에서 몇 명이나 이 성적 받았냐?" 그러니까 아이가 이해를 못하고 굉장히 상을 찡그렸어요. 집사람은 그 질문을 알아차리고 굉장히 화를 냈어요. 왜 당신 아이와 다른 친구들을 비교하느냐. 비교 안 하고 좋은 성적 받아왔으면 잘했다고 왜 등을 좀 두드려 주지 못하느냐 그러면서 아들한테 하는 얘기가 아버지한테 다시는 성적표 보여주지 말라는 것이었습니다. 그래서 아들이 그 후로는 성적표를 저한테 한 번도 안 보여준 것 같습니다. 스웨덴 학교에도 성적은 있습니다. 그러나 아이들 사이에 석차는 전혀 없습니다. 그것이 굉장히 큰 차이라고 생각합니다.

곽노현 원래 석차는 종목별 성적에만 있는 것이지, 총체적 인생 성적에는 불가능한 거잖아요. 그런데 우리는 언제나 '전체에서 몇 등 했대?', '전 과목, 전체 몇 등 했대?' 이렇게 묻게 됩니다. 그랬다가 "아빠한테 성적표 보여주지도 마!" 하고 혼났다는 말씀이었습니다.

곽노현 봄이 왔습니다. 그런데 우리 마음속에 봄이 없습니다. 옛날식으로 말씀 드리자면 춘래불사춘(春來不似春)이라 이렇게 말씀 드려야 될 것 같습니다. 우리 교육이 특히 그렇습니다. 더더욱 우리 서울 교육이 그렇습니다. 혁신학교를 평가도 하지 않고 폐지하겠다는 방침부터 내놓았습니다. 학교 급식에서 친환경 비중을 높여도 시원치 않은데 대폭 낮추라고 지시했습니다. 여중고 앞에 호텔을 짓기 위해서 학교보건법까지 뜯어 고치겠다고 합니다. 그래서 좀 지난 얘기입니다만 똑같은 어조로 묻지 않을 수 없습니다. "이래도 안녕들 하십니까?" 저에겐 이런 모든 퇴행이 제가 중도 하차했기 때문이 아닌가 하는 남모를 아픔이 있습니다.

그래서 앞으로 다가올 전국동시지방선거에서 교육감 선거가 정말 중요합니다. 다른 선거에 비해서 교육감 선거에 쏟는 관심이 상대적으로 적은 것 같습니다. 그런데 우리 아이들이 나비로 훨훨 날아다니기 위해서는 우리 아이들이 나비의 꿈을 실현하기 위해서는 교육감 선거가 결정적입니다. 여기저기 봄날이 되면 나비가 날아다닙니다. 그 나비들보다 훨씬 더 아름다운 나비들, 우리 아이들 하나하나입니다. 우리 아이들이 나비처럼 자유롭게 훨훨 날아다닐 때까지 여러분과 함께할 겁니다.

책 안 읽는 아이,
마음을 먼저 읽어야 한다

남상철   오늘은 부모와 교사들의 가장 큰 고민거리, 독서에 대해서 얘기를 하려고 합니다. 중1 여학생인데 책을 좋아하지 않고 스마트폰만 자꾸 하는 겁니다. 이런 고민거리를 가지고 학부모님이 상담을 신청하셨습니다.

곽노현   원인이 뭘까요?

세상을 읽는 지혜로운 태도

남상철   책을 안 읽을 때 원인은 참 다양한데요. 중학교 1학년 때쯤 되면 문학, 비문학 등 여러 가지 책들을 많이 읽어야 하는 상황이기 때문에 사실 책을 안 읽는다고 하면 많이 걱정하고 또 그렇게 걱정이 되니까 보통 할당량을 정해줍니다.

곽노현   강제로요?

남상철 네. 그런데 그것이 아이들에게는 크게 도움이 안 되고 있습니다.

곽노현 사실 책을 안 읽는다는 것은 세상에 호기심이 없다는 것 아닌가요? 가장 큰 이유는 호기심이 사라진 것 아닙니까? 그럼 어떻게 해야 됩니까? 건강한 대응은 어떻게 하라는 겁니까? 예를 들면 윽박질러서 "인마, 너 책도 안 읽고 뭐하는 거야?" 보통 그럴 수 있잖아요.

남상철 책에 대한 호기심, 문자에 대한 호기심은 사라졌다고 볼수는 있습니다. 하지만 세상에 대한 호기심은 살아있습니다. 그 단적인 예로 스마트폰을 보고 채팅을 한다는 것은 최소한 친구들과 소통을 하거나 고민거리를 나눈다는 거니까 그런 면에서 아이가 세상에 대해서는 관심이 많다고 볼 수 있습니다. 그래서 지금까지는 이런 문제가 나왔을 때 다들 어떻게 책을 많이 읽게 할 것인가라는 부분에서만 신경을 썼습니다. 그런데 오늘은 우리가 그렇게 접근하지 말고 관계의 시대, 융복합의 시대를 맞이했으니까 조금 다른 방법으로 한번 해보고자 합니다. 아이가 책을 안 좋아하고 스마트폰만 하는 상황이 요즘은 다 책으로 나와 있습니다. 그런데 우리는 그러한 내용을 책으로 읽고 책에서 자꾸 토의하려고 하는데요. 그것이 아니라 아이가 처한 상황 자체를 읽어야 할 텍스트로 보아야 합니다.

곽노현   그렇죠. 그건 맞는 말씀입니다. 그러니까 '세상 모든 것이 읽어야 할 책이다.' 이렇게 생각하고 아이가 처한 상황 자체를 읽어야 할 텍스트로 보는 것이 부모가 해야 할 일입니다. 그런데 부모에게 그럴 마음이 안 들면 어떻게 해야 할까요?

남상철   그러니까 지금까지 독서라는 개념 자체가 책 읽기에 너무 한정돼 있다 보니까 아이들이 책을 안 보고 있으면 부모들은 야단만 쳤습니다. 아이들은 책상 위에 책은 펴놓고 있지만, 사실은 딴짓하고 있습니다. 머릿속으로는 딴 공상을 하고 있습니다. 그런 부작용을 우리가 이제는 알아차려야 합니다. 부모님들에게 그런 일이 습관이 안 돼 있지만, 아이들한테 그 상황을 물어볼 수는 있습니다.

곽노현   어떻게 물어보나요?

온라인 세상에서 느끼는 대리만족

남상철   우리 1학년 여자아이 이름을 은경이라고 하고 한번 해보겠습니다. "은경아, 요즘 스마트폰 많이 보네. 어떤 것이 제일 재밌어?"

곽노현   "게임이 제일 재밌어요."

남상철 "그렇구나. 요즘 어떤 게임 해? 아빠는 바빠서 잘 못하는데"

곽노현 "순정 러브 게임 해요."

남상철 "'순정 러브 게임'(?) 어, 어떤 내용이야?"

곽노현 "어우, 거기 들어가면 내가 왠지 굉장히 기분 좋은 캐릭터가 돼요. 때로는 공주님 같고 환상도 충족이 되고 그렇거든요. 대접 받는 느낌이 들어요."

남상철 "어, 그렇구나! 그러면 거기에서 뭐할 때가 가장 기분이 좋아? 공주 대접 받을 때?"

곽노현 "역시 왕자님을 만났을 때에요. 그리고 그 사람의 환심을 샀을 때."

남상철 "그래, 그러면 그 왕자님을 만났을 때, 그 왕자님이 너한테 뭘 해줄 때 가장 기분이 좋아?"

곽노현 "아~, 역시 나를 인정해 주고 나를 맞춰주고 그래서 기분이 좋은 거예요."

남상철 "그렇구나! 그래서 네가 이렇게 그 게임을 좋아하는구나!

그러면 게임 속에서는 그렇게 행복하고 기분이 좋은데 학교생활이나 집에서는 너한테 그렇게 맞춰주는 사람 있어?"

곽노현 "아이~ 사실은 잘 없어요. 엄마가 맞춰주지 않잖아요. 맨날 야단만 치고."

남상철 "응~ 그래? 이런 얘기를 은경이가 평상시에 안 했는데 엄마의 어떤 부분에 대해서 네가 그렇게 속상해?"

곽노현 "아니 그걸 안 한다고 해서 모르시면 어떡해요? 그냥 아셔야지~"

남상철 이렇게 아주 급조해서 우리가 대화를 나눠봤는데 지금 여기까지만 대화를 해도 아이가 집이나 학교에서 행복하지 않고 온라인과 게임 속에서 대리만족을 누리고 있다는 것을 알아낼 수가 있거든요. 바로 그렇게 아이의 마음을 읽을 때 아이는 비로소 스트레스가 풀리면서 사실은 현실로 다시 돌아와서 책을 읽고 싶은 마음도 듭니다. 이런 대화를 하다 보면 사실 아이가 책을 안 읽는다는 것은 책이 도움이 안 되기 때문에 재미가 없기 때문입니다. 이런 대화 자체가 책을 읽고 토론이나 대화하는 것 못지않게 중요합니다. 바로 그런 부분에서 부모가 아이라는 텍스트를, 사실 어떻게 보면 아이를 읽어야 합니다. 우리가 책을 읽으라고 할 것이 아니라 아이가 어떤 마음 상태인지 아이의 기분이 어떤지 읽어줄 수만 있다면 사실 아이는 책에 관심을 가질 가능성이 더 커진다는 얘기입니다.

긍정적 수용과 질문이 소통을 돕는다

곽노현 맞는 말씀인데, 부모가 아이를 어떻게 읽을 수 있는 건가요? 그냥 몇 번 묻다 보면 서로 짜증나서 "아이, 짜증 나!" 이러면 끝나는데, 어떻게 하면 부모가 읽는 능력을 가질 수 있나요?

남상철 아이가 어떤 말을 하든 긍정적으로 수용하고 받아줄 수 있어야 합니다. 아이가 이렇게 얘기할 수 있습니다. "엄마 나 오늘 학교에서 걔 있지, 상규. 나 있지 걔 완전 칼로 찔러 죽이고 싶어." 이렇게 얘기했다고 합시다.

곽노현 그럼 정색을 하고 "사람이 빈말이라도 그렇게 말하면 되니?" 이래야죠. "듣기도 싫다." 이렇게.

남상철 부모님들이 다 그렇게 얘기합니다. 그런데 그렇게 얘기하면 물론 칼로 찔러 죽인다고 하는 말은 나쁜 말이지만 사실 아이가 거기서 표현하고 싶었던 건 '내가 그만큼 화가 났다'는 것입니다. 그래서 이렇게 이야기해야 합니다. "세상에! 네가 얼마나 화가 났으면 그 아이를 칼로 찔러 죽이고 싶다는 말을 해. 무슨 일이 있었던 거야? 엄마한테 얘기해봐." 지금 이 말을 들었을 때 마음이 어때서요?

곽노현　조금 다르죠. 집에 와서 야단맞진 않았으니까 다음 말을 할 수가 있습니다. "오늘 걔가 이렇게 저렇게 했을 때 정말 화가 났거든요." 이렇게 얘기하겠죠.

남상철　두 번째는 그 아이의 말을 인정해 주고 그대로 다시 엄마가 궁금한 것을 질문해 주라는 거죠. 그렇게 질문해 주면 아이가 상황을 더 설명하게 되거든요. 그 상황을 듣고 나면, '아!' 이 아이가 지금 어떤 문제가 있고 뭣 때문에 고통을 받고 있고 어떤 도움이 필요한지 파악을 할 수 있게 됩니다. 사실 이것이 되어야 아이가 그 다음에 책 읽을 마음도 갖게 됩니다.

곽노현　네, 그때야 비로소 소통이 된다. 소통이 되고 공감을 받게 되니까 꼭 게임 안의 왕자님이 아니더라도 내 마음을 샀으니까. 아! 그런 거군요. 간단하지만 어려워요. 사실 이건 원리는 단순한데 훈련이 필요합니다. 자, 결론은 부모가 애들 공부하듯이 공부해야 된다는 거예요. 오늘의 결론이었습니다.

아이가
"잘 모르겠어요."라고 말할 때

남상철 오늘은 상담 사례를 하나 가지고 나왔습니다. 파주에 계신 김정미 님의 사례입니다. "우리 아이는 화가 나거나 속상하면 말을 안 하거나 잘 모르겠다고만 말을 하는데요. 이럴 때 어떻게 해야 하는지 답답해 죽겠다."는 말씀이었습니다.

곽노현 그런 문제를 그 어머니만 겪는 것이 아니죠. 많은 분들이 겪고 있는 일상인데요. 저도 사실 그럴 때 어떻게 해야 될지 몰라서 매우 답답했습니다. 그리고 아주 기분이 나빠집니다. '나와 대화를 거부하는구나!' 이런 생각이 들거든요. 그리고 그때 아이 표정은 이상하고 말투도 퉁명스러워요. 그러니까 정이 뚝 떨어지게 됩니다.

아이가 선택할 수 있도록 질문하라

남상철 아이가 보통 잘 모르겠다고 말을 하면 부모님들은 한두 번씩은 받아주십니다. 그런데 아이가 그렇게 자꾸 얘기하면 부모는 당황해서 화를 내거나 어떻게 반응해야 될지 몰라서 어물쩍 대화를 끝내게 되곤 합니다. 이럴 때는 첫째 당황하지 말아야 합니다. 그 이유는 아이가 이미 답을 했기 때문입니다. 부모가 당황하는 이유는 잘 모르겠다는 말을 답이라고 생각하지 않기 때문이죠. 특히 한국적인 문화에서는 특히나 아이가 잘 모르겠다고 하면 부모가 화를 내거나 당황해서 어물쩍 넘어가는데요. 이럴 때는 부모님이 아이의 말을 그대로 인정해 주면 됩니다. "아~ 잘 모르겠어? 그럴 수 있어. 괜찮아. 그러면 네가 잘 모르겠다고 하는 것이 어떤 의미인지 내가 추측해 볼 테니까 내가 나열하는 것 중에 네가 말하고자 하는 것이 있는지 한번 골라봐." 이렇게 얘기를 해주면 됩니다.

곽노현 그래요? 실제로 그렇게 되나요? 훈련을 해야 된다는 말씀이죠? 4지 선다형 찍기 교육을 재현하는 것 아닌가요?

남상철 훈련이 필요합니다. 저도 처음에는 저희 아이가 잘 모르겠다고 하거나 아무 말이 없을 때 어떻게 해야 될지 몰랐습니다. 그래서 어떻게 소통을 할까 고민하다 보니까 이런 생각이 들었습니다. 아이들이 태어날 때 소통하는 방법을 가지고 태어나는 것이 아니지 않습니까? 그래서 아이에게 '선택할 기회를 줘야겠구나!' 생각했습니다. 몇 가지 선택 대안을 주면 아이가 거기서 골라낼 수 있습니다. 그렇게 해봤더니 효과가 좋았습니다. 우리가 4지

선다형 시험에 질려서 피해 의식이 있는데요. 이럴 때는 4지 선다형이 아이들이 대안을 골라낼 수 있도록 도움을 줄 수 있습니다.

곽노현 그럴 수 있겠네요. 조금 더 정교하게 표현하는 훈련, 서로 다른 4개의 답안이 "잘 모르겠어요."에 대한 대안이 될 수 있다는 것 같습니다. 그중에서 고르게 되면, 아이는 '어! 우리 엄마 족집게다.' 이렇게 될 때 말문이 트이고 가슴도 열릴 수 있다는 말씀 같습니다. 그 4개의 답안에는 어떤 것이 있을까요?

남상철 그 네 가지를 말씀드리겠습니다. 첫째는 진짜 잘 몰라서 잘 모른다고 말하는 경우. 두 번째는 그 이슈를 다루기 싫기 때문에 잘 모른다고 말하는 경우. 셋째, 대답을 하게 되면 누군가 곤란해지기 때문에 잘 모른다고 말하는 경우. 이것은 기특하기도 하고 아니면 충돌이 싫어서 피하는 경우일 수도 있습니다. 넷째, 다른 사람의 눈치가 보여서 잘 모른다고 말하는 경우. 이렇게 4가지가 있어요.

곽노현 셋째와 넷째는 비슷해 보이기도 하지만 분명히 다른 거네요.

남상철 이렇게 네 가지를 이야기해 주면서 "이 중에서 너의 마음을 가장 잘 나타내는 것이 뭐야?" 하고 물어봐주면 보통 아이들이 여기에서 하나쯤 고르게 됩니다.

곽노현 그렇겠네요. 아이가 첫 번째를 선택했어요. "나 진짜 몰라서 그러는 거야, 엄마, 아빠." 그러면 어떻게 해야 되나요?

남상철 진짜 몰라서 모른다고 말하는 경우가 있을 수 있습니다. 왜냐하면 아이들이 태어날 때 소통 능력을 안 갖고 태어납니다. 그래서 소통 능력을 배워야 됩니다. 부모님들도 태어나서 성장하면서 소통하는 방법을 배워본 적이 없습니다. 진짜 몰라서 잘 모른다고 말하는 경우에는 이렇게 얘기하면 됩니다. "네가 정말 몰라서 모른다고 말하는 거구나. 그럼 엄마가 말한 부분 중에서 어떤 부분을 모르겠어? 다 모르겠어? 아니면 일부분을 모르겠어?" 이렇게 물어봐주면, 아이가 "엄마 나 정말 엄마가 무슨 말 하는지 전혀 모르겠어." 그러면 엄마가 다시 쉽게 설명해줄 수 있습니다. 화가 나지 않고, '아! 얘가 정말 못 알아들어서 이러는구나.' 이해할 수 있게 됩니다. 그리고 일부분을 모르겠다고 하는 경우에는 "그럼 어떤 부분을 몰라?"라고 말하면 아이가 그 부분을 말하거든요. "아! 너, 이 부분이 이해가 안돼서 그러는구나." 하고 다시 설명해주면 막혔던 소통의 벽이 허물어지면서 대화가 진행이 됩니다.

곽노현 그때부터 소통이 시작되고 대화가 시작되는 것이군요. 알겠습니다. 그럼 두 번째 경우를 보도록 하지요.

아이의 답을 모두 인정하라

남상철 두 번째는 그 이슈를 다루기 싫기 때문에 모른다고 말하는 경우입니다.

곽노현 '소통 거부형'입니다.

남상철 소통을 거부하는 것인데, 거부를 하는 이유가 뭔가 안 좋은 일이 일어날 것 같은 느낌이 들기 때문입니다. 다뤄봤자 자기한테 손해라고 생각하는 것입니다.

곽노현 아! 그렇겠네요. 어차피 반응을 하면 공부하라고 그럴 테니까요.

남상철 네, 그렇죠. 그래서 이럴 때는 뭐라고 얘기해야 되냐면, "네가 다루기 싫어서 모르겠다고 하는 거구나. 그럼 어떤 부분에서 너한테 불편한 거야? 너에게 강요하는 거 같아? 너한테 야단치는 것처럼 들려?" 이렇게 얘기를 해주면 아이는 엄마가 내 마음을 읽어준다고 느껴요. '어! 엄마가 내 말을 좀 들어주네.' 옛날에는 "너, 왜 말 안 해?" 그렇게 하던 엄마가 이렇게 말을 해주면 '엄마가 내 불편함을 이해해 주려고 하는구나!'라고 느끼면서 "엄마, 내가 말해봤자 엄마가 나 또 야단칠 거잖아." 이런 식으로 얘기를 하면서, 그러면 다시 소통이 되게 되어 있습니다.

곽노현　세 번째 경우는 남한테 상처를 줄까봐, 또는 대답을 하면 누군가 제3자가 곤란해지니까 그렇게 말하는 것인가요?

남상철　보통은 여러 사람들이 함께 있는 가운데 아이와 대화를 할 경우에 이런 일이 발생합니다. 그러면 이럴 때는 "아! 네가 다른 사람을 곤란하게 하면 안 된다고 생각해서 말을 못하는 거구나. 응, 알겠어. 그럼 혹시 네가 대답을 했을 때 누가 곤란해지는지 말해줄 수 있어?" 이렇게 한번 물어보면 아이가 말을 해줄 때도 있습니다. 사실 어떤 말을 했을 때 주위에 있는 어떤 사람이 곤란해지거나 엄마가 곤란해지면 말을 안 하거든요. 그럼 그렇게 함으로써 "아! 네가 지금 말을 안 하고 싶은 거구나! 그러면 다음 번에 다시 얘기하자." 이렇게 할 수 있겠죠.

곽노현　아! 사실은 엄마나 아빠가 곤란해질까 봐 말을 못하는 경우가 실제로 많겠습니다. 그럼 그것을 잡아서 "기특하구나!" 이렇게 말해줘야겠네요. 아이가 부모를 배려할 수도 있고, 제3자를 배려할 수도 있으니 칭찬받아 마땅하죠.

남상철　조금 더 여유를 주게 됩니다. '아이가 나한테 반항한다.' 이렇게 생각하는 것이 아니라 다른 사람을 배려한다고 생각해야 합니다.

곽노현　그럼 네 번째 마지막 경우는 어떤 건가요?

남상철 다른 사람의 눈치가 보여서 잘 모른다고 말을 하는 경우
인데요. 이럴 때도 일단 인정해 줍니다. "아! 그렇구나. 다른 사람
의 눈치가 보여서 대답하기가 곤란한데, 그럴 수 있어."

곽노현 눈치가 보인다는 것은 옆에 힘센 누군가가 있다는 뜻이네
요. 진실을 말하면 선생님이든 힘센 누구든 자신을 해코지할 것
같고 그래서 눈치가 보이는 경우가 있습니다.

남상철 그럴 때 이렇게 얘기하면 됩니다. "그래, 그럼 네가 대답
을 하면 그 사람이 어떻게 할 것 같아? 뭐라고 말할 것 같아?" 이
런 식으로 물어봐 주는 거죠. "그 사람이 나를 싫어할 것 같아요."
이렇게 대답을 할 수 있겠죠. 그러면 엄마가 얘가 나한테 반항하
거나 저항한다고 판단 내리지 않고 아이의 마음을 읽어서 소통
할 수 있습니다. 이렇게 대화하는 방식이 중요한 데는 이유가 있
습니다. 이렇게 한번 대화하고 나면 아이가 '아! 내가 대화가 막
힐 때 이렇게 막히는 것 자체가 또 다른 의미가 있을 수 있겠구
나.' 생각하게 됩니다. 아이가 말을 안 하니까 '너는 대답을 안 했
어.' 이것이 아니라 대답을 안 한 것이 바로 대답이라는 것을 알아
야 합니다. 엄마와의 대화를 통해서 아이는 이런 것을 새롭게 배
울 수 있게 됩니다.

곽노현 '말 안 해서 답답해 죽겠다.' '얘가 나를 무시하는 것 같
다.' 이렇게 먼저 판단하거나 규정짓지 말고 '말하지 못하는 사정

이 있을 수 있다. 그 말 못할 사정이 어쩌면 나일 수도 있고, 내 아이일수도 있고, 다른 누군가일 수 있다.'는 사정을 이해하시고, 또 잘 모른다는 것 자체가 진실일 수가 있기 때문에 좀 더 차분히 알려줘야 될 때가 있다는 말씀이시네요. 앞으로 대화를 거부한다고 생각하지 마시고 다시 한 번 시도하기, 아이가 대답했다고 생각하고 말 걸기, 오늘의 결론 같습니다.

아이를 잘 키우고 있는지
어떻게 알 수 있나요?

곽노현 오늘 저희가 탐구하고자 하는 주제는 '내 아이 제대로 키우는지 어떻게 알 수 있을까요?'입니다. 많은 부모들이 한두 번은 고민했을 문제, '우리 아이 그런대로 잘 크고 있는 것 같긴 한데 정말 내가 잘 키우고 있는 걸까?' 이런 의문입니다. 대부분의 부모들은 아이가 말을 무지하게 잘 들으면 잘 큰다고 생각합니다. 또 공부 열심히 하는 것 같으면 잘 큰다고 생각합니다. 딱 두 가지 관심이거든요. 말을 잘 듣는 것, 공부 잘하는 것. 이것으로 판단하는 것이 옳은 건가요?

집착과 포기, 밀착과 단절 사이에서 균형을 잡아야

남상철 부모님들은 누구나 아이가 건강하고 행복하게 자라기를 바라는데, 그것을 확인할 수 있는 방법은 아이가 일상에서 만들어 가는 경험이나 사건이 과연 아이에게 행복하고 건강하게 풀리는 가를 봐야 될 거 같습니다. 그리고 그런 사건들은 다 이야기로 구성되어 있는데 그 이야기 자체를 분석해보면 세 가지 구성 요소가 나옵니다. 욕구, 관계, 도구입니다. 이야기는 누구와 무엇을 했는 가를 다루는 것입니다.

곽노현 아이들이 이야기를 많이 하면 걱정이 없습니다. 이야기에 는 욕구와 관계가 있다고 하셨잖아요. 사실은 아이가 욕구를 어 떻게 관철하려고 하는지 관찰하면 몇 가지 유형이 있습니다.

남상철 욕구와 관계라는 두 가지 기둥이 인생을 떠받치고 있는 데 두 기둥에는 두 가지 극단이 있습니다. 욕구에는 집착과 포기 라는 극단이 있고, 관계에는 밀착과 단절이라는 극단이 있습니 다. 집착하는 아이들은 자기주장만 하고 자기 원하는 대로만 끌 고 가려고 합니다. 또 포기하는 아이들을 보면 긴장이나 갈등이 생기면 쉽게 포기해 버리고 생각조차 말을 못하는 현상이 벌어집 니다. 그 집착과 포기 둘 다 적절하게 골라 쓸 줄 알 때 그것을 건 강하다고 말할 수 있는 거죠. 관계에서도 마찬가지입니다. 관계 도 밀착과 단절이라는 두 가지 극단이 있는데 혼자서는 외로우니 까 함께할 줄도 알고, 때로는 건강하게 혼자일 줄도 알고, 이 두 가지를 왔다 갔다 해야 하는데, 밀착만 하는 사람이 있습니다. 사 람들이 어릴 때 부모님과의 관계에서 상처를 받았을 때 '나는 받 아야 되는데, 왜 내게 사랑을 주지 않을까?' 그러면서 끊임없이 밀 착을 원하게 됩니다. 또 어떤 아이는 '흥! 참, 구차하게 관계 원하 지 않을 거야. 엄마가 자꾸 상처를 주는데, 좋아! 그럼 나도 엄마한테 가지 않을 거야!'라고 생각하면서 그냥 관계를 단절합니다. 상처 받지 않기 위해서 그렇게 하는 아이들이 있습니다.

곽노현 '내가 어디에 속하나?' 자신이 욕구 관철에 있어서 집착형 인지 포기형인지, 어느 쪽이 강한지 한번 가늠해 보시는 것이 좋겠습니다. 대부분의 사람들은 저 넓은 스펙트럼의 어딘가에 어떠한 형태로 정해져 있습니다. 그리고 그 두 가지가 섞이고 얽힙니다. 어떤 것이 나은 겁니까? 언뜻 보기에는 욕구에서 집착은 자기만 아는 것 같고, 관계에서는 밀착이 역시 따뜻하고 좋은 것 아닌가요?

남상철 따뜻하고 좋은 면이 있죠. 그래서 밀착은 세상을 따뜻하게 하고 다른 사람을 외롭지 않게 해주지만 동시에 밀착에는 해로운 측면이 있습니다.

곽노현 예속과 의존.

남상철 그렇습니다. 놔주질 않죠. 그래서 숨 막히게 만들고 답답하게 만듭니다. 단절도 건강한 면과 해로운 면이 있는데 이런 단절은 사람들을 잘 놔주고 숨 막히지 않게 자유를 주죠. 그 대신 때로는 무관심하게 신경 안 써주는 모습으로 드러날 때가 있습니다.

곽노현 　말씀을 듣고 보니까 욕구 집착도 이로운 면과 해로운 면이 있고, 욕구 포기도 마찬가지 같습니다. 관계 단절도 해로운 면과 건강한 면이 있고, 관계 밀착도 마찬가지 같습니다. 다 양가적, 양면적 특성이 있습니다. 그러니까 상황이 요구하고 양식이 요구하는 바에 따라서 자유롭게 선택할 수 있도록 자유가 필요하고, 결국은 우리가 자율적인 사람을 키우려고 해야 합니다. 자유롭게 연대하는 사람을 키운다고 할 때 중요한 것은 '어떻게 하면 먼저 각자의 자유를 키울 것이냐?'입니다. 예를 들어 욕구 포기형의 아이에게서 자유를 키우려면 어떻게 해야 될까요? '포기함으로써 자유롭다.' 이런 주장도 있습니다.

욕구를 주고받는 관계를 가르쳐라

남상철 　사실 아이가 욕구 포기형 쪽으로 가게 된 건 어릴 때 부모님과의 관계 속에서 욕구를 자기도 모르게 드러냈을 때 엄마 아빠가 심하게 야단을 치고 욕구를 눌러버렸기 때문입니다. 그래서 아이는 '욕구를 드러내는 것은 위험한 거구나! 욕구를 드러내지 말아야지!'라고 생각을 하면서 살아갈 방법으로 욕구 포기를 선택한 겁니다. 그래서 이 아이는 충돌이 일어났을 때 딱 눈치를 봐서 바로 자기의 욕구를 포기해 버리고 드러내지 않는 방식으로 관계를 유지해 나가는 아이가 됩니다.

곽노현 그러면 그런 아이한테 어떤 조언을 해줘야 하나요? 엄마
는 어떻게 접근해야 되나요?

남상철 아이는 욕구를 드러냈다가 혼났기 때문에 공포와 무서움
과 두려움을 가지고 있습니다. 그런 아이한테는 엄마가 두려움과
무서움을 인정해주고 공감해주면서 동시에 "이제는 네가 원하는
것을 맘껏 해도 괜찮아. 엄마가 도와줄게."라고 하면서 집착할 수
있는 기회를 많이 줘야 이 아이가 균형을 회복하는 능력을 다시
얻게 되는 겁니다.

곽노현 포기와 집착 사이에 균형이라는 말씀 같습니다. 그 균형
이 반드시 중간에만 있는 것은 아닌 것 같습니다. 아이들 상황에
따라서 그 포인트가 달라지는 것이 아닌가요?

남상철 균형이라는 것이 중용이라는 의미가 아닙니다. '너 한 번,
나 한 번' 이런 개념입니다. 내가 한 번 집착했으면 그 다음에는
상대방이 한 번 집착하는 것이고, 이렇게 주고받는 거죠. 우리는
주고받는 것에 대해서 들어본 적이 없고, 힘 있는 사람이 힘없는
사람의 욕구를 누르는 방식으로 이 세상의 질서를 잡아오다 보니
까 이 균형이 다 깨져버리는 현상이 나타난 겁니다.

곽노현 그러면 관계 유형으로 넘어가 볼까요? 밀착형이 따뜻하
고 좋긴 한데 사람을 힘들게 하는 부분도 있습니다. 그런 경우에

는 부모가 어떤 조언을 해야 하나요?

남상철 밀착하는 아이들 같은 경우는 어릴 때 관계에서 상처를 받아서 엄마의 품을 원하고 엄마와 하나가 되었으면 좋겠는데 엄마가 주지 않는 상황입니다. 그러니까 아이가 그 외로움과 허전함과 마음의 빈 공간이 몸에 딱 스며들어 있어서 늘 외로움을 느끼고 허전함을 느끼는 아이가 된 거죠. 그래서 이런 아이 같은 경우에는 엄마가 외로움을 느끼는 아이의 마음을 먼저 이해해 주고 공감해줄 필요가 있습니다. 그리고 따뜻하게 품어줘야 되겠죠. 그렇게 품어줄 때는 "네가 정말 외로웠었지?" 이렇게 말하면서 품어줘야 되는데 이렇게 말만 해서는 안 됩니다. 이 아이에게 혼자 있을 때 느끼는 허전함, 외로움을 진심으로 공감해주고 그럴 때 아이가 얼음 녹듯이 마음이 쭉 풀어지면서 편안해집니다. 그래서 혼자 있어도 편안한 아이가 될 수 있습니다.

공부 잘하는 것에 집착 말아야 아이를 잘 키운다

곽노현 혼자 있어도 편안하고 가까이 있으면 더 편안한 아이가 되면 좋을 텐데요. 마찬가지로 다른 유형들 간의 조합으로 굉장히 다양한 유형이 나타날 것 같습니다. 그 각각에 대해서 균형을 찾을 수 있도록 해준다는 뜻 같습니다. 부모가 보통은 공부 잘하고 말 잘 듣는 것을 좋아하니까 이 방송을 시청하는 학부모들께서 이럴 것 같습니다. "그래도 한 가지는 얘기해 달라. 공부 잘하는 애가 되려면 이것이 어느 정도 서로 혼합되는 것이 좋으냐?"

남상철 지식 정보의 사회에서는 지식이 최고였죠. 다시 말해서 공부가 최고였는데, 요즘에는 공부 잘하는 아이들이 성공하지 못하는 시대가 되었습니다. 오히려 공부는 잘하는데, 어딘가 문제가 생겨서 무너지면, 관계의 갈등, 욕구 충돌이 생겼을 때 그러한 갈등을 해결할 능력이 없는 겁니다. 이런 능력이 없으니까 공부를 잘하는 데도 불구하고 인생이 무너지게 됩니다. 사실 사회적으로 성공한 사람들이, 정치도 그렇고 경제도 그렇고, 돈은 있고 권력은 있는데 계속 싸우면서 다 불행한 상황이지 않습니까? 그래서 지식 중심의 사회에서는 지식만 많으면 성공할 거다 생각을 했는데, 이제 21세기 '융복합' 시대, 관계의 시대에 넘어와서는 지식도 중요하지만 관계도 중요해졌습니다. 그래서 이런 갈등을 건강하게 풀어갈 수 있는 사람이 이 시대가 원하는 인재상이라고 말할 수 있습니다.

곽노현 저는 들으면서 부모도 자기가 어느 유형인지 그 유형으로 결정될 때까지 어떤 상처와 어떤 경험을 가졌는지 그리고 이것이 어떤 장애와 구속을 자신에게 주는지 깨닫고, 보다 온전한 방향으로 가기 위해서 스스로 보충해야 할 것이 무엇인지 그것을 깨달을 때만이 복원력이나 균형을 찾을 것 같아요. 그러기 때문에 모든 것은 '너 자신을 알라.'에서 시작할 것 같은데 오늘 제시해드린 양면의 축, 욕구 실현에서 '내가 포기형인가, 집착형인가?' 관계 형성에서 '내가 고립형인가, 밀착형인가?' 이것에 따라서 본인이 누구인지 또 우리 아이는 어떻게 형성되어 있는지 그 현실을 정확하게 객관적으로 보아야겠습니다. 그 연후에 우선 본인부터 자유를 향한 행보를 시작하면 아이가 따라 들어올 수 있을 것이고 아이를 변화시킬 수 있을 것입니다.

공격적인 행동을 하는
아이의 마음 읽기

남상철   두 아이가 놀이터에서 싸우고 있는데, 동생이 먼저 형의 옷을 잡아당겼습니다. 그런 상황에서 형은 동생의 옷을 잡아당긴 것뿐만 아니라 동생을 꼬집었습니다. 그러자 동생이 화가 나서 형을 때리기 시작했는데 그때 엄마가 본 겁니다. 엄마가 당황해서 아이들에게 집에 가자고 하니까 둘째 아이가 엄마한테 모래를 던지고 화를 냈습니다.

곽노현   많은 경우에 있을 수 있는 일이에요. 엄마로서는 영문을 모른 채로 아이들끼리 티격태격하는 것을 본 거잖아요. 그러니까 당연히 "집에 가자. 집에 가서 얘기를 들어보자." 이런 뜻일 거예요. 의외로 형을 건드린 동생이 또 말을 안 듣고 엄마한테 엉겨 붙는 상황입니다. 이럴 때 엄마가 어떻게 해야 되는 거죠?

엄마의 말이 아이에게는 불공평하게 들릴 수 있다

남상철 사실 엄마가 여기서 아이한테 사정을 물어보면 좋은데 물어볼 경황이 없었습니다. 그래서 집에 가자고 하는 말이 아이한테는 다르게 들린 것입니다. 뭐라고 들렸냐면, "너는 지금 손해 보고 억울한데 억울해도 할 수 없어. 너는 지금 여기서 바로 집에 가야 해." 이러니까 아이 입장에서는 화가 나는 거죠. 엄마는 '내' 입장은 고려도 안 해주고 딴 사람들만 봐주니까 이제 엄마한테까지 화를 내는 상황입니다.

곽노현 그런데 거꾸로 생각해보면 형도 엄마한테 성을 낼 수 있어요. 왜냐하면 쪼그만 동생이 와서 집적거려서 자기도 집적거렸거든요. 그랬는데 형한테 다시 때리고 달라붙었습니다. 엄마가 그 광경을 봤으면 동생을 나무라야 되는데 그런 것 없이 "집에 들어가자, 집에 들어가. 남들 보기 창피하다." 이러면서 둘 다 끌고 들어가려고 했습니다. 형한테는 공평한 겁니까?

남상철 엄마가 공평한 상황으로 본 것 같지는 않습니다. '일단 일을 빨리 마무리를 지어야 되겠다.' 지금 놀이터에는 다른 아이들도 놀고 있기 때문에 그런 아이들한테 방해되는 것도 싫었습니다. 그리고 두 아이가 싸우는 모습을 보면서 마음이 힘드니까 일단 그 상황에서 아이들을 빼내고자 한 것입니다. 사실 이런 상황에서 엄마들이 자기 방식대로 상황을 판단하고 해석해서 행동해

버리는 것이 문제가 됩니다. 그래서 여기서는 동생한테 "지금 보니까 네가 정말 화가 많이 나있는데 지금 다른 아이들이 놀고 있어서 방해가 되니까 일단은 여기 놀이터에서 나가면 엄마가 널 도와줄 수 있을 것 같아. 괜찮아?" 이렇게만 물어봤어도 동생이 엄마가 자기를 이해해준다는 마음이 드니까 들어줬을 텐데, 그냥 가자고 그러니까 아이 입장에서는 '엄마는 내 마음을 몰라줘.' 이렇게 해석을 한 겁니다.

곽노현　그래도 그 엄마는 양반이에요. 보통은 "야, 인마 쪼끄만 놈이 형을 귀찮게 하고, 그래서 내가 달려들어서 집에 가자고 했더니 엄마한테 모래를 뿌리고 앙탈을 부려! 이놈의 자식이 매를 덜 맞아서" 이렇게 나오잖아요. 그렇게 하면 애는 어떻게 할까요? 더 난리를 부리나요?

아이가 수동적인 것도 문제다

남상철　두 가지 유형이 있죠. 억울함을 느끼는 아이 같은 경우는 엄마한테 화를 내면서 공격을 할 것이고, 엄마가 무서운 아이는 엄마한테 꼼짝도 못하고 아무 소리도 못하고 그냥 엄마를 따라가겠죠. 두 가지 유형 다 문제가 있는 겁니다.

곽노현　각각 어떻게 문제가 있을까요? 자, 엄마가 두려운 아이는 두려워서 수동적으로 끌려는 가지만 마음에서 승복이 될까요?

남상철 사실 안 됩니다. 안 되는데 엄마가 무서우니까 그냥 따라 가죠. 원래는 아이가 이렇게 해야 됩니다. 엄마가 부당하게 자기 상황을 이해를 못하고 억압하듯이 명령할 때 "엄마, 내가 너무 속 상한데, 엄마가 무조건 나더러 여기서 가자고 하니까 나도 억울해요. 속상해요." 이렇게 표현해야 됩니다.

곽노현 아이가 어떻게 그런 말을 해요?

남상철 엄마가 무서운 아이들은 그렇게 못 하죠. 그러니까 이런 말을 할 줄 아는 것이 건강한 것입니다. 그런데 아이들을 어릴 때 너무 무섭게 키우면, 아이들은 무서워서 말을 못하게 됩니다. 반대로 너무 방임해 버리면, 엄마를 바로 공격해 버리게 됩니다. 이런 두 가지 극단으로 가게 됩니다. 아이들이 그렇게 되는 이유는 사실 부모로부터 옵니다. 왜냐하면 부모가 "지금 어떤 상황이야?" 물어만 봐줘도 어릴 때부터 "엄마 지금 이런 상황이에요."라고 말을 하면서 '아! 소통이라는 것은 이렇게 하는 거구나.'라고 느끼면서 연습이 되는데, 그냥 야단만 치니까 무서움을 느끼는 아이들은 더 기가 죽어 버리고, "엄마는 마음대로 말하면서 왜 나는 말 못하게 해!" 하면서 반항하는 아이들은 더 극단적으로 반항을 하게 됩니다.

곽노현 지금 모래까지 퍼부으면서 반항했잖아요. 그 아이는 무슨 배짱으로 엄마한테 그 정도로 핏대를 냅니까? 왜 엄마를 안 무서워해요?

남상철 그렇죠. 아이가 이렇게 모래를 던지면, 화 내지 않을 부모가 없죠. 그런데 아이들 중에서 비유하자면 야생마 같다고 할 수가 있어요. 모래를 던진 아이는 자기의 사정을 얘기하기보다는 그 순간에 화가 나는 것을 참지 못하고 그대로 엄마한테 화풀이를 하면서 공격을 한 겁니다.

곽노현 그 아이한테는 어떤 처방, 어떤 훈육이 좋습니까? 엄마가 어떻게 대해줘야 하나요?

우선 먼저 아이의 마음을 물어보라

남상철 엄마가 이 아이를 일단 인정해줘야 합니다. "네가 정말 화가 났구나. 뭣 땜에 화가 났니?" 물어보기만 해줘도, 아이들은 "엄마 나 이것 땜에 화났어." 말하면서 화가 조금 풀리고 대화를 하게 되는데 엄마들은 "너 왜 화났어? 무슨 일로 화났어?"라는 말조차도 안 하고 "어디 쪼그만 것이 엄마한테 모래를 던지고 버르장머리 없게." 이렇게 가는 합니다.

곽노현 원인은 이미 시야에서 사라졌고 그 징후만, 결과만 놓고 또 야단치는 거네요. 결국은 단순한 문제네요. 엄마는 그 상황에서 감정적으로 대하거나 단정하지 말고 아이한테 물어봐야 한다. 이것이 답인가요?

남상철 네, 서로 행동만 보고 판단하고 계속 악순환을 하고 있는 겁니다. 사실 간단합니다. '자기 방식대로 해석해서 행동하지 마라. 그 대신 확인해봐라.' 이것이 핵심인데, 이 간단한 것을 부모님들이 못 합니다.

곽노현 왜냐하면 상대가 아이고, 자신은 많이 안다고 생각하니까 순간만 보고 판단을 해버리게 됩니다. 그래서 유명한 말이 있습니다. 판단하지 말라고. 판단하지 말라는 것은 사랑하라는 얘기인데요. 사랑한다면, 되도록 존중해야 합니다. '저것도 이유가 있을 것이다. 저 감춰진 이유를 내가 알 때까지는 내가 야단치지 않겠다.' 생각하는 마음이 존중이고 최소한의 사랑이라고 할 수 있습니다. '속단하지 말라. 속단하면 아이가 닫힌다. 마음이 닫힌다.' 오늘의 결론입니다.

고집 센 아이,
어떻게 해야 하나?

남상철　오늘은 욕구가 과도하게 유난히 많은 아이의 사례입니다. 아이가 재즈댄스 학원을 다니는데 거기다 "검도까지 하겠다. 가야금까지 하겠다." 그래서 지금 문제가 생겼습니다.

곽노현　보통 아이들이 안 가겠다는 것을 엄마들이 내몰아서 문제가 되는데 이 경우는 아이가 재즈 학원도 다니고 거기다 검도 학원도 다니고 가야금 학원도 다니고 싶다는데, 뭐가 문제인가요? 보내주면 되지 않나요?

부모가 자신을 아는 것에서 시작해라

남상철　그런데 배가 고프면 더 먹으려고 하는 것처럼 이 아이는 자기가 하고 싶었던 것을 못하면서 자라니까 과도하게 열심을 부리는 거죠. 이것이 곁에서 볼 때는 진취적이고 적극적으로 보입니다만, 또 한편으로는 자기중심적이고 이기적인 측면이 있습니다.

곽노현 그런 측면이 있는지 없는지를 부모는 늘 눈여겨봐야겠습니다. 저렇게 적극적인 것이 뭔가 헛헛해서 그러는 게 아닌지를 살펴봐야 된다는 말씀이시잖아요. 사실 모든 부모는 나막신 장수와 우산 장수를 자식으로 둔 부모와 같습니다. 한편으로는 적극적이라서 좋다고 생각될 때가 있는가 하면, 다른 한편으로는 너무 적극적이어서 걱정이 됩니다. 보통 착한 아이는 자기 것 챙기지 못해서 걱정하게 됩니다. 또 이악스럽고 적극적인 아이는 자기중심적이 될까봐 걱정을 하게 됩니다.

남상철 이것은 마치 동전의 양면성 같습니다. 처음 비가 왔을 때 평지에 물길이 어떻게 생기냐에 따라서 그것이 나중에 그랜드캐니언처럼 깊어지는 것처럼, 아이들의 처음 욕구에 대해서 부모가 어떻게 대해주느냐에 따라서 아이는 욕구 집착 패턴으로 가든지 포기 패턴으로 가게 됩니다.

곽노현 결국 아이는 부모한테 배우고 부모와 상호작용하면서 크는 거잖아요. 그렇게 생각하면 아이는 언제나 형성 중이에요. 아이는 백지에 가까운 거잖아요. 그런데 부모는 이미 형성이 끝난 경우가 많습니다. 변하지 않으려고 애씁니다. 그러면 사실 부모가 더 큰 문제일 것 같습니다. 부모의 욕구 포기나 욕구 집착과 같은, 강한 패턴이 아이한테 반사되는 건 아닐까요?

남상철 네, 그렇습니다. 보통 부모님들이 아이들에 대해서 걱정하는데요. 사실 아이들을 놔두시고 부모님을 먼저 봐야 한다는 얘기를 많이 합니다. 부모님이 욕구 집착 패턴을 가지고 있는 분들은 막상 갈등이 생기면 자기 집착이 올라오니까 아이들을 강하게 밀어붙입니다. 포기 패턴을 갖고 포기를 하면서 살아오신 부모님들은 아이들과 갈등이 생겼을 때 밀립니다.

곽노현 아, 그렇겠네요. 아이가 확 세게 밀면 그것도 포기하게 되겠군요.

남상철 그렇죠. 왜냐하면 갈등을 싫어하니까. 그래서 책을 읽고 평상시에는 우리 아이한테 어떻게 대해줘야 되겠다고 아는 데도 불구하고 갈등과 긴장이 생기면 그것이 안 되는 겁니다.

곽노현 부모가 자신을 아는 것으로부터 시작해야지만 아이를 양육할 수 있다는 말씀으로 들립니다. 그런데 문제는 갈등 상황에서 그것이 쉽지 않다는 데 있습니다. 갈등 상황에서는 성이 확 나든가 보통 습관대로 하게 돼있단 말입니다. 어떻게 해야 할까요?

부모 마음의 양면성을 표현하라

남상철 그래서 아이들을 바꾸는 교육보다는 부모 교육을 자꾸 말하게 됩니다. 갈등과 긴장이 생겼을 때 집착하는 부모님은 일단 화를 내지 않아야 합니다. 그래야 긴장에 머물 수 있습니다. 그리고 포기하는 부모님은 너무 포기하거나 양보해주지 않고 가만히 그 긴장을 버텨줘야 합니다. 그래야 아이가 밀고 들어오더라도 맞서면서 아이로 하여금 자기를 볼 수 있는 힘을 줄 수가 있어요. 그런데 부모님이 자기 패턴대로 하다 보니까 너무 밀어 버리거나 너무 밀리게 됩니다.

곽노현 너무 세게 밀지 말고 긴장 상태로 머물러 있고, 너무 밀리지 말고 긴장 상태로 맞서는 것이 안 돼서 지금 문제인 건가요? 그럼 엄마, 아빠가 그런 긴장 상태에서 대개는 화를 내거나 양보를 해 버리는데, 그 사이에 어떻게 하라는 말씀이신가요?

남상철 지금 잘 말씀해주셨습니다. 양면 감정이라는 단어가 익숙한 것이 아닙니다. 그런데 비법이 거기에 담겨있습니다. 보통 부모님들이 아이에 대해서 좋아하는 마음과 싫어하는 마음이 같이 있는데 부모님들이 싫어하는 마음만 확 표현하든가 좋아하는 마음만 확 표현해 버리기 때문에 아이들도 극단적으로 반응을 합니다. 양면 감정을 오늘 사례를 들어서 얘기를 해보겠습니다. 재즈댄스 학원을 다니는데 가야금 학원까지 다니겠다고 고집을 부리는 상황입니다. 이럴 때 "네가 이렇게 열심히 하려고 하니까 보기가 좋고 고맙다. 그런데 우리 엄마, 아빠의 사정이나 가족들의 스케줄은 신경 안 쓰고 너의 뜻대로만 밀고 나가려고 하는 것에 대해서는 참 안타깝고 섭섭하고 속상하다." 이렇게 표현해야 합니다.

긴장 속에 머물면서 " 내 " 화법으로 대화하라

곽노현 부모는 철저하게 "내가 이렇다"는 화법을 써야 합니다. "네가 왜 이러니?"가 아니라, 핏대 내지 말고 밀리지 말고, 긴장을 양면 감정으로 표출하라는 말씀이죠.

남상철 하다못해 아이가 잘못하는 것 같아도, 그 잘못하는 것 안에는 좋은 것이 있으니까 그 좋은 것을 반드시 얘기해준 다음에 부모로서 힘든 부분도 이야기해야 합니다. 그러면 그 아이로 하여금 밀고 들어오게도, 멀리 떠나게도 하지 않고 딱 잡아두는 힘이 있습니다. 그것이 긴장에 머무는 힘입니다.

곽노현 아하! 그것 멋있는 표현입니다. 오늘 기억합시다. 긴장 속에 머무는 힘, 밀어내지도 않고 밀리지도 않고 아이와 긴장 속에 머물면서 양면성을 서로 보고 배우는 시간, 그렇게 해서 어느 하나 균형을 잃지 않고 아이와 부모가 함께 균형을 찾는 시간이 필요합니다. '우리 모두가 갈등 상황이 생겼을 때 긴장을 버거워하거나 긴장을 화로 풀지 말고 긴장 속에 머물면서 긴장을 일으키고 있는 양가적인 감정과 가치를 그대로 드러내는 훈련을 하자.' 특히 '네'가 아니라 '내가 이렇다' 양면 가치가 '내 안에서 충돌해서 내가 다소 긴장을 느끼고' 있노라고 아이에게 얘기하면 아이도 그 렇게 따라올 것입니다.

학부모 시절에
이걸 알았더라면

누구나 잘하고 싶은데 잘 안되는 것이 자녀 교육이다. 누구 말마따나 자격증이 제일 필요한 분야인데도 어떤 자격증도 없이 덜컥 마주치는 것이 부모 노릇이다. 모든 아이는 독특한 존재고 선물처럼 온다. 우리는 그 아이의 눈과 코, 입과 귀, 손과 발을 만든 적이 없으며 미리 상상해본 적도 없다. 누구나 제대로 된 준비나 훈련 없이 얼떨결에 부모가 되지만 누군들 사랑으로 키우고 싶지 않을까. 하지만 사랑으로 사람을 키운다는 게 어떤 건지 온전히 경험해보지 못했는데 어찌 능숙할 수 있을까. 아이 모습의 8할은 아이를 돌봐준 어른들의 작품이다. 부모와 친지, 교사와 이웃이 모두 역할을 한다. 특히 부모의 역할이 가장 크고 중요하다.

어린 시절의 상처를 누구나 갖고 있다. '내 안'에 자라지 못하고 숨죽인 채 있는 다섯 살 아이가 지금도 나를 다섯 살처럼 행동하게 한다. '내 안'에서 충족되지 않은 15세 사춘기의 좌절이 지금도 비슷한 상황에서 15세처럼 굴게 만든다. 크건 작건 누구나 비슷한 경험에서 자유롭지 못하다. 어린 시절의 상처는 가장 가까운 부모에게서 온 것이 태반이다. 나머지도 중요한 타인, 특히 어린이집부터 유치원을 거쳐 초중고 시절에 만난 선생님들한테 받은 것이 많다.

사랑이나 다른 덕목도 그렇지만 미움이나 악덕도 학습된 것이다. 이 사실은 큰 위로가 된다. 더 큰 학습을 통해 악덕을 극복하고 미덕이 더 자랄 수도 있기 때문이다. 예를 들어 대부분 좌절된 사랑이 미움으로 자라나기 때문에 미움은 더 큰 사랑을 만나면 눈 녹듯 사라질 수 있다.

황선준은 스칸디 부모는 자녀에게 시간을 선물한다며 한국 부모들, 특히 아빠들에게 묻는다. 자녀와 함께하는 시간, 그것도 질 높은 시간이 얼마나 되느냐고 묻는다. '노동 없는 민주주의'에서 '저녁이 없는 삶'을 사는 대부분의 아빠들이 뜨끔하지 않을 수 없는 질문이다. 더욱이 학교에 들어가고 나면 너 나 할 것 없이 아이를 입시 경쟁 트랙에 올려놓고 이 학원, 저 학원으로 내몬다. 초중고교육이 가정 파괴의 주범이라는 얘기까지 나오는 배경이다.

여기서 놓쳐선 안 되는 게 있다. 초중고 교육의 파행은 조금만 거슬러 올라가면 대학 서열화 체제와 노동시장과 경제의 양극화, 그리고 패자부활전이 없는 취약한 복지국가에 기반을 두고 있다는 것이다. 야근과 휴일 근무를 밥 먹듯 해온 기업 문화와 회식 문화 역시 조금만 파고 들어가면 기업과 경제의 문제를 넘어 국가와 정치의 문제인 것이다. 아동 배려 문화, 특히 육아 배려 문화가 우리 사회와 가정의 구석구석까지 들어오려면 아이와의 삶에서 무엇이 가장 중요한지에 대한 부모의 각성뿐 아니라 그 의식 배후에 뚜리 틀고 있는 기업과 경제체제, 정치체제가 궁극적으로 바뀌지 않으면 안 된다. 과감한 경제민주화 조치를 토대로 담대하게 복지국가로 나아가는 지속적이고 일관된 정치 프로젝트가 없는 이상 우리 사회가 연애 · 결혼 · 출산의 '3포 시대'를 극복하고 가정 · 육아 · 아동 친화적 문화를 만들어 내리라 기대하기 어렵다. 스웨덴 경험이 얘기하는 골자다.

이어지는 남상철 균형심리학연구소장과의 '공감팍, 균형톡' 시간은 아이와 소통 문제를 겪는 모든 부모들이 꼭 기억해야 할 내용을 담고 있다. 듣고 나면 참 당연한데 실천이 잘 안되는 것들이라고 할 수 있다. 남 소장의 방법론에 따르면 아이를 포함한 사람은 누구나 욕구와 관계에 어떻게 반응하는지에 따라 유형화가 가능하다. 욕구에서는 집착형에서 포기형까지, 관계에서는 밀착형에서 단절형까지 다양한 스펙트럼이 존재한다. 이념형적으로 볼 때 사람은 양자 유형의 조합에 따라 네 가지 유형으로 나뉜다. 집착-밀착형, 집착-단절형, 포기-밀착형, 포기-단절형이 그것이다. 각각의 유형 조합에 따라 같은 문제라도 접근과 처방이 달라져야 한다는 점에서 이 유형화는 실천적 의미를 갖는다.

각자는 자신이 어느 유형에 가까운지를 우선 알아야 한다. 이것은 누구나 자신을 아는 일에서 간단하지만 유의미한 단초로 사용할 수 있다. 자유와 균형은 어떤 경우에도 특정한 유형 조합이나 어중간한 사이에 있는 것이 아니라 상황과 필요에 맞게 양 극단 유형을 오갈 수 있는 능력을 의미한다. 그런 의미에서 아이를 자유롭고 균형 있는 인간으로 키우는 것이 남상철이 생각하는 자녀 교육 목표 중 하나다.

좀 더 구체적인 조언도 따른다. 언제나 아이와 아이의 상황을 잘 안다고 속단하지 말고 질문하라. 그 과정에서 아이의 말을 경청하라. 특히 감정을 읽으려 노력하고 표출된 감정에는 공감해줘라. 그래야만 아이가 마음을 열고 문제와 해법을 스스로 찾아가는 대화로 이어질 수 있다. 많은 경우 '잘 모르겠어.'도 대답이라는 사실을 명심하고 대답하라고 다그치지 마라. 대신 잘 모르겠다는 사실을 일단 수용해주고 대화를 이어가라.

만약 자녀 교육에 관해 단 한마디 '~하지 말라'는 네가티브가 있어야 한다면, 단연 아이를 화나게 하지 말라가 될 것이다. 아이의 감정 표현에 야단치거나 잔소리를 해대거나 매를 들어서는 아이를 화나게 할 뿐 변화하게 하지 못한다. 아이가 힘든 일이 있을 때 부모에게 달려오게 하려면, 아이가 부모의 사랑을, 무엇보다도 아이를 있는 상태 그대로 수용하고 존중한다는 사실을 알게 해야 한다. 함께 기뻐하고 함께 아파하며 함께 고민한다는 사실을 알게 해야 한다. 그럼으로써 모든 것을 부모에게 털어놓고 의논할 만큼 부모를 신뢰하는 아이라면, 그 아이는 한때 빗나가더라도 곧 돌아올 것이다.

만약 자녀 교육에 꼭 필요한 한 가지 포지티브 '~하라'를 대라고 한다면, 나는 주저 없이 "'악을 선으로 이겨라'를 몸으로 보여줘라."를 꼽을 것이다. 악을 악으로 갚거나 악에 지지 말고 더 큰 선으로 악을 이기고 선으로 변화시켜라. 나는 성경의 이 대목을 읽으면서 가슴이 벅차올랐다. 지금도 이 말씀이 제일 좋다. 그러나 아이들은 부모를 말로 판단하는 것이 아니라 행동으로 판단한다. 스스로 이것을 가슴 깊이 새기고 갈등과 다툼이 있는 곳에서 모범을 보인다면 그것이 최고의 자녀 교육이 아닐까 싶다.

다시 강조하거니와 우리가 아이였던 시절 부모와 선생님이 내 맘을 몰라준다고 생각한 적이 얼마나 많았는지 모른다. 왜 얘기를 제대로 들어보지도 않고 멋대로 속단하며 잔소리를 해대는지 억장이 무너졌던 기억이 생생할 것이다. 왜 저렇게 말 따로 행동 따로냐고 속으로 혀를 차며 비웃었던 기억도 적지 않다. 내가 그랬듯이 '내 아이'도 지금 그러기 쉽다.

당연히 경청과 역지사지를 말 없이 실천하는 것만큼 자녀 교육에서 효과적인 것은 없을 것이다. 사실 사랑이 이기적 관심에서 이타적 관심으로의 이동을 요구하는 이상 자녀 사랑이 요구하는 첫 번째가 바로 이것이다. 그렇게 함으로써 자녀 교육은 지금은 희미해진 내 어린 시절의 열망과 좌절, 기쁨과 슬픔을 다시 살려낼 수 있는 절호의 기회가 된다. 그것을 통해서 내 어린 시절의 치유되지 못한 내면의 아이를 치유하고 내 아이가 자유로운 영혼으로 자라나도록 든든한 응원군이 돼주는 게 자녀 교육에서 부모의 특권이자 책무가 아닐까 싶다.

부모 중 제일 훌륭한 부모는 스스로 행복해서 자녀와 친지, 이웃에게 행복을 나눠주는 사람일 것이다. 그것을 보고 자란 자녀가 어찌 행복의 길을 걷지 않을 수 있으랴. 결국 아이 문제는 많은 부분 부모 문제일 것이다. 그러니 부모부터 스스로를 알고 스스로 자녀에게 원하는 바를 먼저 실천하면 어찌 아이가 변화하지 않겠는가. 나도 이런 것을 아이를 키우는 시절에 보다 확실하게 알았더라면 좀 더 나은 부모가 될 수 있지 않았을까 생각한다.

2장

학 — 교 — 교 — 육

성 열 관

박 숙 영

이 건 범

이 형 빈

우 지 향

혁신 교육 ❀
나비게이터
곽노현입니다

'잠자는 교실',
어떻게 깨울 것인가?

곽노현 오늘 첫 번째 인터뷰 손님은 성열관 경희대학교 교육대학원 교수이십니다. 오늘의 주제는 '잠자는 교실, 왜 이렇게 됐으며, 어떻게 바꿀 것인가?' 다시 말해서 '수업 시간에 자는 아이들 어떻게 일으켜 세울 것인가?'입니다. 사실 저는 '잠자는 교실'에 충격을 받아서 교육감 출마를 결심했었습니다. '큰일 났구나!' 교실에서 수업 시간에 중고등학생들 1/3 내지 1/2 정도가 자고 있다는 것이 모든 선생님들의 한결같은 말씀이었습니다. 그래서 제가 '이 중요한 시기를 우리 아이들이 엎드려 자거나 눈 뜬 채로 자면서 허송세월하다니 우리나라가 큰일이 아닐 수 없다. 이것 바꾸지 않으면 민주주의고 경제 발전이고 뭐고 안 되겠다.' 싶었습니다. 잠자는 현상은 사실 하나의 징후이고 하나의 표현이고 하나의 결과이지 원인은 아닌 것 같습니다. 어떻게 이 주제를 연구하게 되셨나요?

성열관 제가 잠자는 아이들에 대해서 관심을 많이 갖게 된 것은 수업 시간에 잠자는 아이들에 대해서 '싸가지가 없다'는 말로 사회가 그 아이들에게 책임을 돌리는 모습을 자주 보았기 때문입니다. 교사들을 비난하는 방식으로 "아이들이 자고 있는데, 교사는 그것을 내버려두고 그냥 수업을 한다." 그런 이야기를 하는 것을 많이 들으면서, '그렇지 않은데, 이것은 하나의 거대한 징후일 뿐이다. 그 징후 이면에, 그 빙산의 일각 밑에 있는 교육 문제를 통해서 이 문제를 해결하고 규명해야 한다.'는 생각으로 아이들에 대해서 연구하게 되었습니다.

'잠자는' 아이들의 유형 : 저항, 이완, 딴생각

곽노현 그것이 빙산의 일각에 불과하고 단지 결과를 보여주는 것이라면, 그 원인이 무엇이며 수면 아래 숨어 있어서 전문가들이 아니면 볼 수 없는, 그 구조적 실체가 무엇인지 한번 따져보도록 하겠습니다. '잠자는 교실'이라는 것도 물론 비유입니다.

성열관 일단 '자는 아이들'은 하나의 비유로서 수업 참여 기피에 포함됩니다. 선생님은 준비가 되어 있어야 하고 수업을 통해서 아이들이 성장해야 되는데, 그렇게 성장할 기회를 아이들 스스로 왜 찾지 못하는지에 대한 것입니다. 저는 그 원인을 아이들의 심리적 현상이라거나 아이들의 책임이라기보다는 사회적인 문제로 보고 알아보고자 노력했습니다.

곽노현　아이들의 수업 참여 기피 현상은 어떤 유형으로 나타납니까?

성열관　첫 번째는 대놓고 자는 아이들입니다. 선생님과 타협한 겁니다. 그래서 '수업을 방해하지 않을 테니 건드리지 마라.'는 타협 행위로서 엎드려 자는 아이들이 있습니다.

곽노현　소위 꼴통 학생들인가요?

성열관　꼴통 학생이라고 말하기는 미안하고 저항 행위라고 말할 수 있습니다. 일탈 행위와 저항 행위는 조금 다릅니다. 일탈 행위는 규범으로부터 반사회적으로 벗어나는 것입니다. 저항 행위는 겉으로 보기에는 일탈이지만 그 일탈 행위 이면에는 사회적인 동기와 이유가 있습니다. 두 번째는 '눈 감고 있는 학생들'이라고 제가 비유해봤습니다. 겉으로는 눈을 감고 자는 것 같지만 귀는 열려있어요. 이 학생들은 대체로 수업 시간의 지루함을 견디고 신체를 이완시키기 위해서 자는 학생들입니다. 세 번째는 '눈뜨고 자는 학생들'이라고 얘기할 수 있습니다. 눈으로는 선생님을 보고 있지만 실은 딴 생각을 한다든지 수업에 참여할 의사가 없거나 학교 수업의 질서로부터 벗어나 있는 학생들을 그렇게 부를 수 있겠습니다.

아이들이 잠자는 이유 : 수업의 지루함

곽노현 학생들이 수업 시간에 자는 이유를 무엇으로 파악하고 계세요? 학습 진도를 못 따라 가고 있기 때문인가요? 수동적으로 묶어놓는 수업을 하기 때문인가요? 아이들은 날뛰고 싶은데 갇혀 있는 것처럼 가만히 있으라고 하니까 견디기 어렵다는 말씀이시죠?

성열관 이것은 연구 안 해 봐도 알 수 있는 것이긴 하지만 기본적으로 지루하기 때문입니다. 왜 지루하냐면, 수업 내용이 이해가 안 되기 때문입니다. 이것은 사실 학생의 책임이라기보다 한국 교육과정상의 문제입니다. 학생의 발달단계와 학생이 인지적으로 이해할 수 있는 속도 차이가 벌어져 있는 것입니다. 그래서 첫 번째는 발달단계와 교육과정 사이의 간극이 있기 때문입니다. 두 번째는 신체적인 이유 때문입니다. 중학생 나이가 되면, 신체적으로 활동하고 싶고 대화하고 싶고 상호 협력을 통해서 공부하는 활동을 선호합니다. 그런데 일방적인 일제식 수업, 선생님은 말하고 아이들은 가만히 들어야 하는 순응식 수업에서는 수업 방식이 중학생 아이들의 신체발달 욕구와 충돌하게 됩니다.

곽노현 자는 아이들을 보면 선생님들은 모욕감을 느낍니다. '내가 가르치는 교사인데 도대체 내 말을 안 듣고, 이놈들이 자!' 그리고 눈뜬 채로 딴생각하고 있는 것도 교단에 서면 다 보입니다.

이럴 때 선생님들의 대응 방식이 다르잖아요. 대체로 어떤 식으로 반응하나요?

성열관 이 문제는 자는 아이들을 깨우는 것을 넘어서 실은 학생과 교사와의 교육적, 인격적 관계를 어떻게 형성해야 되느냐와 관계가 있습니다. 대체로 선생님들은 돌아다니면서 "야! 너, 왜 자! 인마! 일어나! 학생이 자면 돼?" 이렇게 야단치는데, 제가 봤을 때 이런 선생님들은 전문성이 약간 부족한 경우일 수 있습니다. 가서 "너, 왜 자!" 이렇게 야단치는 것이 아니라 여러 가지 수업을 변화시킬 수 있는 전략들이 있습니다. 그리고 두 번째는 타협하는 선생님입니다. "야, 너 방해하지 말고 차라리 자라. 다른 애들 방해하지 말고." 그렇다면 자는 아이들의 교육권은 누가 지켜주냐는 의문이 생깁니다. 모든 아이들은 학교에서 제대로 교육받고 성장할 권리가 있고, 그것을 실현하기 위한 제도적 장치가 교사인데, 이런 경우에는 교사가 소명 의식이나 윤리 의식이 낮은 경우라고 생각합니다. 세 번째는 딜레마를 느끼는 교사가 있습니다. 이런 경우에도 교사가 아이들의 수업을 활성화시킬 수 있는 전략은 부족할 수 있지만, 그래도 훌륭한 교사라고 생각합니다. "야, 너 일어나!"라고 하며 아이를 깨우기는 했지만 '그렇다면 내가 이 애한테 뭘 해줄 수 있을까? 이 애가 이해는 할까?' 이런 생각을 하면서 여전히 아이가 성장하지 못하는 것에 대해서 딜레마를 느끼는 경우가 있습니다.

곽노현 학교 선생님들 반응도 다양합니다. 교사로서의 소명 의식이나 기개가 결여된 경우, 교사로서의 관계 역량이 부족한 경우, 수업 방식을 변화시키는 혁신 의지가 부족한 경우 등 여러 가지 반응 유형이 혼재되어 있는 것으로 보입니다.

' 잠자는 아이들 ' 은 우리 사회 교육 시스템의 피해자

곽노현 이렇게 생각하면 벌써 문제 진단에 들어가는 건데요. '수업 시간에 아이들이 자고 있다.' 이것이 과연 누구의 책임인지 어느 정도 힌트가 나왔지만, 더 구체적으로 살펴보겠습니다. 우리는 보통 수업 시간에 자는 것은 그 학생 책임이라고 생각합니다. 부모님이 대주는 돈으로 학교에 왔으면 학생의 본분은 공부하는 것이니 수업 시간에 마음과 귀를 열고 열심히 참여해야 하는데, '엎드려 자다니!' 혹은 '딴생각을 하다니!', '싹수가 노랗다.'고 보는 겁니다. 이러한 생각은 '아이 책임론'입니다. 하지만 교사 책임은 없습니까?

성열관 한국 사회는 일차적으로 '학생이 수업 시간에 자다니!'라고 하는 규범이 강한 사회입니다. 그러다 보니까 아이들이 일차적으로 책임자가 될 수 있는데, 제 개인적 생각으로는 이 아이들은 교육 시스템의 피해자일 수 있습니다. 우리가 관점을 바꿔서 아이들을 중심으로 애정 어린 눈으로 보게 되면 이 아이들도 뭔가를 열심히 하고 싶은데 무엇인가에 의해서 계속 잘 수밖에 없는 상황에 처해 있습니다. 그러니까 아이들은 어려운 교육과정, 학생들의 신체적인 욕구와 맞지 않는 수업 방식과 같은 교육 시스템에 의한 일차적인 피해자입니다. 두 번째는 잔다고 어른들이 막 나무라는 것입니다. 그러니까 이중의 피해자가 될 수 있습니다. 제 생각에는 아이들이 수업 시간에 자는 현상, 잠자는 교실에 대해서 기본적으로 아이들이 책임자라고 규정하는 것은 아이들에 대해서 너무 야박한 관점이라고 볼 수 있습니다.

곽노현 선생님 연구의 가장 큰 특징은 아이들이 피해자이지 책임져야 할 주범이 아니라는 관점인 것 같습니다. 아이들은 사실 어른이 하기 나름이거든요. 그런데 학교 다니다 보니까 중학교쯤 되면 학습도 못 따라가겠고 너무 재미도 없다 보니 엎드려 자고 딴생각하는데, 결국은 수업을 바꾸고 교육과정을 바꿔야 된다고 말씀하시는 걸로 이해가 됩니다.

성열관 교사들도 고민이 많습니다. 수업을 바꿔야 한다고 생각하면서 그냥 "너, 일어나!" 하면서 아이들에게 강압적으로 하는 '아주 무서운 선생님이 되어봐야겠다.' 또는 '개그 하는 선생님이 되어서 아이들의 흥미를 끌고 청소년 문화와 소통해야겠다.' 생각을 합니다. 그런데 그런 것은 한계가 있습니다. 흥미 위주로 아이들을 잠깐 깨울 수는 있습니다. 그러나 원래 수업을 통해서 아이들에게 정보가 전달되어야 하고, 아이들이 성장해야 하고, 아이들의 사고력이 늘어야 하고, 아이들이 시민으로 성장하고 자라나야 되는데, 무서운 선생님이나 개그 하는 선생님을 통해서는 그러한 교육적인 의도가 실현될 수 없습니다. 그래서 기본적으로 선생님들은 수업을 활성화할 수 있는 전문성과 능력을 갖고 있으셔야 할 것 같습니다.

곽노현 그러면 아이들 책임은 물론 아니고, 그렇다고 교사들만의 책임도 아닙니다. 교육과정을 관장하는 교육부의 책임이기도 하고, 또 교사들이 수업 혁신에 매진할 유인을 제공하지 않는 교육청 인사 정책, 특히 교원 승진 제도의 산물이기도 하고, 그럴 수 있습니다. 그렇다 할지라도 일단 수업을 교사가 마음먹고 바꾸려고 하면 바꿀 수 있습니다. 그러면 '교사들의 역량 문제가 아니냐?' 이런 이야기가 자주 나오고 있습니다. 제대로 아이들을 일으키기 위해서 교사들에게 필요한 지식과 능력은 무엇입니까?

'잠자는 아이들'을 깨우는 희망 : 교사 공동체

성열관 아이들을 깨울 수 있는 유일한 희망이자 능력 있는 자원은 교사라고 봅니다. 그래서 이 문제에 대해서 사회적으로 교사에게 책임을 전가하는 담론은 저는 좋은 것이 아니라고 생각합니다. 여러 의견이 있겠지만 제가 봤을 때 한국의 교사들은 상당히 개인적으로 능력이 있습니다. 개인적인 능력은 탁월한데 다양한 수업 전략을 통해서 공동체를 만드는 전문성과 태도는 약간 부족합니다. 제가 그 전략으로 말씀드리고 싶은 첫 번째는 교사 공동체를 만드는 것입니다.

곽노현 학습 연구 공동체요? 같은 교과 교사들끼리? 같은 학년 교사들끼리?

성열관 전문성 공동체일 수도 있고, 애정 공동체일 수도 있습니다. 학교 전체가 그럴 수가 있습니다. 제가 그동안 혁신학교도 많이 연구해봤고, 자는 아이들도 연구해봤고, 생활 형편이 어려운 고등학생들도 많이 연구를 해봤습니다. 그런 수년간의 연구를 통해서 제가 얻은 하나의 결론이 있는데, 교사들의 공동체가 없으면 그 학교에서 아이들의 공동체도 없다는 것입니다. 그래서 협력 수업을 통해서 활성화된 수업, 자지 않고 모두가 참여하는 수업을 만들기 위해서는 교사가 참여하는 학교의 문화와 공동체가 먼저 있어야 한다는 것입니다.

곽노현 '교사의 학습 공동체가 먼저 형성되지 않으면 학생들의 학습 공동체인 교실도 살아나지 않는다.' 이렇게 정식화할 수 있겠네요? 일단 아이들이 자지 않게 하려면 아이들을 참여시키고 활동시키면 되잖아요. 팀을 이뤄서 모둠 간에 서로 의논하게 하면 되잖아요. 이것이 기본입니다. 그런데 이렇게 하려면 먼저 교육 전문가로서 교사들 간에 공동체가 형성돼야 한다는 말씀이시죠?

성열관 네. 그런데 그 공동체는 세 가지 정도로 나타나는 것 같습니다. 첫 번째는 민주주의 공동체입니다. 학교가 민주화되면 거기에는 의사소통이 활발하게 일어나는 민주주의로서 공동체가 있습니다. 두 번째는 전문성 공동체입니다. 수학 교사가 영어 교사, 과학 교사와 함께 통합 교육을 하거나 교육과정을 재구성하는 것입니다. 교사들은 누구나 '내가 조금 더 좋은 교사가 되고 싶다. 아이들에게 인정받고 싶고 훌륭한 수업을 하고 싶다.'는 강한 욕구를 가지고 있습니다. 그 욕구는 전문성과 관련된 것입니다. 세 번째는 한국의 문화와 관련되어 있습니다. 교사들 간의 우애 공동체라고 할까요? 인간적 공동체가 있어야만 잘되는 경향이 있습니다. 그래서 몇 개 혁신학교를 집중 관찰해보니까 잘된다고 사회적으로 알려진 학교들의 교사 공동체는 민주주의적인 공동체, 전문성 공동체일 뿐만 아니라 인간적 유대감 또한 높다는 것이 제가 최근에 했던 연구 결과입니다.

곽노현 교사들이 3중 공동체를 형성한 학교, 그런 학교는 믿을 만합니다. 그런 학교는 아이들이 엎드려 자지 않는다. 이렇게 믿으셔도 될 것 같습니다. 결국 교사가 교육의 중심이기 때문에 다행히 교사가 깨어나고 교사가 역량이 강해지면, 당연히 아이들이 가장 큰 수혜자가 됩니다. 그런데 그렇다고 해서 교사들 전부를 움직이기는 어렵습니다. 교사들의 유인 구조, 동기 구조를 바꾸려면 역시 승진 제도니 하는 교육청, 교육부의 일을 이야기 안 할 수는 없습니다. 그럼 교육청과 교육부가 아이들을 깨워내기 위해서 해야 되는 일은 어떤 걸까요? 물론 선생님들의 공동체성을 강화시킬 수 있도록 지원하는 제도도 있겠지만 그것 말고 뭐가 있을까요?

성열관 이러한 혁신의 성과가 잘 나타나는 학교는 학교 전체가 활성화되기도 합니다. 그러나 그것은 생각보다 쉬운 일이 아닙니다. 제 생각에는 교육청에서, 아이들과 소통하는 데 더 큰 욕구를 갖고 있고, 문제의식과 역량을 갖고 있는 선생님들의 희망을 받아서 교장 선생님과 상의해서 그 학교에 같은 학년으로 배치하는 것이 좋은 방법입니다. 저희는 그것을 '혁신 학년제'라고 합니다. 그 아이디어가 왜 나왔느냐 하면 저희가 중학교를 많이 다녀봤는데, 그중에 아이들이 수업 시간에 자지 않는 중학교가 있었습니다. 혁신학교가 그런 학교를 만들어낸 거죠. 그런데 그런 학교를 연구해 보면 1교시에서부터 6교시까지 수업 원리가 같습니다. 그런데 많은 학교들에서 '나 홀로' 실천하는 선생님들이 자기가 맡고 있는 수업 시간, 2교시, 6교시에 그것을 해보려고 하면, 아이들이 짜증을 내고 잘 안 됩니다. 왜냐하면 수업의 질서와 문화라는 것이 있는데 이것이 마음에 습관이 안 들여져서 그렇습니다. 그래서 교육청은 혁신 학년제와 같은, 제도적인 전략을 마련하는 것이 필요합니다.

곽노현 혁신학교를 시도할 역량은 부족해도, 각 학교에 좋은 실천을 하는 교사들이 적어도 15% 정도는 되니까 그러한 분들을 한 학년에 집중시켜서 한 학년이라도 제대로 혁신하면 여러 가지로 효과를 보지 않겠느냐는 말씀 같습니다. 또 어떤 방법이 있을까요?

혁신학교 수업에는 '잠자는 아이들'이 없다

성열관 지금 많은 중학교에서 수준별 이동 수업, 우열반 수업을 여전히 하고 있습니다. 이 우열반 수업은 협동학습 또는 협력 수업과 잘 맞지 않습니다. 협력 수업이 잘되기 위해서는 그 집단에 유능한 학생, 진도가 느린 학생들이 서로 협력하면서 개인의 차이와 다양성에 맞는 학습 공동체를 통해서 성장이 일어나야 됩니다. 그래서 지금 교육청이 해야 할 중요한 일은 중학교에서 우열반 수업보다 협력 수업을 권장하고 그 전략을 선생님들과 공유하는 것입니다.

곽노현 우열반을 나누지 않고 한 반에서 모둠을 나누되 그 모둠 안에 공부 잘하는 아이와 좀 처지는 아이도 함께 구성할 때, 협력 수업이 일어납니다. 그것이 공부를 못하고 처지는 아이들에게 동기를 부여하는 데 더 좋다는 말씀 같습니다. 요즘 '자유학기제', '행복학기제'를 중학교에서 한번 시도해보자는데, 이런 것은 어떻게 생각하시나요?

성열관 저도 좋다고 생각합니다. 자유학기제를 지금 정부가 하려고 하는데, 실은 혁신학교가 한국 사회 교육 패러다임을 자유학기제로 변화시켜야 된다는 확신을 주고 있습니다. 자유학기제도 그런 흐름 속에서 만들어진 것이 사실입니다. 그래서 자유학기제는 중학교 한 학기, 중간고사와 기말고사가 없고, 그 학기에는 수업은 하되 어떤 요일은 오후에 예술, 체육을 중점으로 하고 어떤 요일은 국어와 과학이 융합된 수업, 이렇게 다양한 선택교과를 하도록 되어 있습니다. 자유학기제가 혁신학교의 흐름을 탔고, 2016년부터는 모든 학교에 적용이 되기 때문에 이런 제도적 일반화와 혁신학교의 성과가 서로 맞물릴 수 있도록 이번 교육감들이 노력을 하면 어떨까 하는 제안을 해봅니다.

곽노현 사실 아이들이 엎드려 자는 것은 교권이 엎드려 자는 것이고 미래의 민주주의가 엎드려 자는 것 아닌가 싶습니다. 아이들의 인격이 성장해야 할 시간에 성장을 멈춘 것이고 아이들의 시민성이 영그는 시간에 시민성이 멈춘 겁니다. 아이들의 진학과 진로에 대한 고민이 심화되어야 할 그 시점에 아이들이 잠들어 있는 것입니다. 이 아이들을 깨우지 않고, 잠자는 교실을 깨우지 않고 교육개혁과 교육 혁신은 있을 수 없습니다. 사실은 잠자는 아이들이 일어나는, 교권이 일어나는 그날을 오게 하는 것이 진보 교육감이 부여받은 책무가 아닌가 싶습니다. 그런데 이 지점에서 마지막으로 한 가지 확인하고 싶은 것이 있습니다. 사람들은 학교 폭력 대책과 수업 혁신을 전혀 연결하지 않습니다. 그런데 사실 우리가 모둠, 발표, 토론, 협동 수업으로 바꾸고, 그렇게 해서 아이들이 활동을 하게 되면 아이들은 잠잘 수도 없고, 다양한 이질적인 아이들끼리 우애와 협력이 시작됩니다. 그래서 교실을 우애와 협력의 공동체로 바꾼다는 뜻입니다. 수업을 이렇게 바꾸면 학교 폭력 문제에도 영향을 줄 것 같습니다.

성열관 '자는 아이들이 없는 교실' 프로젝트, 이런 것을 하게 되면, 저는 확신하는데, 교사들이 협력 수업 외에는 방법이 없다는 결론에 도달할 것 같습니다. 그런데 협력 수업은 단지 점수를 올리는 것이 아닙니다. '수학을 협력으로 하면 수학 점수가 1점이 높아진다.' 충분히 그렇습니다. 인지적으로도 수학 성적이 올라갈 수 있다고 봅니다. 다만 그것뿐만 아니라 더 중요한 것은 대화하는 인간, 협력하는 인간, 소통하는 인간, 도와주는 인간, 그리고 성적에 의해서 인간을 차별하지 않는 시민, 그래서 교실을 대화가 있는 우정의 공동체로 만드는 것입니다. 사실 교실에는 약하거나 공부를 못하거나 집이 어렵거나 장애가 있어서 몸이 좀 불편하거나 이런 아이들이 존중받지 못하는 차별의 질서가 있습니다. 그런 차별의 질서를 놔두고 무슨 학교 폭력 대책이나 왕따 방지 대책, 스포츠클럽, 이런 것들은 효율성이 없을 것이라고 생각합니다.

곽노현 학교에서 아이들의 주생활은 수업입니다. 그러니까 수업을 활기차게 만들고 수업에서 협동과 우애를 체감하게 만들면, 학교 폭력이 조금 줄어들지 않을까요? 왕따가 줄어들지 않을까요?

성열관　지금 그런 연구 결과가 많이 나오고 있습니다. 특히 경기도에서 어느 정도 많이 축적이 되었습니다. 그래서 이것에 대해 조금 더 깊이 실증적인 자료를 갖고 연구할 필요가 있습니다.

곽노현　우리가 말하는 혁신학교가 바로 아이들이 잠자지 않는 학교라고 할 수 있습니다. 그리고 우리가 말하는 혁신학교에서는 학교 폭력이 감소되고 있다는 실증적 자료들이 나오고 있습니다. 결국은 지금 우리가 혁신학교를 예찬하고 있는 셈이네요. 아니 그쪽으로 가야 된다고 얘기하고 있습니다. 그리고 혁신학교의 핵심은 수업 혁신이다! 이렇게 얘기하고 있는 건가요?

성열관　혁신학교의 성과를 가지고 '성과가 있다, 없다', '학력이 저하되었다.'라는 이슈가 많지 않습니까? 제가 봤을 때는 잘되고 있는 많은 혁신학교에서는 수업 시간에 자는 학생이 없습니다. 모두 수업에 참여합니다. 우정의 공동체가 있습니다. 그래서 아이들과 선생님, 선생님과 선생님들 사이에 민주주의뿐만 아니라 우애의 공동체를 만들어야 합니다. 이후에 우리 아이들이 살아가야 될 미래 사회의 세포가 되는 것입니다. 그 조그만 세포들이 혁신학교의 교실들이라고 생각합니다. 그래서 성과에 대한 논쟁이 여러 가지가 있고 검증해 봐야겠지만, 저는 '수업 시간에 자던 아이들이 이제 수업에 참여하는 것'이 혁신학교의 가장 큰 성과라고 생각합니다.

곽노현　결론은 우리 아이들, 잠자는 아이들이 깨어나서 수업에 참여하고, 그렇게 해서 아이들 간에 조금 더 많은 우애와 협력의 공동체를 세우는 것입니다. 그리고 성 교수님의 중요한 연구 성과로 생각하는데요, 그 전제로서 반드시 선행되어야 할 것이 교사들의 3중 공동체입니다. 의사결정에서의 민주주의 공동체, 수업 혁신과 생활지도 혁신에서의 전문성 공동체, 그리고 인간적 우애 공동체, 연대 공동체. 이것이 형성된 학교가 혁신학교이고, 그것을 하는 것이 학교 혁신이고 교육개혁의 목표입니다.

회복적 생활교육이란
무엇인가?

곽노현 오늘 인터뷰의 주인, '회복적 생활교육 연구회' 대표이자 분당 수내중학교 교사이신 박숙영 선생님 모시겠습니다. 선생님 께서 지금은 학교에서 가르치고 계시지 않죠?

박숙영 네, 제가 3년 동안 휴직을 하고 좋은교사운동에서 상근을 했고, 올해 2015년부터는 복직을 해서 현장으로 돌아갑니다.

곽노현 일반 선생님들이 잘 접하지 못하는 미세하고 다양한 실천 들을 하시는 것 같습니다. '회복적 생활교육 연구회' 대표라고 소 개를 드렸고, 본인께서 지난 4년 동안 회복적 생활교육을 해왔다 고 그러셨잖아요. 회복적 생활교육 운동이 뭔지 말씀 해주시겠어 요.

회복적 생활교육의 근본 주제 : 공동체성을 어떻게 회복할 것인가?

박숙영 아직 회복적 생활교육이란 말 자체도 많이 낯선 상황입니다. 현장에 가서 회복적 생활교육 운동을 하자라고 하면, 그 말 자체에 대해서 궁금해하십니다. '회복적 정의'라는 국제적 운동도 있습니다.

곽노현 무엇을 회복하자는 것인가요?

박숙영 근본적으로는 관계를 회복하자는 것입니다. 사실은 우리 사회가 관계의 단절로 생기는 문제들 때문에 굉장히 고통스러워합니다. 교사와 학생, 학생과 학생의 관계, 더 밑으로 내려가면 '내'가 '나'랑 단절되어 있습니다. '내가' 뭘 하고 싶은지에 대한 의식 없이 공부 하라니까 하고, 주어진 업무니까 하루 종일 쳇바퀴 돌듯이 하는데 '나'하고는 단절됩니다. 단절이란 말 자체가 굉장히 광범위하지만, 단절의 문제를 다시 회복하는 것에서부터 교육적 고통에 접근하자는 생각을 갖고 있습니다. 이러한 교육적 접근을 바탕으로 회복적 생활교육을 한마디로 정의할 때는 우리 학교 현장에 사라진 관계의 단절을 회복하고 사라진 공동체성을 어떻게 회복할 것인가에 초점을 두고 있습니다.

곽노현 아이들끼리의 공동체, 선생님과 아이들 간의 교실 공동체, 교사와 교사 간의 공동체를 다 포함하는 개념인 것 같습니다.

본래 '회복적 정의'라고 말씀하셨는데, 회복적 정의 또는 회복적
사법은 범죄 가해자와 범죄 피해자 간의 관계를 복원하는 것 아닙
니까? 범죄라고 하는 것은 피해자에 대한 죄일 뿐 아니라 사회 전
체와 공동체에 대한 죄이기 때문에 거기서도 마찬가지로 가해자
와 피해자 간의 관계를 회복시키고 진정한 용서와 진정한 사죄를
통한 관계의 회복, 공동체성의 회복이 주(主)입니다. 그리고 그것
을 교육 부문에 적용시키신 것 같습니다. 어떤 계기로 이런 회복
적 생활교육 운동을 하시게 되었습니까?

박숙영 전혀 없었던 운동을 제가 시작한 건 아닙니다. 저의 개인
적인 계기를 말씀드리면, 저는 도덕 교사입니다. 카리스마가 없
는 도덕 교사입니다. 그래서 어쨌든 교육적으로 아이들을 인격적
으로 대하고 존중하면서 이끌어가는 것이 옳다고 믿고 있지만, 현
실에서는 그렇지 않습니다. 인격적으로 아이들을 대했을 때 아이
들이 저를 따라오는 것이 아니라 카리스마 있는 모습으로 강압을
사용하거나 그랬을 때 저를 따라옵니다. 인격적으로 대했을 때는
질서를 잘 지키는 것이 아니라 아이들이 원하는 대로 행동하다 보
니까 학급이 시끄럽기도 하고, 때로는 인격적으로 대했는데 그 아
이가 저한테 반항을 하거나 하는, 이런 생활지도에 전반적인 어
려움과 분열을 느꼈습니다. 교육적으로 했을 때 아이들이 교육적
으로 따라오는 것이 아니라 강압적으로 했을 때 아이들이 교육적
으로 따라오는 모순에 고민이 많았습니다. 아무리 제가 잘하려고
노력해도 저항하고 반항하는 아이들이 많이 생기고 학교 안에 폭

력이 일상화되는 현상을 보면서 교사로서 견딜 수가 없었습니다. 그래서 뭔가 해법을 찾고 싶어서 비폭력 대화라는 의사소통 도구를 공부를 했습니다. 그 과정에서 회복적 정의 운동을 만나게 되었습니다. 그래서 이것이 빨리 교육 안으로 들어와야 한다고 생각해서 '회복적 생활교육'이라는 이름으로 2011년에 좋은교사에서 시작하는 계기가 되었습니다.

생활교육이 뒤로 밀리는 학교교육 구조

곽노현　선생님 개인이 굉장히 고민하는 과정을 많이 거치셨습니다. 중학교 아이들을 건사하시면서 굉장히 많은 어려움을 몸소 겪고 심지어 우울증까지도 생겨서 휴직을 한 학기 하셨을 정도로 어려움을 겪으셨습니다. 선생님의 교육은 인격적이고 윤리적이고 아이들을 따뜻하게 대해주시는 것일 것 같습니다. 그런데 그 방식이 안 통했다고 하셨습니다. 지금 와서 생각할 때 결국 그 이유가 무엇이라고 생각하십니까?

박숙영　처음에는 교사로서의 능력 부족과 학생들의 부족한 도덕성에 초점을 맞추고 접근을 했습니다. 늘 제 탓으로 생각했습니다. '난 능력이 없으니까 그만둬야 해.' '내가 바뀌면 돼.' 이렇게 개인의 문제로 보게 되었는데요. 조금 더 생각해 보니까 구조적인 문제를 찾게 되었습니다. 교사들은 교사로서 수업을 잘하는

데 관심이 있습니다. 그리고 행정 업무를 잘해야 학교에서 인정을 받습니다. 수업이나 행정 업무는 잘못했을 때 그때마다 즉각 표시가 납니다. 성적으로 표시가 난다거나 행정 업무를 빠뜨리면 뭔가 작동이 안 된다거나 합니다. 그래서 거기에 먼저 집중을 하게 됩니다. 그런데 생활지도는 거기에 비해서 티가 안 납니다.

곽노현 약간 뒷전입니까?

박숙영 사고만 나지 않으면 되는 것이 생활지도라고 여기게 됩니다. 워낙 행정 업무에 비중을 두다 보니까 정작 중요한 생활지도에 대한 고민이나 연구가 상대적으로 없어서 생활지도가 부수적인 업무로 취급되었던 것이 문제라고 생각합니다.

곽노현 기본적으로 생활지도에서 성공하지 못하면 교사의 입장에선 막 죽고 싶은 것 아닌가요? 교사도 학교 가기 싫어지잖아요. 아이들만 가기 싫은가요? 만약 아이들과 관계가 깨지고 본인의 방식으로 아이들을 지도하는 데 아이들이 따라오지 않으면 싫어집니다.

박숙영 생활지도의 어려움에서 바닥을 치니까 그때서야 '아! 생활지도 뭐가 문제지?' 하고 들여다보았습니다. 첫째 생활지도가 교사의 관심에서 부수적인 업무로 취급되었던 것입니다. 왜 아이들이 저항하는가? 예전엔 고분고분 말을 들었던 아이들이 왜 이젠 말을 듣지 않는가에는 우리 사회의 변화가 있습니다. 우리 사회 자체가 과거에는 권위주의적인 사회였고 그것을 인정하는 사회였지만, 지금 아이들은 권위에 저항하는 세대입니다. 거기에 맞는 생활지도가 발전되거나 연구되지 않았습니다. 거기에 필요한 철학이나 방법적인 면도 전혀 고민이 되지 않았기 때문에 이 시대와 다른 데도 불구하고 과거의 전통적인 생활지도 방식에 따랐던 것이 문제인 것 같습니다. 그런데 생활지도의 어려움은 생활지도만의 문제가 아니라 더 크게는 학교교육의 문제입니다. 그래서 교육의 고통이 생활지도와 연결될 수밖에 없습니다. 단절의 문제가 교육 고통을 유발했고 생활지도도 같이 어려워진 것이라고 생각합니다.

상벌점의 부작용 : 수치심은 다시 폭력을 부른다

곽노현 지금 현재 생활지도는 일반적으로 권위주의적이고 통제 중심으로 흘러가고 있습니다. 그리고 또 단속해서 처벌하는 것 위주잖아요. 상벌점까지를 포함해서. 그런데 이런 전통적인 행동 수정 방식이 어떤 문제에 봉착한 겁니까? 그것이 왜 문제가 있죠?

박숙영 이제까지 생활지도 방식은 권위적이고 처벌 중심의 생활지도였다고 생각합니다. 이런 강압이나 벌을 주는 방식이 사실은 외적 평가에 의해서 학생의 행동을 수정하려고 하는 것입니다.

외적 평가라는 것은, 선생님의 기준에 맞거나 어른들의 기준에 맞았을 때 내면에서 '그것이 중요하기 때문에 이 행동을 해야 돼!' 이 것이 아니라 누구한테 혼나는 것을 피하기 위해서 또는 상을 받기 위해서 수동적으로 생활을 하게 만드는 것입니다. 또 하나의 문제는 처벌을 중심으로 하는 생활지도가 아이들에게 무엇을 경험하도록 하느냐는 것입니다. 자기 성찰을 하게 하는 것보다 수치심을 경험하게 합니다. 수치심을 경험한 아이들은 자기 성찰을 하지 못하고 오히려 반사회적인 행동을 합니다. 처벌은 아이들에게 그런 행동을 하도록 영향을 줍니다. 미국의 정신의학자 제임스 길리건(James Gilligan) 박사는 수치심이 폭력적인 행동에 자극을 준다고 이야기합니다. 처벌 중심의 생활지도가 아이들에게 성찰을 불러오도록 하는 것이 우리 교사들의 의도인데, 교사들의 의도와는 달리 수치심을 경험하게 하고 오히려 폭력적인 행동을 하게 한다는 것입니다.

곽노현 보통 무릎을 꿇리고 수치심을 주고 고통을 주고 강요를 하면 내면의 힘이 열리지 않고 분노로 자꾸 치닫습니다. 그런데 일단 분노가 아이 마음속에 들어오면 선생님이든 부모님이든 그 아이하고 관계는 거의 단절된다고 봐야 되잖아요. '아이를 화나게 하지 마라. 화나게 하면 어떤 의도 이룰 수 없다.' 이런 성경 말씀도 있습니다. 그런데 다들 걱정하는 부분이 있습니다. "아이가 잘못하는 것을 그냥 놔두란 말이냐?" 그건 아닙니다. 그럼 강압적인 처벌 중심의 생활지도에 대한 대안이 뭐냐고 당장 이렇게 묻게 됩니다.

박숙영 우리가 원하는 것은 아이들이 바람직한 방향으로 행동수정을 하는 것입니다. 그런데 처벌로는 한계를 느꼈습니다. 그럼 언제 이 아이가 바람직한 행동을 하는가? 이 아이의 마음을 읽어주고 "네가 그것이 힘들었다는 거지?" 이렇게 공감해주면서 이 아이에게 공감할 능력을 주는 것입니다. 이렇게 이 아이가 공감을 경험하고, 공감할 능력을 갖게 된다면, 마음의 문을 열어서 좋은 선택을 할 수 있게 됩니다. 그래서 공감을 통해서 이 행동이 다른 사람에게 어떤 영향을 줬는지 직면하게 하고, 그래서 앞으로 어떻게 하면 좋을지를 스스로 찾아낼 수 있도록 이끄는 것이 행동수정에 훨씬 더 도움이 됩니다. 저희는 그런 입장에서 단절을 가져오는 수치심이 아니라 공감을 통해서 관계를 연결함으로써 협력을 이끌어 내고 존중을 이끌어내는 방식으로 우리가 할 수 있다고 생각합니다. 그것을 회복적 생활교육의 가장 중요한 키워드로 생각하고 있습니다.

곽노현 '회복적 생활교육, 공감에서 시작한다.' 공감 능력을 길러줘야 한다는 말씀이신데 그럴 듯합니다. 그런데 실제 갈등 상황과 충돌 상황에서 적용하려다 보면 우선 핏대가 서기 때문에, 선생님도 인간이잖아요, 핏대가 확 오르기 때문에 말부터 험하게 나가게 되고 약간의 강압이 들어간 말투가 나오게 됩니다. 회복적 생활교육을 정말 하려고 하면 더 구체화된 원칙이 있어야 할 것 같아요. 어떤 것들이죠? 지금 말씀하신 추상적인 이념을 더 구체화한 것이 어떤 것이 있을까요?

아이들에게 어떤 말을 해도 안전하다고 약속하라

박숙영   아이들이 잘못한 행동에 대해서 처벌이 아니라 공감을 하라는 것은 선생님들한테 커다란 도전입니다. "그럼 애들 잘못한 것을 인정하라는 거냐?"라고 말씀하시기도 합니다. 그런데 그것은 아닙니다. 회복적 생활교육의 원칙이라고 하면, 교사는 안전한 공간을 만들어야 한다는 겁니다. 아이들이 진실이나 자기 잘못을 말하지 못할 때는 비난이 두려워서 말을 못하는 겁니다. 그래서 회복적 생활교육을 위해서는 아이들에게 '네가 어떤 말을 해도' 안전하다는 것을 약속해야 합니다. 누구나 잘못할 수 있습니다. 우리에게 더 중요한 것은 잘못을 직면하고 앞으로 성장하기 위해서 새로운 가능성을 찾는 것입니다. 아이가 솔직한 말을 할 수 있는 공간을 열어주는 것이 중요한 원칙 중 하나입니다. 그리고 두 번째로는 질문을 하는 것입니다. 교사들은 뭔가 많이 가르치고 알려주고 싶어 합니다. 회복적 생활교육을 위해서는 답을 알려주는 것이 아니라 질문을 하고 아이들과 대화를 해야 합니다. 아이가 스스로 길을 찾아갈 수 있도록 좋은 질문을 해야 합니다. 질문에도 응보적 질문이 있습니다. "너, 뭐 잘못했어?"라고 묻는 것이 아니라 "네가 그런 행동을 할 때 어떤 생각이 들었어?", "네가 한 행동으로 인해서 누가 영향을 받았을까?", "너는 뭘 할 수 있을까?", "선생님은 뭘 도와줄까?" 이런 질문을 하고 아이와 소통하면서 아이가 스스로 자기의 문제를 성찰하고 방법을 찾아갈 수 있도록 그렇게 돕는 것입니다.

곽노현 '질문으로 시작해라.' '교사가 미리 예단하고 미리 짐작해서 다 아는 것처럼 답을 주지 말고 질문으로 아이가 자기를 표현할 수 있는 기회를 줘라.' 그것도 아주 안전한 공간에서.

박숙영 세 번째 원칙은 힘을 공유하는 것입니다.

곽노현 누구하고?

박숙영 교사하고도 공유해야 합니다. 학급 안에 있는 학생들이 힘을 공유할 수 있도록 교사는 환경을 조성해야 합니다. 예를 들어서 학급 회의는 힘을 공유하는 구조로 바꾸기 좋습니다. "이것에 대해서 의견 있는 사람?"이라고 말하면 늘 목소리 내는 사람만 의견을 냅니다. 그것이 아니라 힘을 공유한다는 것은 말할 수 있는 기회를 동등하게 주는 것입니다. 그렇게 하면 힘을 공유하기 쉬워집니다. 동등하게 말할 기회를 주기 위해서 저희 회복적 생활교육에서는 서클 회의를 합니다.

곽노현 돌아가면서 말하기? 둘러앉아 돌아가며 평등하게 말하는 것이 민주주의다. 이런 신념 같습니다.

박숙영 네, 그것을 '서클 프로세스'라는 도구로 저희가 제안을 하고 있습니다. 할 말이 없으면 패스해도 되고 할 말이 있으면 말할 기회를 일단 주는 것입니다. 그 사람이 어떤 말을 해도 각자의 잣

대로 평가하지 않습니다. 그 사람에게 있어서는 그것이 진실이라는 것을 우리가 서로 수용하고 공감하면서 안전하게 말할 수 있는 학급 서클 같은 것으로 힘을 공유하는 것입니다. 사실 학급 안에 카스트제도라고 말할 정도로 아이들 사이에서 힘이 굉장히 불균형합니다. 그런데 모두의 목소리를 모두가 듣고 모두가 참여하는 구조를 계속 반복함으로써 힘을 공유할 수 있습니다. 그때 교사는 중요한 역할을 합니다. 아이들은 힘을 공유하고 있는데 모든 결론은 선생님 맘대로 내버리면 사실 모든 것이 다 무너집니다. 안 한 것보다 못하게 됩니다. 선생님도 '1/n'로 들어가서 힘을 공유하면서 의견을 내는 것. 이것을 실천하는 것이 아주 중요합니다.

곽노현   지금 말씀하신 서클 프로세스가 폭력적인 갱단 사람들 사이에서도 통했다면서요? 원래 유래가 그랬다고 들었습니다.

박숙영   제가 또 한 가지 방법을 말씀드리자면, 회복적 생활교육을 위해서는, 갈등은 나쁘고 있어서는 안 되는 것이 아니라 인간 삶에 너무나 자연스럽고 아이들 사이에서는 배움의 기회가 된다고 생각해야 한다는 겁니다. 그래서 갈등이 발생했을 때 교사가 유죄와 무죄를 판결해주는 것이 아니라 회복적 서클이라는 도구를 사용해야 합니다. 조금 전에 말씀하셨던 것이 브라질 도미니크 바터(Dominic Barter)가 갱단에서 아이들과 대화를 하면서 만든 겁니다. 교사가 갈등을 판단하는 자가 아니라 중재하는 자로

있는 것이 또 하나의 중요한 방법인데 이것을 회복적 서클을 시도
하는 교사들이 배우면 좋겠습니다.

교사들 자신의 공감 그룹이 필요하다

곽노현 실천 방법 중 하나로 회복적 서클을 활용하는 것을 말씀
하셨습니다. 비폭력 대화 같은 것도 물론 해야겠죠. 감정 코칭, 비
폭력 대화 같은 것은 기본 역량에 속할 것 같습니다. 회복적 생활
교육이라는 것이 교사에게는 굉장히 큰 도전 같습니다. 지금까지
의 방식과는 매우 다른 것 같습니다. 그러면 결국 교사의 노력을
엄청나게 요구할 텐데 교사에게 특별히 요구되는 것을 다시 정리
해주신다면 어떤 것이 있을까요?

박숙영 응보적 정의와 회복적 정의는 다른 세계의 이야기입니다.
패러다임이 다른 이야기입니다. 교사가 이제까지 권위적이었던
것을 다 내려놔야 하는 굉장히 큰 도전입니다.

곽노현 '지금까지는 응보적 정의관에 입각한 생활지도 방식이 학
교에서 통용되어 왔다. 그런데 이것을 완전히 다른 패러다임인
회복적 정의 방식으로 진화시켜야 한다. 그러기 위해서 질문하는
교사가 되고, 안전한 공간을 만들어야 하고, 갈등을 판결하는 것
이 아니라 중재하는 자가 되어야 하고, 질문하고 대화하는 자가

되어야 하고, 그러면서 아이들 내면의 힘을 길러주는 사람이 되어야 한다.' 그것 참, 말은 굉장히 아름답고 와 닿는데 하나하나 하려고 하면 굉장히 어렵겠습니다.

박숙영 결과적으로 '나'와의 싸움인 것 같습니다.

곽노현 얼마쯤 걸릴까요? 일반 교사가 여기에 눈뜨고 '맞아! 내가 한번 해볼게.' 이렇게 맘을 먹으면, 어느 정도의 훈련과 연수를 받아야 할까요? 어느 정도 인내해야 할까요?

박숙영 기술적인 부분은 배우는 시간이 길지 않습니다. 그러나 그것을 끊임없이 현장에 적용하고 피드백하고 무너지지 않고 다시 도전하는 것, 이 과정이 중요합니다. 그래서 혼자의 힘으로는 어렵습니다. 교사는 그것을 같이할 수 있는 공동체를 만들어야 합니다. 같은 마음으로 교사들이 같이 도전할 수 있고 또 '내가' 학교 현장에서 실패해서 오면 그런 '나를' 지지해주고 다시 일어설 수 있게 해주는 공감 그룹이 필요합니다. 제가 보니까 1년 동안 공감 그룹과 같이 이것을 진행해온 선생님들은 꽤 많은 힘을 가지고 계세요. 1년이 지나면 지지 그룹이 없어도 내면의 힘이 어느 정도 갖춰져서 견딜 만하다고 하십니다. 이것은 시스템의 문제이기 때문에 이 시스템 자체의 변화, 문화가 바뀌지 않는 이상, 교사 혼자서는 어려운 일입니다.

곽노현 일단 교사 간의 협력이 절대적으로 필요할 것 같습니다. 일단 같은 문제의식, 같은 고민, 같은 어려움을 겪고 있는 교사들끼리 협동을 해야 되잖아요. 마음을 터놓고 교사들 간에 단절을 극복해야 됩니다. 그것도 같은 학교 안에서 같은 학년, 같은 교과 교사들끼리 하면 더 효과적이지 않을까요?

박숙영 저희가 처음에 회복적 생활교육을 시작할 때는 학생들 사이의 단절의 문제를 어떻게 해결할 것인가에 관심이 많았습니다. 그런데 이 운동을 계속해오다 보니까 학생들의 단절이 문제가 아니라 교사들 간의 단절이 더 큰 문제라는 것을 발견했습니다. 교사들 안에서 조직 문화가 굉장히 위계적인데 교사 문화 자체를 민주적이고 서로 깊게 연결될 수 있는 구조로 먼저 바꾸는 것, 교사의 단절이 바뀌어서 연합이 되고 공감이 되는 그룹을 만들어낸다면, 그것이 강물처럼 흘러서 자연스럽게 학생들의 단절도 해결이 된다고 여겨서 요즘엔 교사 공감 그룹을 만들자는 운동을 하고 있습니다.

곽노현 학교와 교육에서의 모든 바람직한 변화는 결국 선생님을 통해서 체화되고 체감될 수밖에 없습니다. 결국 선생님들 간의 단절과 고립을 해결하지 않고, 거기에서 오는 무기력과 상처, 좌절을 극복하지 않고는 교사와 학생 관계에서 변화가 오기는 어렵습니다. 그런 차원에서 선생님 말씀이 딱 귀에 들어옵니다. 교사들 간의 단절을 해결해야지만 학생들 간의 단절도 해결할 수 있다. 회복적 생활교육의 1단계, 2단계라고 해도 과언이 아닙니다. 마지막으로 회복적 생활교육을 실천하고자 하는 교사들에게 한 말씀 해주시겠어요?

박숙영 교사가 견디는 힘만큼 학교는 변할 수 있습니다. 회복적 생활교육을 배우신 선생님들이 답을 찾았다고 해서 신나서 학교 현장에 가면 아주 철저하게 깨지세요. 엄청난 응보적 시스템 안에서 회복적 실천은 바위에 계란 치기와 같습니다. 그래서 저는 벌새 이야기를 하고 싶습니다. 회복적 실천이 캐나다에서 먼저 시작을 했기 때문에 저희가 캐나다에 배우러 갔을 때 아메리카 원주민들로부터 들은 이야기입니다. 동물들이 사는 숲에 불이 났대요. 그래서 동물들이 막 도망을 가고 있는데 새 중에 가장 작은 새가 벌새거든요. 5cm정도 되는 그 벌새가 도망가지 않고 옹달샘에서 물을 한 모금 떠서 숲에 떨어뜨리는 행동을 하니까 다른 동물들이 너 왜 이렇게 쓸 데 없는 짓을 하냐고 얘기를 했답니다. 그때 벌새가 한 말이 "나는 내가 할 수 있는 최선을 다할 뿐이야."라는 이야기를 했대요. 교사가 학교에서 하는 일은 획기적인 변화를 시키는 것이 아니라 정말 물 한 모금 떨어뜨리는 일이다. 이것이 교사의 삶이라는 것을 같이 인식하고 함께 걸어갔으면 좋겠습니다.

초등학교 교과서 한자 병기 방침,
어떻게 볼 것인가?

곽노현 초등학교 교과서에 한자를 병기하자는 교육부의 제안 어떻게 생각하십니까? 오늘 한글문화연대 이건범 대표 모시고 교육부가 발표한 초등 교과서에서의 한자 병기 및 한자 교육 강화 방안에 대해서 말씀 나눠보겠습니다. 이건범 대표님을 잘 모르시는 시청자가 많으실 텐데요. 이건범 대표님이 하시는 한글문화연대에 대해서 잠깐 설명해주시죠.

민주공화국에 어울리는 공공 언어의 조건

이건범 머리에 퍼뜩 떠올리실 수 있는 일은 재작년부터 한글날이 공휴일로 다시 지정된 것입니다. 23년 만인데, 그 운동을 가장 열심히 추진해서 한글날을 공휴일로 만들었습니다. 그 다음으로는 서울에 계신 분들은 아마 도시철도 5, 6, 7, 8호선 타보시면 "스크린도어가 열립니다. 스크린도어가 닫힙니다."라는 말이 어느 날부턴가 "안전문이 열립니다. 안전문이 닫힙니다."로 바뀐 것을 들으셨을 겁니다. 저희는 공공 언어를 쉬운 말로 써야 한다는 운동을 펼치고 있습니다. 국민의 알 권리를 충분히 보장할 수 있게 영어나 어려운 한자어를 사용하지 말고 쉬운 말로 써야 한다는 국어운동을 하고 있는 시민 단체입니다.

곽 국어운동은 어떤 방향으로 추진되어야 합니까?

이건범 여러 가지 기준으로 나눌 수 있겠지만, 일단 공공 언어와 민간에서 개인들이 사용하는 사적인 언어로 나눠봤을 때, 공공 언어에서는 국민들의 생활이나 권리를 규정하는 제도, 정책, 법을 언어로 표현하기 때문에 국민들이 알기 쉽게 만드는 운동이 중요한 것 같습니다.

곽노현 공공 언어라는 것은, 예를 들면 법령의 언어라든가, 정책 문건이라든가, 명령, 지침 따위의 모든 공문서를 말씀하시는 것이죠. 그 언어들이 쉬워야 한다. 이를테면 지하철에서 '스크린도어'라든가 외래어도 가급적이면 안 쓰고 평이하고 쉬운 언어로 바꿔야 한다. 이것이 첫 번째입니까?

이건범 네. 그리고 민간의 언어를 생각한다면 시민들이 서로 배려하고 존중하고 민주공화국의 구성원으로서 한 사람의 시민이 다른 사람들과 우애 있게 지내는 그런 형제라는 생각을 하고 서로 배려하는 격조 있는 언어문화가 중요합니다. 여기서는 시민의 정치적 참여 등이 충분히 보장될 수 있게끔 서로가 서로를 배려하는 그런 언어문화에 초점을 맞추고 있습니다.

곽노현 이것을 풀어서 말씀드린다면, 전문용어라면 불가피하지만, 일반 시민들과의 접점에서는 반드시 일반 시민들이 알 수 있는 용어로 평이하게 만들기 위한 노력이 필요한 것이고, 그럴 때만 민주공화국에 어울리는 소통이 이루어질 수 있다는 뜻 같습니다.

이건범 네, 언어 때문에 배제당하거나 차별을 느끼게 되는 일은 없어야죠.

자연스럽게 이뤄진 한글 전용의 생활화

곽노현 그럼 오늘의 본론으로 넘어가겠습니다. 초등학교에서 한자 교육 강화시키겠다고 했는데 확정된 겁니까? 검토 중입니까?

이건범 검토 중인데 제가 작년 2014년 12월 말쯤에 교육부 정책국장님과 면담을 해봤는데요. 의지가 매우 강하다는 인상을 받았습니다. 1970년 이후 초등학교 교과서에서는 한자가 사라졌습니다. 지금까지도 한자 병기를 하지 않습니다. 그런데 갑자기 한자 병기를 하겠다는 강한 의지를 보여주고 있는데 그 이유는 모르겠습니다.

곽노현 교육과정으로 창의적 체험활동 시간을 빼서 한자를 가르치겠다. 이것도 계획의 일부입니까?

이건범 두 가지 계획으로 볼 수 있을 텐데요. 흔히 상용 1800자 얘기를 들어본 적 있으실 겁니다. 교육부의 권장 한자인데, 중학교 900자, 고등학교 900자로 대략 구성되어 있습니다. 초등학교에서 한자 교육을 강화하기 위해서 몇백 자를 정해서 초등학교에서도 가르치라는 기준을 정해주겠다는 생각을 갖고 있습니다. 또 하나는 초등학교 교과서에 한자를 병기하겠다는 것입니다. 교육부에서는 이 두 가지 방안을 함께 검토하고 있는 중입니다.

곽노현 그런데 병기까지 하고 나면 아무래도 가르쳐야 할 시간을 확보해야 하니까 창의적 체험활동 시간을 쪼개서 확보하겠다는 계획도 있는 것 같습니다.

이건범 창의적 체험활동 시간에 하는 것은 2009년 교육과정 개정을 통해서 이미 가능하도록 되어 있습니다. 상당히 많은 학교에서 한자 교육을 좋아하시는 교장 선생님들이 그렇게 하고 있고, 아니면 자습 시간에 조금씩 하고 있습니다. 그래서 교육부가 교과서에 한자를 병기하게 되면, 학교에서는 한자 교육을 위해 수업 시간을 사용할 수밖에 없는 상황이 되는 겁니다.

곽노현 그러네요. 그렇다면 아까 말씀 중에 초등학교는 지금까지 한자 병기가 없었지만 중고등학교는 한자 병기도 가능하고 권장 한자 900자씩 있다고 하셨잖아요. 만약 이것이 살아있다면 초등학교도 해야겠네요.

이건범 한자를 중시하는 분들의 이야기를 듣다 보면 우리나라 초중등 교육에서 한자를 전혀 안 가르치기 때문에 문제라고 생각하시는 분들이 제법 있습니다. 그것은 오해 같습니다. 저는 1971년에 초등학교에 들어가서 한글 교과서로 공부를 하고 1977년에 중학교를 갔는데 저희 때는 그때부터 한문 과목이 있어서 한자를 배웠죠. 지금도 있어요. 선택과목이긴 하지만 95% 이상의 중학교에서 정규 교과목으로 한문 수업을 하고 있습니다. 한자를 안 배우는 것이 전혀 아닙니다. 그런데 요즘은 고등학교가 입시 준비를 강화하다 보니까 한문 시간을 허술하게 보내는 경우가 많은 것뿐입니다. 고등학교에서는 그 시간을 쪼개서 국어, 영어, 수학으로 편법으로 수업을 합니다. 그러니까 현재도 중고등학교에서 한문 시간에 한자를 배울 수 있고 교과서에는 한자를 병기할 수 있습니다. 문제는 2000년대 이후 교과서에서 병기되었던 한자들이 계속 빠져나간 것입니다. 교과서 집필진이 판단하건데 굳이 한자를 병기하지 않아도 아이들이 그 문장의 뜻을 이해하는 데 전혀 문제가 없다고 자율적으로 판단을 한 것을 교육부가 거꾸로 되돌리려고 하는 생각을 하고 있는 겁니다.

곽노현　아, 그런 셈이군요. 중고등학교는 자율적으로 병기가 가능한데도 불구하고 안 하고 있습니다.

이건범　그렇죠. 이 부분은 우리나라 국민이 주도했던 문자 혁명의 영향이라고 생각을 합니다. 제가 대학 들어갔던 1980년대 초중반만 해도 신문은 다 국한문혼용이었습니다. 1987년 우리나라 정치 민주화가 진행되고, 1988년부터 한글 가로쓰기 신문들이 하나씩 출현하기 시작했습니다. 〈한겨레신문〉에서 시작해서 〈스포츠서울〉, 〈국민일보〉 그런 다음에 〈중앙일보〉, 〈동아일보〉 마지막으로 1999년에 〈조선일보〉도 한글 가로쓰기로 바뀌었습니다. 그 10년 정도의 시간에 우리나라 PC통신도 발전하고 인터넷이 확대되면서 국민들도 글을 많이 쓰기 시작하고 우리의 문자 환경이 전반적으로 국한문혼용에서 한글 전용으로 변화한 것입니다. 이것은 국민이 주도한 것이지 정부가 그렇게 하라고 해서 된 것이 아닙니다. 저는 그 영향이 뒤늦게 공문서와 교과서에도 2000년대부터 반영이 된 것이라고 생각합니다. 우리 문자 생활을 우리 국민이 한글 전용, 한글 중심으로 다 바꿔온 것입니다. 그런데 이것을 교육부가 교과서에 한자를 집어넣는 방향으로 되돌리려는 계획을 세우고 있습니다.

곽노현　그러네요. 그러고 보니까 중고등학교 교과서나 참고서에서도 한자 병기를 못 본 것 같습니다.

이건범　지금 거의 찾을 수 없습니다.

곽노현　무엇보다 공문서를 많이 봤는데 공문서에서 본 적이 없어요.

이건범　네, 그렇습니다. 공문서에서도 신조어라서 찾아보는 데 도움이 될 만한 단서 역할을 하는 것으로 한자를 괄호 속에 병기할 수 있는 그런 규정이 있기는 하지만, 늘 한자를 혼용하거나 병기하는 모습은 거의 사라졌고 국어기본법에서 병기를 하게끔 허용은 하고 있지만 공무원들도 스스로가 그럴 필요가 없다고 느끼기 때문에 거의 병기를 안 하고 있는 상황입니다.

한자를 안 배워도 문해력에 문제 없다

곽노현　그런데 "한자 문맹이다.", "한자 문명권 안에서 한자 문맹이 있을 수 있는 얘기냐?", "한자를 안 가르치는 바람에 사람들의 개념 이해가 몹시 떨어져 있고, 그래서 언어생활의 수준이 떨어졌다." 개탄하는 사람들도 있단 말이에요. 사람들이 왜 그럴까요? 어떻게 보십니까?

이건범　그게 사실 객관적인 근거는 없습니다. 문장이나 낱말의 뜻을 이해한다는 것은 우리가 일반적인 의사소통이 가능하냐 아니냐는 차원에서 먼저 생각해볼 만한 문제입니다만, 과연 과거 30년, 50년 전에 비해서 현재 우리나라 성인들의 의사소통 능력이 떨어진 것이냐? 이렇게 묻는다면 객관적으로 답할 근거는 없습니다. 다만 그렇게 한자를 배우지 않았다고 하는 우리나라 15세~24세의 청년 세대들이 경제협력개발기구 회원국들의 '국제성인역량조사'(PIAAC)* 라는 평가에서 22개 나라 가운데 문해 능력 3위 정도를 했습니다. 그런데 우리나라 노년층의 문해 능력은 끝에서 3위예요. 이 문해 능력은 '글자를 많이 안다.', '한자를 안다, 모른다.' 이런 문제가 아니라 계속 문서를 읽고 그것을 이해하고 평가하고 토론하는 활동을 하는가 안 하는가에 달려있습니다. 그만큼 우리나라 사람들이 나이가 들수록 독서나 토론을 안 하고 있다는 것을 보여주는 건데 그것 외에는 특별히 우리나라가 한자를 모르기 때문에 청년들의 의사소통 능력이 떨어진다는 증거는 전혀 없습니다.

곽노현   그러네요. 말씀을 듣다 보니 15세 학생들 학력을 측정하는 국제학업성취도평가(PISA)**가 생각납니다. 거기에서 우리가

---

* Programme for the International Assessment of Adult Competencies. 경제협력개발기구(OECD)에서 언어능력(literacy), 수리력(numeracy), 컴퓨터 기반 문제해결력(problem solving in technology-rich environments) 등 3개 지표를 조사 분석하는 프로그램이다. 5년마다 16세~65세 연령의 성인들을 대상으로 하며, 2013년 첫 조사 결과가 발표되었다.

** Program for International Student Assessment. 경제협력개발기구가 세계 각국의 15세 학생들의 읽기, 수학, 과학의 응용 능력을 3년마다 평가하는 프로그램으로 2000년부터 실시되었으며, 2006년부터는 여기에 문제해결력이 포함되고 있다. 조사 결과에는 각 부문별 성취도와 소양, 흥미도, 종합 성적, 학교 간 편차, 학생의 사회경제적 배경이 학업성취도에 영향을 미치는 비중 등이 포함된다.

언어, 수학, 과학이 1~2위권 아닙니까. 그런 걸 보면 애들이 한자를 배우지 않았는데도 불구하고 지난 10년 넘게 세계 여러 나라 가운데 유일하게 최상위권을 계속 기록하고 있단 말이에요. 만약 애들한테 한자를 가르친다면 폭발해서 더 올라갈까요?

이건범 그분들의 생각 중에 맹신이 하나 있습니다. 한자를 모르면 낱말의 뜻을 이해할 수 없다는 생각을 하시는 겁니다. 예전에 문자를 바라보던 습관 때문에 그것이 몸에 익었기 때문에 그렇게 생각하시는 것 같아요. 지금 보시는 시청자 여러분 중에서 '치매'라는 말이 어떤 한자인지 아시는 분이 과연 몇 분이나 계실지 모르겠어요.

곽노현 그렇겠네요. 그래도 그 뜻을 다 알죠. 맥락으로 아는 거니까요.

이건범 우리는 '치매'에 대해서 다 아는 거죠. 똑같은 하나의 사례로 '인사과장님이 사장님을 만나서 뵙자마자 인사를 했다.' 앞에 '인사과장'의 '인사'라는 말은 사람을 부리고 관리하는 '인사'고, 뒤에 '인사'는 '안녕하세요' 하는 '인사' 아닙니까? 그럼 두 '인사'는 우리가 어떻게 구분하느냐와 같은 문제, 즉 동음어이기 때문에 한자로 쓰지 않으면 구분할 수 없다는 것이 한자 교육을 강조하는 분들의 주장입니다. 그런데 실제로 우리는 말로만 해도 그 뜻을 알 수 있습니다.

곽노현 　그래요. '요정'도 '요정'에 가는 '요정'이 있고, '요정'을 만나고 그 '요정'에 다가가는 '요정'이 있잖아요. 다 알잖아요.

이건범 　그런데 그 '요정'만 해도 한자는 다릅니다. 그런데 제가 말씀드렸던 '인사과장이 사장님을 뵙자마자 인사를 했다.'의 이 두 '인사'는 한자도 같은 글자예요. 만약 이것을 국한문혼용으로 써놓았을 때 한자 교육을 강조하시는 분들이 이해할 수 있다면, 제가 어떻게 이해할 수 있다는 건지 제가 오히려 이해할 수가 없어요. 이분들은 이것을 이해할 수 없어야 하거든요. 이런 면에서 이분들이 한자를 모르면 사람들이 낱말 뜻을 이해할 수 없을 거라는 맹신을 갖고 계시기 때문에 지나친 이야기까지 나오는 것이 아닌가 생각합니다.

곽노현 　한자를 모르면 우리 언어생활이 안 된다는 뜻은 마치 미국이나 프랑스 사람이 라틴어를 모르면 언어생활을 못 하니까 앞으로는 초등 교과서에 괄호 열고 라틴어 어두, 어미, 어근을 표시하라는 뜻과 뭐가 다릅니까?

이건범 　마치 이런 생각도 듭니다. 저는 중국의 문맹률이 높다고 알고 있는데 정확히 수치는 모르겠습니다. 그런데 문맹률이 높다면, 중국 사람들 중에 문맹은 어떻게 의사소통을 할 수 있겠습니까? 글자를 쓸 줄 모르고 읽을 줄 모르는데. 심지어 중국에서는 지금 간체를 쓰고 있는데 이 간체의 뜻을 정확하게 알려주기 위해

간체 옆에 번체를 병기하자는 주장이 있는데, 우리는 이보다 더 심한 얘기를 지금 하고 있는 거예요. '낱말 뜻의 구성 요소로서 한자어를 이해하는 데 한자의 지식이 도움이 된다.' 이런 것은 일반적인 상식입니다. 제가 그것을 부정하는 것은 아닙니다. 그런 정도의 한자 지식은 우리나라 중학교에서 한자를 가르치기 때문에 학생들이나 사람들이 자율적으로 공부를 해도 충분히 될 수 있는 부분이에요. 그런 것이 초등으로 내려오면서 한자 사교육을 강화하는 쪽으로 부작용을 더 키우고 있기 때문에 문제입니다.

한자 병기의 부작용 : 우리말을 통한 소통과 사회통합에 장애

곽노현 그렇죠. 우리의 경우에는 초등학교 교과서에 병기하고 꼭 알아야 할 한자 500자를 지정한다면 사교육도 일어날 거예요.

이건범 제가 보기에는 초등학생들은 한자 학원을 다니거나 시험, 학습지를 해야 할 거예요. 1~2학년들이 아마 열심히 공부해야 할 겁니다. 유치원생들을 한자 급수 시험을 보러 다니게 하는 유치원들이 상당히 늘어나고 있습니다.

곽노현 아이고, 그것 폐쇄시켜야 되겠는데요.

이건범 그렇죠. 그런 문제가 계속 더 강화되겠죠. 더 심해지면 심해지지 아이들의 학습 부담이 줄어들진 않고 오히려 부담이 커지는 문제라 너무 걱정이 되고, 사교육이 늘어나는 문제 역시 걱정하지 않을 수 없는 일입니다.

곽노현　만약에 그럼에도 불구하고 교육부가 초등 교과서 한자 병기를 강행한다고 하면 사회적으로 어떤 파장이 있을까요?

이건범　학부모들 가운데서는 이 문제가 어떤 문제와 연결되어 있는지 정확하게 모르실 수 있어요. 단순하게 생각하시는 거죠. 교과서의 한글로 되어있는 낱말 옆에 한자가 자연스럽게 병기되어 있으면 자주 보게 되고 아이들이 한자를 좀 더 잘 알게 되고 좋지 않을까? 이렇게 생각하시는 거예요. 그런데 일단 교과서에 그것이 실리게 되면 선생님들이 그것을 가르쳐야 됩니다. 요즘 아이들의 한글 맞춤법 능력도 점점 떨어지고 있다는 것이 학교 선생님들의 목소리인데, 한글이나 국어 교육에서 그 만큼의 시간을 빼야 하는 상황으로 몰리게 됩니다. 게다가 국어뿐만 아니라 사회나 과학 교과서에까지 한자를 병기하겠다는 방안이 있습니다. 그렇게 되면 교사들은 아이들에게 개념을 가르칠 때 자꾸 글자 중심으로 가르치려고 하는 생각이 들게 됩니다. 맥락과 체험 등 다양한 방법으로 가르칠 수 있는데 한자 중심으로 가르치게 되는 문제가 생기는 겁니다. 초등 국어 교육과 나머지 교과의 퇴보가 분명히 올 수밖에 없습니다.

곽노현 아이들 입장에서는 교과서 읽을 때 흥미도 떨어지고 집중도 떨어지겠어요.

이건범 당연합니다. 우리가 인터넷이나 전화기 문자에서 문자 옆에 괄호 속에 한자가 병기되어 있다고 생각을 해보십시오. 또는 한자가 아니라 아랍어가 병기되어 있다고 생각해보십시오. 전혀 모르는 문자가 병기되어 있을 경우에는 아는 아이들은 그 문자를 연결시키기 위해서 거기에 집중하다 보면 읽기의 맥락이 끊어지게 되고 모르는 아이들은 건너뛰어 가게 되어있지 않습니까. 그러면 어떤 명사 뒤에 있는 조사를 따라갈 때 건너뛰어 가면서 끊어지게 되고 어간과 어미 사이도 끊어지게 되죠.

곽노현 읽기, 쓰기 교육에서의 파장이 일겠습니다. 더 큰 사회적 파장에는 어떤 게 있겠습니까?

이건범 흔히 이런 말 하지 않습니까? "교과서대로 말하자면" 이런 얘기를 하는 분들이 꽤 있습니다. 그만큼 우리 사회에서 교과서가 갖는 권위가 있습니다. 그런데 교과서에 한자가 병기되기 시작하고 그것이 강화되면 다시 공문서에 한자 병기, 국한문혼용이 늘어나고 신문에서도 따라하는 움직임이 생겨날 겁니다. 그것이 우리 문자 생활을 다시 과거로 되돌리게 되고 한자를 모르게 되면, 좀 모자라는 사람, 2등 인간처럼 생각되고, 이 사회에서 자신의 얘기를 할 수 없는 사람, 자신의 글을 쓸 수 없는 사람, 이런 식으로 좌절하게 되는 국민이 생기면서 국민이 쪼개지고 분열되면 사회통합에도 문제가 생긴다고 봅니다.

곽노현 아까 말과 글 생활이 민주 공동체의 근본이라고 하셨는데 거기에 문제가 생기게 되겠네요. 그러면 한글문화연대 대표로서 대단한 결의를 갖고 뭔가 대책을 세우고 계실 것 같아요. 어떻게 하실 생각이신가요?

이건범 저는 이렇게 생각하지만 많은 국민들은 실상을 모르고 어떤 문제가 생길지도 잘 모르기 때문에 그렇다면 현장에서 가르치시는 선생님들은 이 문제를 어떻게 생각하시는지 지금 초등학교 교사들을 상대로 전국적으로 설문조사를 하고 있습니다. 그 결과가 나오면, 마찬가지로 학부모들 대상으로 조사할 수 있는 기회를 갖고자 합니다. 그리고 저희가 토론 자리를 계속적으로 주도해서 만들어가고 싶습니다. 물론 교육부에도 끊임없이 공청회 자리를 요구해서 토론을 벌여 나가겠지만, 우선 일반 국민들과 논의할 수 있는 기회를 많이 만들려고 합니다. 자기 아이가 초등학생이 아닌 경우에는 관심을 갖지 않는 경우가 많기 때문에 여기에 관심을 불러일으키는 데 최선을 다하려고 합니다. 국어 단체, 학부모 단체와 함께 거리에서 알리는 활동부터, 글을 써서 널리 홍보하는 활동을 꾸준히 펼쳐가는 수밖에 없는 것 같습니다.

곽노현 말씀을 듣고 보니까 초등학교 교과서에 한자를 병기하는 문제는 결코 간단한 문제가 아닙니다. 초등학교 교과서에 병기하면, 당연히 중학교 교과서에 병기가 시작될 것이고, 고등학교 교과서에 병기가 시작될 것이고, 교과서의 권위로 공문서와 언론, 신문에 영향을 미칠 것입니다. 그렇게 되면 20년 전의 말글 생활로 다시 돌아갈 것입니다. 이것이 차별과 배제를 가져올 수 있고, 결국 민주공화국의 뿌리에 영향을 미치게 될 것입니다. 세종대왕께서 지하에서 통곡하실 것입니다.

학생 참여 양상으로 살펴본,
교육과정-수업-평가 혁신

곽노현   오늘의 주제는 '교육과정과 수업, 그리고 평가의 혁신을 어떤 원칙과 어떤 방향으로 해 나갈 것인가?' 하는 것입니다. 어떻게 보면, 교육에서 가장 중요한 주제라고 할 수 있습니다. 최근 이 방면의 연구로 아주 따끈따끈한 박사학위를 따신 분이 계십니다. 이형빈 박사를 모셨습니다. 우리 시청자 여러분께 이형빈 박사를 소개드리고 싶은데요. 일단 과거에 교사 생활을 하신 것으로 아는데, 어디서 몇 년 정도 하셨어요? 그리고 교사 생활하면 평생 교사인데, 왜 중간에 나오시게 되었어요?

이형빈   이화여고에서 10년 동안 교사로 근무했었습니다. 그런데 2010년 제가 근무한 학교가 자율형사립고로 전환되면서, 공부 잘하고 돈 많은 학생들만 가려 뽑는 학교가 되고 나서 제가 스스로 사표를 던지고 나오게 되었습니다.

곽노현   이른바 자사고의 특권 교육 실태에 대해서 저항하는 의미가 있었겠네요. 그 다음에는 어떤 일을 하셨어요?

이형빈 서울시교육청에서 여기 계신 곽노현 교육감님 모시고 정책 보좌관으로 일했습니다. 혁신학교, 학생 인권 등을 중심으로 교육과정 쪽을 담당했었습니다.

학생들의 참여 양상을 관찰하는 연구

곽노현 네. 그때도 담당하셨던 분야가 교육과정, 수업, 평가 쪽이었지요. 저는 사실은 교육의 문외한이었기 때문에, 무슨 뜻이냐면, 바로 교육과정과 수업, 평가에 대한 지식이 얕다는 뜻에서 문외한이었는데, 그쪽을 보좌해주신 분입니다. 그리고 지금은 여러 대학에서 강의를 하고 계십니다. 말씀을 드렸습니다만, 박사학위 논문 쓰신 것이 야심적이고 포괄적인 주제에요. 교육의 거의 모든 문제는 교육과정을 어떻게 짤 것이며, 그 교육과정을 어떻게 수업으로 풀어낼 것이며, 그리고 그 교육과정과 수업의 성과를 어떻게 평가할 것이냐, 이것 아닐까요? 결국 교육을 바꾸자는 것은 이 세 가지를 바꾸자는 뜻이기도 하잖아요. 그런데 박사학위 논문 주제가 '교육과정-수업-평가 유형과 학생 참여 양상 연구'라고 되어 있습니다. 특별하게 학생 참여 양상에 초점을 맞춘 이유가 궁금합니다.

이형빈 선생님들이 아무리 훌륭한 교육과정을 짜고, 수업을 진행하고 평가를 하더라도, 예를 들어, 학생들이 그 수업 시간에 잠을 잔다든가, 학교에서 배우는 내용에 대해서 아무런 의미를 느끼지 못한다면, 그것은 크게 의미가 없다고 봅니다. 특히 학교에서 소외되는 학생들, 예를 들어서, 배움의 속도가 느린 학생들이나, 사회경제적으로 불리한 처지에 있는 학생들도, 학교의 주인으로 참여하기 위해서 교육과정, 수업, 평가의 유형이 바뀌어야 한다고 생각하고, 어떻게 바뀌어야 하는지에 중심을 두고 연구를 진행했습니다.

곽노현 대단히 의미 있고 중요한 연구 같습니다. 자, 이 연구의 방식을 소개해주시죠. 일단 중학교를 대상으로 했다고 들었는데, 맞습니까? 왜 중학교를 하셨어요?

이형빈 고등학교 같은 경우에는 일부의 혁신학교를 제외하고는, 대학 입시의 영향으로 학교 간 큰 차이를 보이지 않습니다. 하지만, 중학교의 경우에는, 혁신학교가 5년 차에 접어듦에 따라서 혁신학교가 정착되어 있는 중학교, 혁신학교를 처음 시작하는 학교, 그리고 일반 학교 간에 편차가 많이 납니다. 그것을 관찰함으로써 의미 있는 차이를 발견하고 무엇보다도 중학교가 지금 공교육의 허리 아니겠습니까. 공교육의 허리부터 바로잡아야 공교육 전반이 바뀔 수 있다는 문제의식 하에 중학교에 초점을 맞추어 연구를 진행해 보았습니다.

곽노현 대개 중학교부터 엎드려 자는 아이들이 급증하니까 그러셨던 것 같습니다. 혁신학교를 중심으로 연구를 하셨는데, 혁신학교에는 사실 초등학교가 더 많잖아요. 처음에 고민 좀 안 하셨어요? 초등학교를 골라서 연구할지, 중학교를 골라서 연구할지 고민 안 하셨습니까?

이형빈 초등학교와 중학교의 근본적인 차이는, 초등학교는 모든 과목을 다 담임교사가 가르친다는 겁니다. 그런데 중학교로 올라가는 순간 선생님들이 많아지죠. 과목마다 선생님들이 달라집니다. 초등학교는 한 교사가 교육과정을 재편성할 수 있고 수업을 진행하기 때문에 상대적으로 교육과정 - 수업 - 평가의 혁신이 쉽습니다. 하지만 중학교만 하더라도 선생님들의 교과를 넘어선 협력이 있어야만 교육과정 - 수업 - 평가의 혁신이 가능하기 때문에 그런 성공 사례들을 많이 발굴하고 일반화시키고자 하는 목적에서 중학교를 연구 대상으로 설정해 보았습니다.

곽노현 아하! 그렇죠. 중학교를 연구하는 것은 거의 필연에 해당하는 것이네요. 그런데, 수업, 평가라든가, 수업 방식에 대한 연구, 평가 방식에 대한 연구, 또는 교육과정에 대한 연구는 '멀리서 떨어져 하는 연구'가 있고, '안에 들어가 하는 연구'가 있잖아요? 어떤 것을 택하셨어요? 그리고, 어떻게 하셨습니까?

이형빈 저는 안으로 들어가는 연구를 했습니다. 그런 의미에서 저는, 아침에 학생들과 똑같이 등교를 해서 똑같이 하교를 하는 방식을 취했습니다. 하루 일곱 시간씩 1교시부터 7교시까지, 제가 세 학교를 선정해서 하루 종일 학생들과 같은 교실에서 모든 수업을 참여 관찰하는 방식이었습니다. 1년 동안 일주일에 하루씩 학교를 돌아가며 관찰했습니다. 3개 학교를 참여 관찰을 했는데, 혁신학교 5년 차에 접어들면서 성숙한 혁신학교, 혁신학교를 막 시작한 학교, 그리고 일반적인 중학교, 이렇게 세 학교를 비교 관찰하는 방식으로 과연 혁신학교가 어느 정도까지 나아가고 있는가, 그리고 과제는 무엇인가를 연구했습니다.

곽노현 그 정도로 관찰하는 연구는 정말 드문 것 같습니다. 보람도 많으셨을 텐데, 저는 그런 연구 이야기를 듣자마자 이런 생각이 들었습니다. '그 참여 관찰을 당하는 선생님들과 학생들은 얼마나 어색하고 답답했을까?' 그것이 극복이 되던가요? 특히 일반 학교에서 수업 공개라는 것은 뭐, 교사가 '장기를 내주는 것이다'라는 이야기까지 있잖아요?

이형빈 네, 그런 점에서 참 감사드립니다. 일반적인 혁신학교에서는 수업 공개 문화가 익숙하기 때문에 상대적으로 외부 관찰자에 대해서 편안하게 생각을 하십니다. 그러나 일반 학교에서는 아무래도 하루 종일 교실 문을 연다는 것이 쉽지가 않지요. 그런 점에서 그 선생님께 감사를 드리고, 그 학교가 용기를 낸 만큼 앞으로 더 많이 발전할 수 있지 않을까 그렇게 생각합니다.

곽노현 정말, 큰일 하셨습니다. 그런데, 어떻든가요? 실제로 그 세 중학교를 비교하셨는데, 차이가 눈에 확 드러나든가요?

교육과정, 수업, 평가는 하나의 흐름으로 연결되어 있다

이형빈 가장 눈에 띄게 드러나는 차이는 혁신학교가 성숙하면 성숙할수록 '자는 학생들'이 없다는 것입니다. 대부분 다 이해하시겠지만, 일반 학교에서는 적게는 다섯 명 많게는 열다섯 명까지 자는 장면이 목격이 됩니다. 그것이 교사에 따라 다를 수는 있겠지요. 하지만, 혁신학교 같은 경우에는 수업 혁신의 방향이 정착되다 보니까 1교시부터 7교시까지, 자는 학생이 많아야 두 명, 전혀 없는 경우도 굉장히 많습니다. 이것이 가장 큰 차이입니다. 그리고 일반적인 학교에서는 교육과정은 교과서로 진도 나아가기, 수업은 선생님이 설명하기, 평가는 시험 보기, 이런 관행이 있지만, 혁신학교 같은 경우에는 교육과정을 재구성해서 교사가 새롭게 프로그램을 만들고, 학생들의 참여와 협력이 보장되는 수업을 진행하고, 그리고 그 결과를 평가함으로써 학생들이 얼마나 성장하고 발달하고 있는가를 확인하는 과정으로서 교육과정, 수업, 평가의 개념이 바뀌고 있음을 확인할 수 있었습니다.

곽노현 그런데, 교육과정하고, 수업하고, 평가가 연계되어 있다는 것을 이해하지만, 보통은 따로 국밥 아니에요? 그런데, 이 세

가지가 어떻게 연계되는지를 우리 시청자들을 위해서 설명해주세요. 예전 방식과는 어떻게 다른 것인가요?

이형빈 교육과정하면, 보통 국가 수준의 교육과정 문서가 있고, 교과서가 있는데요. 사실 요즘은 교육과정 재구성이라는 말이 널리 유행되고 있습니다. 교사가 교육과정 설계의 전문가로서 어떤 교육과정을 학생들의 상황에 맞게 재구성하고, 그 재구성한 교육과정에 따라서 수업을 진행하고, 그 과정 전반을 평가하는 것입니다. 그런데 일반적으로는 교과서 진도 나아가기, 교사가 설명하기, 시험 보기 방식으로 되어 있다는 것이죠. 그리고 일부 학교에서 수업 혁신이 이루어진다고 하더라도 수업은 협력형으로 진행하면서 시험은 또 일제고사식으로 예전 방식을 따르는 경우도 있습니다. 그럼으로써 수업과 평가가 분리되는 경우가 많습니다. 그래서 하나의 흐름으로 보아야 한다는 것이 제 논문의 요지 중 하나가 되겠습니다.

곽노현 특히나 사회경제적으로 불리한 처지에 있는 아이라거나 학습이 느린 아이들에 초점을 맞추면서 그렇게 하셨다는 것이죠? 결국 그런 아이들을 만들어내는 기제가 교육과정에도 있을 수 있고, 수업 방식에도 있을 수 있고, 평가 방식에도 있을 수 있다는 것이죠. 그래서 어느 한 가지만 볼 수 없고, 세 가지를 다 보아야 한다는 것 같습니다.

교육과정 혁신의 핵심은 통합

곽노현 그렇다면 질문은 자연스럽게 이렇게 연결될 것 같아요. 교육과정 혁신이라고 말은 하는데, 도대체 뭘, 어떻게 혁신하자는 것이냐? 어느 방향으로?

이형빈 네, 맞습니다. 교육과정 혁신의 핵심은 통합의 원리라 볼 수 있겠습니다. 기존의 교육과정은, '국영수' 따로, '음미체' 따로 이렇게 되어 있고요. 그리고 학생들은 도대체 이것을 왜 배우는지 그 의미를 알기 어려운 교육과정으로서 교과서 진도를 나아가는 것입니다. 교육과정 혁신을 하는 경우에는 교과 내에서는 주제, 탐구, 표현이 하나의 통합을 이루고요, 또한 교과와 교과 사이에서도 횡적인 통합이 이루어지고 있습니다.

곽노현 음, 그거 쉽지 않은 건데요. 국어와 영어, 수학을 어떻게 같이 가르쳐요? 뮤지컬을 같이 한다든가, 그런 것이 가능하죠. 대본은 국어 시간에 쓰고, 미술 시간에 소품 만들고, 음악 시간에 곡 고르고, 사회 시간에는 역사적 배경을 배우는 식으로 연결하는 수업이 되는 것이지요?

이형빈 네, 맞습니다. 주제를 중심으로 모든 과목이 모이는 것입니다. 그렇게 됨으로써 더 나아가자면, 그런 교육과정 내용이 학생들의 삶과 사회적 실천과 통합을 이루는 경우도 있습니다.

곽노현　그것은 조금 어려운 말이에요. 삶과 사회적 실천과 통합을 이룬다는 것이 무슨 뜻인가요?

이형빈　예를 들어서, 일본군 위안부 할머니를 주제로 통합 교육과정을 하는 것을 제가 관찰한 적이 있습니다. 그 과정을 통해서 보면, 역사 시간에 역사를 배우고, 국어 시간에 그 문제에 대해서 글을 쓰고, 사회 시간에 탐구 활동을 하고, 도덕 시간에는 '과연 우리 학교 안에서는 그런 인권과 평화가 제대로 지켜지고 있는가?'를 성찰하고, 미술 시간에는 티켓이나 포스터를 만들어서 발표하고, 더 나아가 놀라운 것은 '창의적 체험활동' 시간을 통해서 학생들이 직접 일본 대사관 앞에서 수요 집회에 참여함으로써 사회적 실천을 경험하기까지 해서 학생들이 민주 시민으로 성장하는 과정이 일련의 교육과정을 통해서 통합되고 있다는 것이 대표적인 사례가 되겠습니다. 학생들 입장에서는 '그것을 평생 잊지 못하겠다'는 말을 많이 합니다.

곽노현　아하! 그럴 것 같아요. 보통은 왜 배우는지 모르고, 덮어놓고 배우고, 덮어놓고 시험 본다니까, 하루 지속되는 것이지만 암기하고, 이렇게 되기가 쉬운데, 의미를 배우고, 공동체 안에서 실천을 통해서 보다 폭넓은 의미를 몸으로 느낀다. 이런 말씀 같습니다. 일본군 위안부 할머니를 주제로 앞에서 말씀하신 것처럼 여러 과목에서 동일 주제로 접근하면, 깊이가 생기잖아요, 넓이가 생기고 그렇죠?

이형빈 네. 학생들 입장에서는 내가 무엇을 할 수 있을 것인가 탐구해보고 실천해보는 그런 교육과정입니다.

수업 혁신의 핵심은 협력

곽노현 그렇겠네요. 그럼 이제 수업 혁신하자고 말을 굉장히 많이 하잖아요. 수업 혁신은 그럼 뭐가 핵심인가요?

이형빈 수업 혁신은 선생님이 잘 가르치는 것이 문제가 아닙니다. 중요한 것은 학생이 참여하는 것이고요, 학생과 학생 사이에 협력이 이루어지는 것입니다. 대표적인 사례로 요즘 모둠 활동을 많이 합니다. 학생들이 어려운 문제, 그리고 교사가 주는 도전적인 과제를 혼자서 해결하는 것이 아니라 공부를 잘하는 학생이든, 못하는 학생이든 여러 학생들이 지혜를 모아서 해야만 풀 수 있는 과제들을 함께 풀어서 더 깊이 있는 배움, 더 도약이 있는 배움으로 나아가는 것입니다.

곽노현 보통 이제 ㄷ 자로 책상 배치를 놓아서, 서로 협력이 일어나기 쉽고, 서로 접촉하고 상호작용이 쉽게 되도록 해주는 것이 아닌가요? 그것이 배움의 공동체, ㄷ 자 배치도 있고, 지금 말씀하신 팀 활동, 모둠이 협력하는 프로젝트 수업을 이야기하잖아요. 그런데, 언제나 이런 이야기를 들으면, 딱 의문이 생깁니다. 그것이 국어나 사회 시간은 잘될 것 같습니다만, 수학과 과학 수업에도 가능하냐는 것입니다.

이형빈 그래서 보통 수학이나 과학 같이 난이도가 높은 과목은 수준별 이동 수업을 하지 않습니까. 그런데 수준별 이동 수업을 하면 잘하는 아이들끼리는 경쟁적이고, 못하는 아이들끼리 모여 있으면 아예 포기를 합니다. '수포자'(수학을 포기한 학생)가 생깁니다. 어느 중학교에서 기가 막힌 장면을 봤는데, 수학 시간에 아이들이 너무나 즐거워하고 단 한 명도 자는 아이가 없었습니다. 그 수학 시간의 특징은 선생님이 공부를 잘하는 학생과 못하는 학생이 서로 가르쳐주고 물어볼 수 있는 분위기를 자연스럽게 형성한 것입니다. 그리고 쉬운 문제부터 어려운 문제까지 단계적으로 접근하게 함으로써 소위 배움의 속도가 느린 학생들도 포기하지 않고 함께 갈 수 있는 분위기를 만들어주는 것이었습니다. 이런 경우에는 수학 시간에도 얼마든지 모둠별 수업이 가능하다는 것을 확인했습니다.

곽노현 모둠별 참여 프로젝트 수업이라고 하면 뒤처지고 느리고 사회경제적으로 불리한 아이들에게 초점을 맞춰야 하잖아요? 이런 아이들한테 유리합니까?

이형빈 네, 그렇습니다. 일제식 수업과 비교를 해보면 일제식 수업의 특징은 시험 범위를 염두에 두고 굉장히 빠른 속도로 진도를 나갑니다. 그 경우에는 학습부진이 누적된 학생이라든지 배움의 속도가 느린 학생들은 그 빠른 속도에 따라가지 못하고 소외당합니다. 그러나 이런 협력 수업의 경우에는 진도를 천천히 나가고 그 학생들까지 배려하는 방식으로 교사가 교육과정을 재구성합니다.

곽노현 그렇게 되면 진도를 어떻게 뺍니까?

이형빈 그래서 교육과정을 재구성해야 합니다. 모든 진도를 처음부터 끝까지 다 나가야 한다는 것이 아니라 정말 학생들에게 의미 있는 부분들을 교사가 가려내서 그것을 학생들 활동 위주로 재구성할 수 있는 역량, 그것이야말로 교사의 교육과정과 수업의 전문적 역량이라고 볼 수 있겠습니다. 자연스럽게 평가 문제와도 걸립니다.

곽노현 그런데 교육과정을 통합적으로 운영하고 교과 내에서는 발표와 협력 중심으로 가면, 느린 아이들과 사회경제적으로 불리하고 처진 아이들에게 너무 도전적인 것 아닌가요? 그래도 이게 좋을까요? 의미를 느끼면 좋을까요?

이형빈 배움의 속도가 느린 학생이라고 해서 기초적인 문제만 계속 풀면 이 학생들은 발전이 없습니다. 오히려 이 학생들에게도 성취 가능하다는 믿음을 갖고 도적적인 과제를 제기할 필요가 있습니다. 중요한 것은 도전적이지만 학생들이 협력할 수 있는 과제를 제기할 때 이 배움의 속도가 느린 학생들도 비약적으로 발전할 수 있는 계기를 맞이하게 되는 것입니다.

평가 혁신의 핵심은 피드백을 통한 발달

곽노현 아, 그렇군요. 그러면 교육과정과 수업 방식까지 얘기를 들어봤습니다. 그런데 그렇게 멋지게 교육과정을 통합적으로 운영하고 발표와 협력 중심으로 수업을 했어요. 그런데도 불구하고 평가는 예전 방식이라고 하면 '꽝'이잖아요. 현재 현황은 어떻습니까?

이형빈 그렇기 때문에 혁신학교에서도 가장 혁신하기 어려운 부분이 평가입니다. 협력적으로 수업했는데 경쟁적으로 시험을 봐야 되는 모순이 있다는 것이죠. 그럼에도 불구하고 최근에 중학교에서는 성취평가제라는 이름의 절대평가가 도입된 지가 4년이 됐습니다. 절대평가라고 하는 것은 학생들에게 점수는 산출하지만 누가 1등이고 2등인지 석차는 매기지 않는 방식입니다. 과거의 '수우미양가'처럼 생각하시면 됩니다. 지금은 A, B, C, D, E 이런 식으로 등급을 매기고 있는데 그것이 %라든가 비율에 의해서 나오는 것이 아닙니다.

곽노현   아, A를 30%에게 줘야 된다는 것이 아니라 잘하면 모든 사람에게 A를 줄 수 있다는 의미에서 절대평가라는 거죠. 평가를 바꿔야 한다는 건데 아까 말씀하신 통합형 교육과정, 참여 협력형 수업 방식에 맞추려면 평가 혁신은 어떻게 가야 합니까?

이형빈   이제 절대평가가 도입되었기 때문에 제도적 여건이 마련되었다고 봅니다. 평가 혁신의 외형적인 특징은 지필 평가보다는 수행평가와 논술형 평가의 비중이 높다는 것입니다. 단지 수행평가와 논술형 평가를 많이 한다는 것이 중요한 것이 아닙니다. 그 결과 나타난, 학생과 학생 사이의 서열 격차를 줄이는 것, 그리고 평가가 수업의 일부가 되는 것이 굉장히 중요합니다. 수업의 과정 속에서 평가가 이루어질 때 그 평가의 결과가 학생들에게도 의미 있는 정보를 제공하고 교사들에게도 의미 있는 피드백이라고 할 수 있습니다.

곽노현   중간고사나 기말고사 형식이 아니라 평상시 수업 모습이나 이런 것들을 전체적으로 봐야 한다는 말씀 같습니다.

이형빈   네. 학생들이 모든 것을 협력 학습을 했을 경우, 그것 자체가 교사의 관찰에 의해서 수행평가에 반영되는 방식이 대표적인 사례입니다. 그 다음으로 중요한 것은 시험을 보는 방식을 조금 개방적이고 자유롭게 해야 합니다.

곽노현 오픈 북 형식으로?

이형빈 네. 대학에서 할 수 있는 그런 방식도 필요합니다. 어떤 학교에서 굉장히 의미 있고 인상적인 평가 장면을 관찰한 적이 있습니다. 수업 시간에 자연스럽게 수행평가를 합니다. 일정한 시간을 정해놓고 답안지를 거둬가는 방식이 아닙니다. 학생들에게 충분히 준비할 수 있는 시간을 수업 시간에 마련해 주고, 그 속에서 수행평가를 치른 후에 일부 학생들에게 부족함이 있다면 다시 한 번 도전할 수 있는 기회를 그 시간에 바로 주는 것입니다.

곽노현 어떤 사람들에게는 한 번 시험 치게 하고 어떤 사람은 두 번 치게 하면 불공평하다는 얘기가 나오지 않을까요?

이형빈 평상시에 학생들 사이에 수업 시간에 협력적 문화가 일상적으로 형성이 되어 있다면 학생들이 항의하거나 그러지 않습니다.

곽노현 '나도 A 맞았지만 쟤도 A 맞을 수 있어.' 절대평가에서는 이렇게 생각할 수 있다는 말씀이시죠? 그렇다면 이제부터 평가는 서열화가 목적이 아니겠습니다. 지금 C밖에 안 되는 학생에게도 다시 한 번 기회를 주어서 B로 올라갈 수 있도록 하면, 줄 세우기가 되지 않겠습니다.

이형빈 네. 기다려주고 지원해주는 것입니다. 조금 뒤처진 학생들도 도전해보고, 도전해면서 성취감을 느낄 수 있게 해주는 것입니다. 발달과 성장을 지원하는 것이 평가의 목적이 되는 것입니다. 그 과정 속에서 교사의 지원, 학생의 협력이 있으면 가장 좋겠습니다. 그것이 바로 비고츠키(Lev Vygotsky)의 근접발달영역이라고 하는 유명한 교육학적 명제가 성립되는 순간입니다.

곽노현 근접발달영역이 무슨 뜻인가요?

이형빈 학생들이 이미 성취하고 있는 수준뿐만 아니라 교사들의 지원이나 학생들의 협력이 있으면 어디까지 발전할 수 있을까 그 격차를 근접발달영역이라고 합니다. 중요한 것은 교육과정, 수업, 평가에서 이러한 근접발달영역을 형성시켜 나가는 것이고, 거기서 전제가 되는 것은 협력과 소통이죠.

곽노현 '잠재력'이겠군요.

이형빈 잠재력. 어디까지 할 수 있을까, 잠재력을 측정하는 평가로 패러다임이 바뀌고 있다는 것이죠.

곽노현 객관식처럼 정답이 있는 것 할 때는 이런 것이 어렵지 않을까요?

이형빈 그렇습니다. 평가의 영역에 따라서 지식이나 암기가 중요할 수도 있지요. 그런 영역은 객관식 평가가 의미가 있습니다. 그러나 학생들의 다양한 잠재력을 발굴하는 영역에 있어서는 이런 방식의 평가가 의미가 있습니다.

혁신을 위해서는 교사들이 협력하는 문화가 필요하다

곽노현 정답의 개방성을 보장해야겠네요. 이렇게도 가보고 저렇게도 갈 수 있는 문제가 중요하겠습니다. 지금 말씀하신 대로 교육과정이 통합적으로 운영되고 수업이 참여 협력적으로 운영되면 아이 중심, 배움 중심이 된다는 뜻일 것 같습니다. 그리고 평가가 아이들의 발달과 성취를 측정하는 방식으로 바뀌면 물론 교실이 살아날 것 같아요. 이것은 교사의 전문성을 많이 요구할 것입니다. 지금 교사들이 어떻게 해야 됩니까?

이형빈 그런데 혼자서 노력하는 것은 안 됩니다. 예를 들어서 1교시 수업 원리와 3교시 수업 원리가 다르면 아이들은 혼동만 생기고 학교는 바뀌지 못합니다. 그래서 교사의 협력적 학습공동체 형성이 무엇보다 중요합니다. 교사가 협력하는 문화가 형성될 때 학교의 문화가 바뀌고 자연스럽게 학생들이 협력할 수 있는 문화가 형성이 됩니다. 그럴 때 교육과정-수업-평가의 새로운 혁신이 가능하다고 생각합니다.

곽노현 지금 굉장히 중요한 말씀 같아요. 제가 얼마 전에 이 프로그램에서 회복적 생활교육을 얘기했거든요. 그 선생님이 말씀하시기를 회복적 생활교육에서 선생님과 아이의 관계뿐인 줄 알았더니 아니더라. 선생님이 먼저 회복이 되어야 되더라. 선생님의 회복은 선생님들끼리의 회복이더라. 이것이 될 때 회복된 선생님이 아이들의 관계를 회복시키더라. 이런 말씀을 하셨습니다. 지금 선생님도 '교사들의 협력이 있어야 수업에서 아이들의 협력이 일어나게 할 수 있다.' 그러셨잖아요. 그리고 교사 간의 협력은 전문적인 학습공동체를 만들어야 되는데, 그것이 근무하는 학교 안에서 이루어져야 된다는 말씀 같습니다.

이형빈 예를 들어서 모둠 활동을 보자면 교사가 경쟁적인데 아이들한테만 모둠별로 협력해라 이럴 수가 없는 거죠. 특히 학생을 바라볼 때 '우등생/열등생, 모범생/문제아'로 나누는 기준 자체가 사라져야 합니다. 평가에서 석차를 안 내는 절대평가를 실시하는데도 여전히 자기 반 학생 중에 누가 1등이고 꼴찌인지 안다면 평가 혁신은 불가능하겠습니다. 교사의 의식 변화, 협력적 문화의 형성이 교육과정-수업-평가 혁신의 전제가 된다고 볼 수 있습니다.

곽노현 지금 혁신학교 5년 차까지 보셨잖아요. 어디까지 정착이 이루어지고 심화가 이루어졌는지, 그리고 앞으로 갈 길도 보셨을 것 같아요. 현재 혁신학교가 도달한 단계 어떻게 진단하시는지,

그리고 앞으로 어떻게 가야 되는지 말씀해 주시죠.

이형빈   혁신학교가 5년 차를 맞이하면서 많이 발전했습니다. 그런데 변화에 순서가 있습니다. 처음엔 학교 민주화, 학생 생활교육의 혁신으로 시작합니다. 그 다음에 관심을 갖는 것은 수업입니다. 수업 혁신을 하고 교육과정 재구성까지 가는 데 가장 변화가 더딘 것은 역시 평가입니다. 그동안 평가가 학생들을 줄 세우는 관행이 워낙 뿌리가 깊었기 때문입니다. 그렇기 때문에 지금은 평가 혁신에 대한 목적의식적인 노력이 필요하다고 볼 수 있습니다. 조금 더 근본적으로 말씀을 드리자면 '혁신학교 운동을 왜 하는가?' 근본적으로는 '교육이 사회를 바꿀 수 있을까?'라는 질문이 필요하다고 봅니다. 지금까지의 혁신학교는 이렇게 비유할 수 있겠습니다. 아이들이 행복한 학교, 더 나아가서는 아이들을 민주 시민으로 성장시키는 학교입니다. 학교를 통해서 보다 더 민주적이고 평등한 질서를 만듦으로써 그 속에서 아이들을 비판적이고 성숙한 민주 시민으로 길러야 합니다. 그럼으로써 학교가 기존의 질서를 재생산하는 영역에서 벗어나서 사회를 새롭게 바꿀 수 있는, 보다 민주적이고 평등한 질서로 바꾸어나가는 학교, 그것이 이른바 혁신학교 시즌 2의 핵심이 되지 않을까 생각하고 있습니다.

곽노현   혁신학교 시즌 2는 민주 시민으로서의 정체성을 자각하고 그런 실천 활동을 경험하게 하는 것이라고 말씀하신 것 같은데요. 사실 가슴 뛰는 얘기가 아닐 수 없어요. 교사 중심, 가르침 중심에서 아이들 중심, 배움 중심으로 가는 것을 넘어서, 그리고 단순히 가고 싶은 학교, 행복한 학교를 넘어서 민주적 질서가 거의 뿌리박혀서 이른바 민주주의를 위한 마음의 습관이 형성되는 곳으로서의 학교로 기능해야 된다는 거잖아요. 그러려면 교육과정, 수업, 평가 질서 자체가 바뀌어야 한다는 것입니다.

이형빈 그렇습니다. 기존에는 배제하고 통제하고 분류하는 그러한 방식의 교육과정, 수업, 평가가 일반적인 모습이었다면 이제는 교육과정에 있어서의 통합성, 수업에 있어서의 참여와 협력, 평가에 있어서 발달과 성장이라고 하는 새로운 방식의 코드의 전환이 필요합니다. 그래서 교육과정, 수업, 평가의 일상적인 질서부터 보다 민주적이고 평등한 유형으로 바뀔 때 학생들이 참여하고 협력하게 되고 그러면서 민주 시민으로서 성장할 수 있는 가능성이 크다고 생각합니다.

곽노현 자꾸 민주 시민교육, 민주 시민교육 하니까 민주 시민교육 과목을 만들려고 하고 민주 시민교육을 어디 가서 구경하면 되는 줄 알고 자꾸 데리고 나가려고 합니다. 그런데 지금 말씀 들어보니까 가장 중요한 것은 교육과정, 수업 방식, 평가 방식을 바꾸는 것입니다. 가장 뒤처지는 아이들, 불리한 아이들, 힘들어하는 아이들, 느린 아이들에게 맞추는 코드로 바꾸어야 한다. 그럴 때 서로 존중하고 배려하는 문화, 민주주의 마음의 습관이 형성될 것이다. 교육과정, 수업, 평가를 바꿀 때 교육의 본령이 바뀐다. 그것이 민주 시민을 길러내는 자연스러운 학교가 될 것이다. 오늘 결론을 이렇게 내리고 마치도록 하겠습니다.

학교상담,
어디로 가야 하나?

곽노현　여러분, 삶이 버겁고 막막할 때 누군가한테 심리 상담하신 적 있으시죠? 상담하는 것 굉장히 행복한 일입니다. 갑자기 출구가 보이기 시작하고 희망의 빛이 들어옵니다. 학교에 상담교사가 들어오면 학교 전체가 순해진다는 것이 선생님들의 한결같은 증언이었습니다. 오늘 '학교상담 어디로 가야 하나?'라는 주제를 가지고 원묵고 전문 상담교사 우지향 선생님 모셨습니다. 선생님 소개부터 해야겠는데요. 원래 교사가 되신 지는 훨씬 오래되셨죠?

우지향　저는 상담교사로는 9년 차로 일하고 있습니다. 제가 교직에서 3년 정도 일하다가 다른 꿈을 찾아서 퇴직을 했었습니다. 그후 회사 생활을 하면서 그 과정에서 우리 청소년들에게 전달해 주고 싶고 청소년들을 위로해 주고 싶다는 생각이 들어서 다시 상담교사로 학교 현장에서 일하고 있습니다.

상담은 학교교육의 필수 요소

곽노현   지금까지 많이 하셨을 텐데요. 가장 기억에 남는 상담 사례 한번 말씀해주세요.

우지향   제가 2년 전에 만났던 친구인데요. 학교에 오면 얼굴빛이 항상 흑색이었습니다. 고등학교 1학년 여학생이었어요. 그 친구가 지하 단칸방에서 아버지랑 둘이 사는 상황인데 아버지가 알코올 중독이시고 이상행동도 자주 하시니까 여학생으로서 감내하기 어려운 여러 가지가 있었습니다. 그래서 이 아이가 자꾸 자기 삶에 대해서 비관하면서 학교생활에도 부적응 상태로 가고 삶 자체를 포기해 버리기 위해서 자해 시도도 굉장히 많이 했었습니다. 자퇴를 하고 그냥 삶을 마감하고 싶다는 말을 많이 하면서 담임 선생님이 저한테 의뢰를 하셔서 제가 만났습니다. 그 친구의 여러 가지 어려운 얘기를 들으면서 그나마 학교를 포기하지 않고, 자퇴를 하고 싶다는 말을 하는 것 자체도 너 삶에 에너지가 있는 것이라고 다독이면서 개인상담과 집단상담, 아이와 함께 캠프 활동도 많이 갔었습니다. 6개월 정도 후에는 숲 체험을 하는데, 이 아이가 저에게 살며시 다가오더니 "선생님, 저한테 산다는 것이 어려운 일이 아니라 길이 보여요. 사는 것이 길이 보여요." 이렇게 저한테 얘기를 하는 겁니다. 제가 그 순간 너무 깜짝 놀라 감동이 물밀 듯 올라왔습니다. 제가 아이한테 해준 것보다는 아이가 저를 감동시키면서 제가 변화한 것이 사실 많았습니다. 아이에게 그런 여러 과정을 자기 성장 일지에 쓰라고 지도하고 같이 들여다보기도 했습니다. 이런 과정을 거치면서 그 아이가 썼던 자기 성장 일지를 제가 학교 교지에 실어줬습니다. 제법 큰 면을 차지할 수 있도록 담당 선생님과 얘기를 해서 그 아이가 섬섬옥수로 쓴 제목 그대로 "제 인생에 길을 보여요."라는 제목으로 교지에 실었는데 그 아이가 굉장히 뿌듯해하면서 학교에서 인정받고 격려받을 수 있다는 것 자체에 보람이 있었다고 했습니다. 졸업 이후에도 저에게 연락을 하는데, 굉장히 열심히 살고 있는 것으로 알고 있습니다.

곽노현 그러고 보면 상담교사 선생님들이 한결같이 하시는 말씀이 있습니다. 아이들을 상담하다 보면, '어떻게 네가 이 역경 속에서 살아남았니? 지금까지 이렇게 견뎌준 것만 해도 고맙다.'는 생각이 절로 든다고 합니다.

우지향 학교상담실 같은 경우에는 친구 문제로 고민하고 따돌림을 당한다거나 학교 폭력 상황이라든가 소외된 상황, 이런 것 때문에 고민하는 학생들이 많습니다. 그 다음으로는 가족 문제로 고민하는 학생들의 상담 내용이 많습니다. 그 외에도 담임교사와의 갈등이라든가 학교 부적응의 다양한 양상들, 학습, 진로 상담 순으로 비중을 차지합니다.

곽노현 진로 상담이라고 하면 이상해요. 왜 진로 상담하러 상담

교사한테 옵니까?

우지향　진로 상담교사가 학교에 배치되어 있지만 주로 학교 안에 있는 전체 학생의 진학이나 진로를 상담하십니다. 학교상담실에 오는 경우는 진로 자체에 대한 고민보다는 그 진로를 결정하기까지의 자기 내적인 심리적인 갈등이라든가 가족과의 의사소통 문제로 진로 고민이 잘 풀리지 않는 경우입니다.

곽노현　진로를 고민하다 보면 미칠 것 같은 순간이 있습니다. 그때는 진로 상담교사한테 가는 것이 아니라 상담교사한테 가는 것이 맞겠습니다. 상담실의 의미는 무엇인가요? 학교상담실이 과연 활성화되고 있느냐 의문이 들 때가 있습니다.

우지향　지구의 허파는 무엇이라고 알고 계신가요? 아마존이죠. 학교상담실은 학교의 허파라고 할 수 있습니다. 학교 안에서 겪는 여러 가지 심리적인 스트레스와 학교 내외의 가족 문제, 친구 문제로 겪는 아이들의 좌절감을 해소하고 그 안에서 자기 성찰을 이루어서 자기 꿈을 찾게 하는 허파의 역할을 합니다. 학교상담실이 시작된 해가 2007년입니다. 우리가 흔히 하는 말이 있죠. 십 년이 지나면 강산도 변한다. 그러나 아직도 산적한 문제들로 저희들이 많은 고민을 하고 있습니다. 특히 학교운영을 책임지고 있는 교장 선생님의 기본적인 관심이나 교육철학에 따라서 학교상담실 운영이 천차만별입니다. 어떤 학교에서는 교장 선생님께서 수업 중 상담하는 것은 출석으로 인정하지 않겠다고 원칙을 정했다고 합니다. 그렇다면 심리적인 어려움으로 수업을 들을 수도 없고 힘들어서 상담실에 가서 의논을 하고 싶은데, 이것이 수업에 출석하지 않은 것으로 출석부에 체크가 된다고 하면, 아이들이 찾아오기가 어렵겠죠. 교육청에서도 원칙적으로 '수업 중 상담은 금지'라는 명시적인 문구로 지침이 내려옵니다.

곽노현 이른바 "수업권 침해다." 수업권을 보장하기 위해서 수업 시간에는 상담을 하면 안 된다는 겁니다. 어차피 그 아이들은 수업 시간에 엎드려 잘 텐데 말이 안 되고 합리성이 떨어지는 것 같아요. 고등학교에서는 입시 경쟁 때문에 수업 시간에 이석을 금하는 것 같습니다.

우지향 그런 부분 때문에 학교상담실이 활성화되기가 굉장히 어려운데요. 사실 학생들의 내면의 고민이 적절한 시기에 풀리거나 해소되지 않으면 오히려 학생들이 자기 삶을 찾아가고 꿈을 펼쳐가는 데 방해가 됩니다. 그래서 적절한 시기에 학교상담을 하는 것이 그 아이의 성적이나 진로나 꿈을 찾아가는 데 도움이 된다고 할 수 있습니다.

곽노현 선생님은 상담 지원이 필요한 아이들의 존재를 어떻게 아세요? 발굴 절차가 있습니까?

우지향　학교상담 교사 한 명이 600명~700명 되는 아이들의 심리 상태를 다 확인하기는 굉장히 어렵습니다. 청소년, 아동은 자기 문제를 잘 노출하지 않습니다. 그런데 한 공간에서 같이 하루 종일 지내는 친구들은 아주 쉽게 문제를 감지해 냅니다. 그래서 저 같은 경우는 학교 안에서 또래 상담이나 또래 활동이 활성화되어야 아이들의 고민을 빨리 찾아내고 우리가 발굴해서 상담이 정말 필요한 아이에게 상담 서비스를 할 수 있다고 생각하기 때문에 또래 활동, 또래 상담 활동을 활성화시키고 있는 상황입니다.

생활지도에서 상담교사 참여 기회 확대해야

곽노현　그렇군요. 아까 상담실, 이른바 '위클래스'라고 불리는 학교상담실의 활성화 여부는 학교장이 상담을 바라보는 교육철학과 마인드에 달려있다는 말씀을 해주셨습니다. 제가 궁금한 것은 상담교사가 징계위원회, 선도위원회, 학교 폭력 대책위원회 이런 데에 체계적으로 결합되어야 할 것 같습니다. 현실은 어떻습니까?

우지향　이 부분에 대해서 저도 굉장히 안타깝게 생각합니다. 학교 안에서 상담교사가 다양한 의사결정 구조에 참여하기가 어려운 상황입니다. 교사 자체의 권한을 확대하는 것도 중요하지만 제가 생각하기에 더 중요한 것은 학생들의 다양한 행동들, 우리가 성찰로 이끌어야 하는 문제 행동들을 변호해줄 수 있는 그런 인력이 투입되어야 한다는 겁니다.

곽노현 변호가 필요하다는 것은 내재적 관점, 내면적 관점에서 필요하다는 것인가요?

우지향 그렇습니다. 그럴 수 있는 사람으로 상담교사가 적임자인데 이런 적임자가 징계위원회나 선도위원회에 전혀 참여할 수 없다는 것은 굉장히 안타까운 일입니다.

곽노현 학교장의 결정 여하에 따라서는 참여할 수 있는 것 아닙니까? 그런데 현실에서는 그런 일이 별로 없다는 말씀 같습니다. 이 부분은 바뀌어야 한다고 이 자리에서 촉구하는 바입니다. 그런데 실제로 이런 변화가 일어나려면 교육부나 교육청 안에 상담 전문 장학사라는 행정직이 있어야 될 거 같습니다.

우지향 올해 처음으로 몇몇 곳에 장학사가 배치되기 시작했습니다. 하지만 굉장히 부족한 상황이고, 특히 서울은 전혀 계획이 없는 것으로 알고 있습니다. 그런데 학교상담실의 활성화나 정책적인 변화를 도모하기 위해서는 관련 전문 지식이나 행정 집행력을 가진 장학 인력이 현장에서 고민했던 상담교사 중심으로 배출되어야 한다고 생각합니다.

곽노현　정서와 행동발달 검사를 통해 학년 초에 아이들을 다 검사합니다. 그리고 나면 1차 위험군, 2차 위험군을 걸러내잖아요. 이 아이들과 선생님은 어떤 관계를 가지세요?

우지향　저희가 정서행동특성검사라고 해서 지금 전국 단위로 아이들 전수조사를 하고 있습니다. 1차 검사에서 걸러진 아이들을 대상으로 해서 학교상담실에서 조금 더 집중적인 검사를 하게 됩니다. 그래서 위기 상황에 많이 노출되어 있고 바로 전문적인 기관에 연계되어야 하는 친구들의 경우에는 저희가 병원이나 전문 인력과 연계를 시켜주는 일을 하고 있어요. 너무나 안타깝게도 지금 전국적으로 시행되는 이 검사 업무가 사실은 담임교사, 보건교사, 상담교사, 생활지도 교사 등등의 연계와 협력 구조 속에서 이루어져야 하는데, 상담교사가 힘이 약한 위치에 있다 보니까 업무의 행정적인 절차를 다 거쳐야 합니다. 사실 2차 검사에서 확인된, 위험에 노출된 아이들에게 집중해야 되는 상담교사들이 행정 업무에 동원되고 있어서 안타까운 실정입니다. 학교 내에서 그런 연계와 협력의 구조를 합리적으로 도모하는 것이 필요하다고 생각합니다.

곽노현　저는 지금 말씀을 들으면서 깜짝깜짝 놀라고 있습니다. 아이들의 온전한 건강을 도모하려면 한편으로는 보건교사, 상담교사, 체육교사, 영양교사, 생활지도 교사 이분들 간의 긴밀한 협력과 연계는 당연한 것이라 생각합니다. 저는 이것을 만들어내는 것이 교장의 1차 임무라고 봅니다. 이것을 제대로 만들어서 구동시키지 못하는 교장은 교장 자격이 없다고 생각합니다. 그런데 실제로 그런 것이 안 돌아가고 있다는 것 같습니다.

우지향   우리 사회에서 교육의 최종 목표나 지향점은 공존과 공생이라고 생각하는데 그런 것들이 명시적으로 글로만 표현되는 것이 아니라 현실 속에서 실현되어야 한다고 생각합니다. 그럼에도 불구하고 학교의 교직원 문화나 행정 업무 문화에서 보면 힘의 관계에 의해서 약자나 소외된 자가 그 업무를 과중하게 떠맡는 경우가 있어서 사실 교육적인 수혜를 받아야 하는 학생들을 상담하지 못하는 문제가 발생하고 있습니다.

곽노현   참고로 시청자들이 가늠할 수 있도록, 지금 현재 선생님 상담이 진행 중인 아이들이 몇 명 있습니까?

우지향   매일 3명~4명씩 상담을 하고 있죠.

곽노현   그렇다 할지라도 어떤 군이 있잖아요. 조금씩 바뀌긴 하지만 선생님한테 한 달에 한 번, 일주에 한 번 내실해서 상담을 받는 아이들 수가 몇 명이나 될까요?

우지향   1년 내내 오는 아이들도 있어요. 정서적으로 우울감, 자폐증, 사회공포증 등등의 질환을 앓는 아이들을 거의 1년, 더 나아가서는 3년 동안 돌보도록 되어 있습니다. 한 달을 기준으로 하면 40명 정도가 상담을 받고 있습니다.

곽노현 600명~700명 아이들 중에 5%가 지속적으로 상담을 받고 있군요.

우지향 간헐적으로 단회 상담이라고 해서 아주 급한 문제를 한 번의 상담으로 해결해서 그 아이가 해결할 수 있도록 도와주는 상담도 진행하고 있습니다.

상담을 교사의 핵심 역량으로

곽노현 만약에 5%의 아이들이 선생님을 만나서 스스로 내면의 힘에 눈뜨고 찾아갈 수 있는 길이 보이기 시작한다면, 그만큼 훌륭한 일은 없을 듯합니다. 중학교 아이들도 당연히 그런 상담 수요가 있고, 중학교에 상담 전문가를 배치하는 것을 학교 폭력의 주요 대책으로 삼고 있습니다. 그래서 아마 80% 정도가 현재 배치되어 있는 것으로 알고 있습니다. 그런데 초등학교의 배치 비율은 굉장히 낮은 것 같습니다. 지금 계획이 없지 않습니까?

우지향 제가 생각할 때는 초등학교야말로 학교상담이 꽃피고 그 효과가 배가될 수 있는 중요한 공간입니다. 왜냐하면 중학교 2학년부터 고등학교 학생들의 비행이나 부적응의 연원을 올라가 보면 이미 유아기나 아동기 때 형성된 것이 굉장히 많습니다. 북유럽 같은 곳에서는 이미 유아 시기부터, 이른바 요람에서 무덤까지 아이들의 정신 건강을 책임지는 체제를 갖추고 있는데, 우리나라가 유아기부터 상담 체제를 도입하기 어렵다면, 지금 초등 단계에서라도 상담 인력을 배치해야 합니다. 그러면 중학교, 고등학교에서 벌어지는 일들을 상당히 많이 예방할 수 있다고 봅니다. 또하나는 학부모님들과의 협조나 공조에 있어서 중학교 학부모님들보다는 초등학교 학부모님들이 훨씬 더 중요하다는 것입니다. 아이의 변화라든가 가능성 측면에서 협조가 더 쉽기 때문에 초등학교 상담의 공간, 물리적 환경, 인력 확충이 상당히 시급하다고 봅니다.

곽노현 사실 떨어진 사과만 볼 것이 아니라 그 사과를 떨어뜨린 취약한 사과나무를 보라는 이야기가 있습니다. 초등학교의 상담, 최소한 순회 교사를 둬서라도 담임 선생님들이 판단하시기에 전문적 상담이 필요한 아이들과 상담할 수 있도록 하는 것이 대단히 중요하겠습니다. 그러면 늘 전문 상담교사만 채용하라고 해서 되는 것이 아닙니다. 여러 가지 제약들이 있습니다. 결국 선생님들이라면 상담교사만큼의 전문성은 아니더라도 아이들을 이해하고 상담할 수 있는 기본 역량을 갖추고 있어야 합니다. 21세기 교사의 핵심 역량이라고 생각합니다. 그런 관점에서 교대나 사범대의 교육과정을 보면 어떤 생각이 드세요?

우지향 저도 사범대를 나왔고 사범대학원을 나왔는데 다니면서 항상 고민하고 이야기를 했던 것이 사범대의 정체성이 많이 떨어져있다는 것입니다. 인문대나 자연대의 아류 비슷한 교육과정으로 운영이 되고 있어서 문제입니다. 정말 내가 국어를 가르친다면 국어의 기능적인 개념적인 구조가 아니라 그 국어의 개념을 가지고 아이들과 어떻게 대화를 나눠야 하는지 알고 있어야 합니다. 아이들의 마음을 열어주고 그 안에서 아이들의 창의성이나 문제해결력을 키울 수 있는 방법을 배우는 교육과정이 되어야 합니다. 그런데 현장성이 떨어진 이론 중심의 교육과정이 되고 있어서 많이 안타깝습니다. 특히 학교 현장에 와서 학교상담을 접해보면서, 임용고사를 거친 선생님이 학생에 대한 이해도, 청소년의 정신 발달단계에 대한 실제적인 이해도가 떨어져서 부딪히는 문제들이 많이 발생하고 있습니다. 교대나 사범대에서는 교과교육론, 교사론을 현장 중심에서 고민할 수 있는 프로그램을 도입해야 합니다.

곽노현 교사 양성 기관에서 커리큘럼을 개혁해서 이런 상담 역량을 키워주는 것은 절대적으로 필요합니다. 이것이 시간이 걸린다면 일단 신규 교사로 채용된 선생님들, 지금의 선생님들이 교사 연수 시스템을 통해서 학생 지도 역량을 키워야 할 것 같습니다. 안 그러면 그것이 버거워서 명퇴하겠다는 분들이 늘어난단 말이에요. 제가 몇 년 전에 감정 코칭이라는 것을 서울 교사들에게 대대적으로 시행한 바가 있었습니다.

우지향 감정 코칭이 연수원에서 호응이 좋은 것으로 알고 있습니다. 감정 코칭 프로그램을 이수하신 선생님들이 수업 시간과 학급운영에 적용하면서 많은 성과를 나타내고 있습니다. 조금 안타까운 점은 학교에서 감정 코칭에 의해서 단련된 아이들이 가정에 가면 가정의 여러 가지 소통 문제들에 의해서 이전으로 다시 돌아가게 된다는 것입니다. 학부모 교육이나 학부모 연수 프로그램에도 감정 코칭이 적용되고, 그것이 이론적으로 전달되는 프로그램이 아니라 직접 체험하고 실습하는 워크숍 식으로 변화가 필요합니다.

상담 효과의 지속은 학교문화에 달려 있다

곽노현 아까 선생님과 미리 말씀을 나누는 가운데 이런 말씀을 하셨습니다. "상담이 제대로 되려면 수업이 바뀌어야 한다." 어떤 의미인지 설명을 해주시죠.

우지향 예를 들어서 문제 학생이 상담실에 와서 여러 가지 것들을 상담하고 자기 내면의 이야기를 하고 자기표현을 하면서 스트레스가 완화되는 과정에서 정말 자기가 어떻게 행동해야 되는지 이해하고 실천하려는 노력과 의지를 가지고 10회기 정도 상담을 끝냈습니다. 그런데 교실 환경에 들어가는 순간, 선생님의 권위적인 지시나 통제 때문에 소통이 안되는 분위기에 처하게 되면 이 아이가 상담했던 여러 가지 효과들은 반감됩니다. 상담을 통해서 여러 가지 효과들과 영향력들을 배가시키고 유지시키기 위해서 는 학교 선생님들의 수업 문화가 바뀌고 학교의 문화가 바뀌어서 이 학생의 일상의 변화가 유지될 수 있도록 노력하는 것이 더 중 요하다고 생각합니다.

곽노현 특수 교육 과정으로서의 상담이 아니라 일상 교육 과정에 서 교사와 학생 관계에서의 말투나 비폭력적 대화 방식이라든가 감정 코칭이라든가 분노 조절이라든가 이런 것들이 전수될 때만 이 아이들이 순한 상태를 유지할 수 있다는 말씀으로 들립니다. 마지막으로 학교상담의 전망, 어디로 가야 하나요?

우지향 이제는 학교가 단순한 지식의 전달이라거나 일방적인 교 사의 훈육에 의해서 움직이는 시대는 지나갔다고 생각합니다. 다 른 여러 모습을 가진 아이들이 서로 어울려서 공존하고 공생할 수 있는 지혜를 얻고 그 안에서 아이들이 성장하는 모습을 통해서 학 생이 스스로 깨달아가고 교사도 그 모습을 통해서 배울 수 있는 진정한 배움의 공동체로 나아가야 한다고 생각합니다. 그 과정에 서 자기표현을 할 수 있는 능력을 쌓는 것이 중요합니다. 최근에 많이 발생하고 있는 학교 폭력 문제도 역시 자기표현의 자유로움 을 경험하지 못하던 아이들의 성장기에서 출발한다고 봅니다. 어 떤 이야기든지 할 수 있고 오답이어도 격려받을 수 있고 어떤 질 문이든지 허용되는 수업 시간이 되어야 합니다. 학교상담이 이것을 지원하는 데 초석이 될 수 있다고 생각합니다.

곽노현 상담교사가 일반 교사에 대해서 상담 역량에 관한 한 멘토 역할을 해야 된다. 이렇게 정리를 하겠습니다. 교사는 학생들 누구에게나 선물이 될 수 있는 존재, 어제보다, 내일보다는 오늘의 순간을 선물처럼 여기게 하는 존재가 되어야 한다는 말씀을 드리면서 인터뷰 여기서 마치도록 하겠습니다.

이렇게 바뀐 학교를
우리 아이들이 다녀봤으면

나는 김상곤 교육감의 부탁으로 경기도학생인권조례 성안 책임을 맡으면서 학교 현장의 고통스런 교육 현실에 눈떴다. 나를 교육감 선거로 이끈 건 잠자는 교실에 대한 교사들의 한결같은 자조적 증언이었다. 다른 한편으로는 40~50년 전과 바뀐 게 없는 주입식, 일방통행식 수업 모습이었다. 많은 아이들에게 교실과 수업이 활력 있는 배움터가 아니라 밀린 잠을 보충하는 곳이라는 얘기는 충격과 우려를 몰고 왔다. 무엇보다도 교사들의 자존감이 바닥을 치고 있는 현실이 맘 아팠다. 나는 잠자는 교실은 잠자는 지성과 감성을 낳고 그 귀결은 잠자는 민주주의라고 생각했다. 잠자는 교실에서 큰 아이들이 20~30년 후에 만들어낼 세상이 잠자는 교실만큼이나 무기력한 허울뿐인 민주주의일 것이라는 두려움이 엄습했다. 그것을 일깨워낸 사명감이 나를 교육감 선거로 이끌었다.

잠자는 교실은 겉으로 드러난 현상이다. 잠자는 교실로 드러난 교육의 문제는 무엇이며 교실을 깨우려면 무엇을 해야 하는가? 교육학자 성열관은 잠자는 수업은 지루하기 때문이라는 진단을 내놓고 혁신학교에선 잠자는 아이가 없더라는 관찰을 보탠다. 질문과 토론이 있는 쌍방향 수업, 조별 프로젝트 수행과 발표를 토대로 건강한 상호자극이 진행되는 수업, 다양한 배움이 일어나는 학생 중심 팀워크와 수업은 거창하게 21세기가 요구하는 창의적이고 협력적인 문제해결 능력을 위해서만 필요한 것이 아니다. 잠자는 교실을 모두가 참여하는 교실로 바꿔내기 위해서도 필요한 것이다. 상위 몇몇만이 눈을 반짝이며 들을 뿐 대다수가 딴생각을 하거나 엎드려 잠자며 버티는 지금의 일방통행적 수업으로는 잠자는 학교에서 벗어날 수 없다.

성열관은 수업 시간에 잠자는 아이들은 한국 교육 시스템의 최대 피해자라고 역설한다. 공감하고 동의한다. 그렇다. 교육에 관한 의사결정 권한이 높은 순서로 이 아이들에게 책임감을 느껴야만 한다. 호기심 왕성한 아이들이 수업 시간에 딴짓을 하는 것만큼 사회적 낭비가 어디 있겠는가. 아이 개개인은 국민의 한 사람으로서 행복추구권을 가질 뿐 아니라 양질의 교육을 받을 권리를 갖는다.

학생들은 교육을 받음으로써 배움의 즐거움을 느끼고 자신의 소질과 능력을 발견하며 민주적인 사회질서를 익히고 사람들과 관계 맺는 방식을 배우며 그 관계들 속에서 기쁨을 느낄 수 있어야 한다. 교육은 국민들이 청소년기에 인간다운 생활을 하게 함으로써 행복하게 살 권리를 실현하는 과정이어야 한다. 따라서 국민들은 자신의 기본적 권리인 행복추구권에 입각해 교육을 받는 기간에 대해서도 국가에 행복을 요구할 권리가 있다.(강민정,

혁신학교를 넘어 교육혁신지구로, 2012. 6. 27.)

잠자는 학교와 그 재생산기제는 아이들의 실질적 교육권 침해이자 국가의 실패라는 사실을 아프게 깨달아야 한다.

교사 출신의 교육학자 이형빈은 보다 구체적으로 파고든다. 교육과정을 통합적으로 구성하고 수업 방식을 개인 경쟁에서 팀 협력 방식으로 바꿔내며 평가 목적을 선발용 시험 점수 관리에서 피드백을 통한 개인 발달에 두자고 제안한다. 이형빈은 교육과정-수업-평가 혁신의 주체로 교사 개개인이 아니라 학교 단위 교사들, 특히 동일 학년, 동일 교과 교사들의 학습 토론 공동체를 지목한다. 어떻게 보면 학교 단위 교사 집단의 집단지성과 효능감, 책임감을 일깨우는 것이 학교 혁신의 기본이다. 교사들의 협력 문화가 정착하면 많은 문제를 해결할 수 있다. 복지국가와 경제민주화를 통해 생존경쟁을 완화할 수 있을지와 교사들의 학습 공동체를 특히 학교 안에서 만들어낼 수 있을지가 바람직한 교육과정-수업-평가 혁신의 관건이다. 성열관과 이형빈은 물론 이 책에 등장하는 모든 전문가들은 이 점에 전혀 이의가 없다.

교사들이 제일 어려워하는 것은 수업이 아니라 생활지도, 즉 생활교육이다. 수업 규율과 생활 규율에 필요한 교육이라고 볼 수 있다. 한마디로 수업 규율은 확 잡고 생활 규율은 확 풀어야 한다. 수업 규율을 잡으려면 무엇보다 수업 혁신을 선행해야 한다. 수업 혁신이 이뤄지면 수업 규율은 저절로 잡힐 수 있다. 생활 규율은 타율과 간섭에서 자율과 책임으로 일대 전환이 요구된다.

회복적 생활교육은 회복적 정의를 생활교육에 응용한 원칙이

다. 박숙영은 생활교육이 제대로 되려면 공동체성을 회복하는 것이 우선이라고 힘주어 말한다. 공동체성이나 공공성은 사회적 존재로서 우리 각자에게 필수불가결한 인격의 일부를 이룬다. 공동체성이 줄어들수록 자기만 아는 자폐 사회로 치닫는다. 무한 경쟁과 생존 투쟁이 설교되고 강요될수록 사회는 이웃을 돌보지 않게 된다. 미친 입시 경쟁에 내몰린 작금의 학교와 교실이 민주 공동체의 이상에 가까운지, 자폐 사회의 모습에 가까운지 생각해보라.

미시적으로 들여다보면, 생활교육이 뒤로 밀리는 학교 구조도 문제다. 생활교육 역량은 모든 교사에게 요구되는 교사 핵심 역량이다. 교육청은 수업 역량 못지 않게 생활교육 역량에 더 많은 정책적 관심과 자원을 투입해야 한다. 교사 연수의 주축을 실습 훈련형 생활교육으로 과감하게 재편해야 한다. 이 방면의 교사 전문가도 적지 않다. 이분들의 경험과 노하우가 모든 교사들에게 확산, 공유될 수 있도록 적극적 조치를 취해야 한다.

타인에 대한 존중과 배려, 협동과 연대의 경험, 자율과 책임의 생활 규율을 강조하는 생활교육은 민주 시민교육과 떼려야 뗄 수 없는 관계다. 모든 수업에서 생활교육이 이뤄진다. 모든 수업 시간마다 질문과 논평, 격려와 자극, 존중과 배려, 중재와 조정이 일어난다. 교과 지식이라는 공식 교육과정이 펼쳐지는 모든 수업 시간 이면에 교사와 학생 관계, 학생과 학생 관계라는 숨은 교육과정이 동시에 펼쳐진다. 생활교육이 제대로 되기 위해서는 수업 따로 생활교육 따로라는 생각이 극복되어야 한다. 그리고 학생 자치의 영역을 확장, 심화해야 한다. '학급회'부터 시작해서 '학년회', 동아리 활동 등이 권장, 지원되어야 한다. 학교생활에서 학생들의 관심사에 대해서는 학생들이 목소리를 내게 해야 한다. 당연히 그 시간을 제공해야 하고 그 결과를 최대한 존중해야 한다. 축제든 체육대회든 수학여행이든 학예회든 졸업식이든 모든 학교 행사의 기획과 진행, 평가도 최대한 학생 주도로 가는 것이 마땅하다.

어떤 이유로든 위기에 처한 학생에게는 학교에서 적절한 상담과 지원이 제공되어야 한다. 학습부진이건 학교 부적응이건 학교 폭력이건 가정 상황이건 아이들이 마음을 터놓고 얘기할 사람이 있어야 한다. 어떤 얘기를 해도 괜찮다는 보장이 있어야 한다. 상담을 받을 권리는 교육을 받을 권리의 중요한 부분, 학생 인권의 중요한 부분으로 인식되어야 한다. 수업을 받을 권리 못지않게 중요한 권리로 격상되어야 한다. 학생들이 처한 위기 상황에서 수업을 받는 것이 중요하겠는가, 상담을 받는 것이 중요하겠는가. 생활교육은 위기 학생에 대한 효과적인 상담을 전제한다. 학교 내부의 폭력 일탈 대책이나 빈곤 영향 대책 등 모든 생활지도에서 상담교사의 참여가 제도적으로 보장되어야 한다. 상담교사는 학교 평화의 가장 중요한 구성요소라는 점을 잊어서는 안 된다.

교육의 모든 길은 결국 교사 문화로 통한다. 교육과정-수업-평가를 혁신하여 잠자는 교실을 깨우는 비밀 열쇠도 학교 단위 교사의 학습 토론 공동체 문화가 형성되는지에 달려 있다. 마찬가지로 생활교육이나 상담이 효과를 보이기 위해서도 개개인 교사를 넘어 학교 단위 교사 문화가 여기에 가치를 부여하고 공동의 관심과 역량을 발전시켜야 한다.

개개인만 놓고 볼 때 세계 최고로 우수하고 책임감 있는 교사들을 무기력한 집단으로 빚어낸 것은 교육 관료제의 온갖 병폐다. 학교교육을 골병들게 만든 교육 관료제의 폐단은 교육부와 교육청이 앞장서서 개혁해 나가야 하지만, 명령과 강제가 없는 데도 별생각 없이 관료주의적 폐단에 물들어 스스로를 옥죄는 관료주의적 관행과 문화가 만연해 있는 학교 현장에서도 각성이 일어나야 한다. 교사들이 학교 단위의 학습공동체 형성을 통해 집단적으로 깨어나고 집단적 효능감을 회복하면 자체적으로 극복해나갈 수 있는 것도 적지 않다. 결국은 깨어있는 교사의 조직된 힘이 학교와 교육을 바꾸는 원동력이다.

3장

학
생
인
권

조 영 선

박 원 준

성 나 영

윤 명 화

혁신 교육 ✳
나비게이터
곽노현입니다

세월호 이후 시대의
학생 인권, 과제와 전망

곽노현 　이번 순서는 '세월호 이후 시대의 학생 인권 어떻게 볼 것인가?'입니다. 아시다시피 "가만히 있어라. 조용히 해라." 이것은 교권과 친권의 언어였습니다. 세월호에서도 어김없이 반복된 언어였고, 아이들이 속절없이 수장되는 결과를 빚었습니다. 이 말에 따른 아이들을 탓하는 것이 아닙니다. 따를 수밖에 없는 긴급 상황이었죠. 그럼에도 불구하고 "가만히 있어라!"로 대표되는 기존의 교육에 대항하고 교정하는 원리로서 학생 인권을 어떻게 생각해야 될지 궁금해하는 분들이 많습니다. 그래서 오늘 조영선 선생님을 모셨습니다.

학생 인권이 바로 서면, 교권도 바로 선다

조영선 　제가 학생 인권을 접하고 나서 가장 좋았던 것은 학생들 앞에서 센 척하지 않아도 되는 것이었습니다. 이전에는 학교에서 애들을 잘 잡아야 하고 무서운 척해야 하고 혼내야 하고 감시해야 하고, 그래야 유능한 교사로 인정받았습니다. 그런데 학생 인권을 받아들이고 나서 학생들한테 친근한 존재이지만 무시당하지 않는 교사가 될 수 있었습니다. 제가 경험한 것은 '자유로운 존중'이었습니다. 학생들은 제 앞에서 자유롭지만, 오히려 제 이야기를 경청하고 의미 있게 해주는 경험을 주었습니다.

곽노현 묘하네요. 어떻게 보면 학생 인권을 통해 교권 확립을 하셨다는 말씀으로 들립니다. 소통이 일어나고 경청이 일어났다면, 배려가 일어나고 존중이 흘렀다면, 교실에서 선생님의 권위, 교권이 섰던 것 아닌가요. 이렇게 교사로서 학생 인권에 눈뜨기 쉽지 않습니다. 왜냐하면 서 있는 자리가 다르기 때문입니다. 교사는 언제나 교탁 앞, 교단의 높은 자리에 서지 않습니까. 그리고 원래 이해라는 것은 밑에 서야 되거든요. 언더스탠드(understand)해야 되는 것인데, 교사는 언제나 위에 서 있습니다. 위치가 달라서 이해가 잘 안됩니다.

조영선 그런데 같은 교사라고 해도 신규 교사는 위에 서 있는 상태가 아닙니다. 신규 교사들은 거의 학생들과 비슷합니다. 층층시하(層層侍下) 교장, 교감, 선배 선생님들을 모셔야 합니다. 그런 감정을 저도 학생들과 똑같이 느꼈습니다. 신규 교사 때 그런 상황을 타개하기 위해서 교사들이 주로 쓰는 전략이 아까 말씀드린 것처럼 센 척하는 것입니다. '내가 신규이지만 너희를 징계할 수 있다.'는 것으로 학생들을 휘어잡는 건데, 저는 그런 방식을 쓰

160

는 것보다 무언가 학생들이 이상하다고 생각하면 '나도 정말 이상한 것 같아!'라고 한 것 같습니다. 그런데 처음에는 제가 무능하다고 학교에서 평가를 받았었는데 운 좋게 학생 인권이 공론화되는 시기에 교단에 서면서 이것이 올바른 방식이고 학생들과 소통 방법을 찾는 방식이라는 것을 조금씩 알게 되었습니다. 제가 자신감을 갖고 적극적으로 이야기할 수 있게 된 것은 학생들과의 소통에서 느꼈던 그런 보람과 뿌듯함이 아니었나 싶습니다. 사실 학생들이 교사 권력에 대해서 억압적인 분위기 때문에 수용하는 듯하지만 속으로는 무시해요. 예를 들어, 수업 시간에 똑같이 자더라도 다른 선생님 시간에 깨우면 못 들은 척한다고 합니다. 제가 가르치는 시간에는 그렇지 않습니다. 제가 깨우면, "네!" 이렇게 대답하죠. 꼭 그렇게까지는 아니어도 선생님이 뭔가 필요해서 나를 찾나 보다 이렇게 생각한대요. 이것이 눈에 보이는 다른 점이기도 하지만, 교육이 사람과 사람의 만남이라는 것을 다시 한 번 느끼게 해줍니다.

곽노현 정말 포스터용이고 책 제목인 줄 알았더니 가장 인권적인 것이 가장 교육적일 수 있다는 실례를 말씀해주신 겁니다. 똑같이 깨워도 정말 자유로운 존중을 해주시는 선생님한테는 미안한 마음이 들어서 일어나는데 그렇지 않은 경우에는 무시하는 것이 잖아요. 그야말로 위장 전술을 펴는 것 아닙니까. 그러니까 아이들이 이렇게 영물이란 말이에요. 그래서 이걸 억압으로 할 수 있다는 생각은 안 통하는 것 같습니다.

인권은 체험으로 배우는 것

곽노현 학생인권조례가 서울에서 통과가 되기는 했는데 법적으로 우여곡절이 있었잖아요. 그때 당시 교육감의 우여곡절과 겹쳐져서, 단도직입적으로 여쭙겠습니다. 이것이 살아있습니까, 죽었습니까?

조영선 법적으로는 당연히 정당성이 있습니다. 현실적으로 살아있나 죽어있냐를 말씀드리면, 서울 공립, 강서 남부는 살아있는 지수가 90%예요. 여기서 조금씩 죽어가는 곳이 강남, 더 죽어가는 곳은 강동입니다.

곽노현 왜 강동이 그렇게 죽어가고 있나요?

조영선 강동도 강남권의 영향을 받고 있는 것 같습니다. 그리고 가장 힘든 데가 북부 사립학교들입니다. 사립은 거의 '치외법권'이잖아요. 사실 교사 인권과 학생 인권이 동시에 간다는 것을 명확하게 느낄 수 있는 곳이 사립이에요. 거기가 학생 인권의 가장 사각지대에 들어갑니다. 거의 치외법권과 비슷한 학교에서 학생들도 억압을 받고 선생님들도 억압을 받는 것입니다. 인권이란 말이 옛날에는 애들 표현대로 '넘사벽'이었습니다.

곽노현 넘을 수 없는 사차원의 벽.

조영선 예전에는 "인권? 그것이 무슨 말이야? 너 뭐라고 했니?" 그러면서 학교에서 못 알아듣는 말이었어요. 그런데 지금은 "인권침해!" 이러면 "아!" 이렇게 반응하면서 인권이란 단어가 학교에서 통하고 있습니다. 인권에 대해 기뻐하든 짜증내든 인권이라는 단어 자체가 학교 안에 들어오게 된 것은 학생인권조례의 중요한 성과라고 생각합니다. 그러나 안타까운 점은 동네마다 실효성이 다른 거죠. 같은 서울에 사는데도 남부에 사는 애랑 북부에 사는 애랑 다르게 느끼고, 학교 교장 선생님에 따라서도 다르게 느낍니다. 이런 것을 보면 인권이 굉장히 보편적인 언어임에도 불구하고 보편성을 획득하지 못하거나 획득하는 과정에 있다는 것을 알 수 있습니다. 사실 인권은 교육을 통해 배우기보다는 변화되는 현실을 체험하면서 배우는 바가 굉장히 커요. 그래서 학생들 간에 조금 많은 편차가 있는 것 같고 그런 것을 많은 사람들이 혼란이라고 표현하는 것이 아닌가 생각합니다.

학생 자치 활성화를 위한 조건 : 신체의 자유

곽노현 사람들은 학생 인권이라고 하면 "애들 머리 자유롭게 기르게 하고 옷 제멋대로 입게 하라는 거냐?" 이렇게 얘기를 해요. 그런데 사실 학생 인권의 핵심은 학생 자치 아닙니까? 학생 생활에 관련된 부분에 대해서 학생들의 의견이 개진될 수 있는 자율 공간을 주고 거기서 나온 의견 중에 사리에 맞으면 학교 당국이 그것을 수용하고 반영해야 하는 것입니다. 아이들이 집단적, 자율적으로 결정을 내리고 자율 결정이 존중받고 시행되는 것을 경험하는 것이 학생 인권의 최고봉 아니겠어요. 그런 의미에서 '학생 자치, 학급 회의가 학생 인권이다!' 저는 이렇게 정식화했었습니다. 기억하시죠? 그런데 현장에서 잘 안되는 것 같습니다. 왜 그런가요?

조영선 학생들이 자기의 삶을 스스로 회의를 통해서 결정할 수 있으려면 눈치 보지 않고 여러 가지를 얘기할 수 있어야 하는데 저는 여기서 신체의 자유가 굉장히 중요하다고 느낍니다. 자기 머리 스타일도 자기 맘대로 못하는데 학교의 의사결정에 자기가 참여할 수 있다고 학생들이 느끼기는 굉장히 어렵습니다. 그래서 일차원적인 단계를 넘어서야 합니다. 학생들에게 신체의 자유는 일종의 입을 트게 하기 위한 사전 단계라고 생각합니다. 실제 그런 단계들이 잘 정착되고 통과된 혁신학교들의 경우를 보면, 혁신학교 아이들 머리 스타일은 굉장히 자유로운데 자기 이야기는 거침없고 굉장히 논리적으로 하게 됩니다. 왜냐하면 자기 스스로 결정할 수 있다는 것을 스스로 경험하게 되었기 때문입니다. 그러면서 끊임없이 아이디어를 내는 겁니다. 그리고 또 한 가지 굉장히 중요한 것은 아이들이 말했을 때 이것이 반영이 된다는 확신이 있어야 합니다. 이것은 청소년들뿐만 아니라 어른들도 비슷하다고 생각합니다. 저희가 보수 정부를 7년째 맞이하면서 집회 수도 많이 줄어들고 언론의 자유도 줄어들었습니다. 여기에는 외부의 억압도 있지만 사람들이 '내가 뭐 이거 한다고, 참여한다고 세상이 달라지겠어?' '계속 당선되잖아!' 이런 심리나 무력감이 있는 거잖아요. 학생들도 자치에 대해 이런 무력감이 많은 것 같습니다. 특히 중고등학생이 되면 "선생님, 이게 말한다고 해결이 돼요?"라고 묻는 학생들이 아주 많고 오히려 불이익이 있지 않을까 걱정을 많이 하기도 합니다.

곽노현   대책이 뭔가요?

조영선   저는 학생들의 권한을 명확하게 규정해줘야 한다고 생각합니다. 예를 들면 어떤 학생이 말을 하면 교장 선생님이 그것에 대한 답변을 의무적으로 하게 한다든지, 그래서 학교 관리자들이 학생들의 의견을 의무적으로 청취하게 해야 합니다. 그래서 참여 결과를 학생들이 알게 됨으로써 '유능감'을 습득하게 되는 것입니다.

곽노현   집단적 효능감을?

조영선   유능감을 획득하게 되는 것이 중요합니다. 작년에 '안녕들 하십니까?' 대자보 사건에서 보는 것처럼 학교의 자유게시판이나 학생 신문, 학생들의 언론이 살아 움직여야 애들이 헛소리도 하고, 그렇게 자유를 누리다 보면, 여러 가지 의견이 섞일 수 있게 됩니다. 그런 얘기를 하다 보면 학생들이 자기의 의견을 합리적으로 개진할 수 있는 능력이 향상되지 않을까 생각합니다.

학생들이 자유롭게 말 할 수 있도록 경청의 자세를 보여야

곽노현 일베 현상을 보면, 이것이 한국 공교육이 가지고 있는 문제점의 연장 아닌가 생각이 듭니다.

조영선 사실 일베 문제야말로 87년 이후로 대변되는 우리 사회 민주화의 속도와 학생들이 경험하는 가정과 학교에서의 민주화의 속도가 얼마나 지체되고 있는지 그 현상을 딱 보여주는 사건입니다. 학생들은 민주주의를 경험해본 적이 없기 때문에 민주화가 나쁜 말이라고 생각해요. 일베에서 "너, 민주화시켜 버린다!" 이러면 나쁜 의도의 말이에요. 우리가 가치 있게 여겼던 '선비'가 나쁜 말이에요. "아! 이 선비 같은 놈!" 이러면 나쁜 말이에요. 일베 행위를 패륜 행위라고 사람들이 이야기를 하는데 그러면 아이들이 오히려 일베를 좋아할 것 같습니다. 왜냐하면 윤리와 도덕을 '내가 어겼다. '나는' 그런 것에 얽매이는 사람이 아니라는 가치 전도의 생각을 갖는 거죠.

곽노현 어떻게 대처해야 할까요? 학교에도 일베가 있나요?

조영선 저도 학교에서 일베를 만난 적이 있습니다. 학생들 중에 한두 명은 "선생님, 쟤 일베에요." 이렇게 얘기해요. 그런데 재밌는 것은 일베도 학교 안에서는 소수자예요. 학생들이 놀리는 말이거든요. 어떤 친구가 말했는데, 일베 활동은 외로운 학생들이 한대요. 관심 받지 못하는 학생들이 영웅 심리를 갖게 되고 밀폐된 공간에서 그런 것들이 강화된다는 거예요.

곽노현　밀폐성에서 광장으로 나와야겠네요. 혼자 골방의 서생에서 집단의 회의로 나와야겠네요.

조영선　그래야죠. 그래야 자기의 생각이 맞는지 틀린지 검증받을 수 있습니다. 그 일베라는 학생이 '광주'가 폭동이라고 생각한다는 겁니다. 왜 그러냐고 물었더니 무기를 써서 그렇대요. 그때 한참 밀양 송전탑 문제가 있었는데 "그러면 밀양 송전탑을 무력으로 진압한 경찰도 문제가 있다고 생각하나?"고 물었더니 문제가 있다고 생각한대요. 그런 일관성이 있으면 괜찮다고 생각했습니다. 제가 이렇게 말씀드리는 이유는 많은 청소년들은 일관성 있게 생각하는 훈련이 되지 않은 상태에서 일부의 사실을 가지고 그것이 발산되는 방식이 멋있어 보이고 기존 세대의 윤리적인 말과 반대되어 보이면 이런 것들로 자극받기도 하거든요. 오히려 그런 것들을 존중하고 그런 것들을 이야기하게 해서 '아! 내 생각의 어떤 부분이 비어 있구나!' 이런 것을 발견하도록 해야 합니다. 그런 기회를 갖는 것이 굉장히 중요하고 저는 그런 면에서 학생 인권이 중요하다고 생각합니다.

곽노현 자유로운 표현과 토론이 일베 해결책이 될 수 있겠습니다. 자, 군대 내 폭력 문제가 우리 사회에서 총기 난사 사건이나 고문 가혹 행위 사건으로 다시 문제가 되는데 군대 내 그런 행태야말로 학교에서 획득된 것이 아니냐는 이야기가 가능하지 않을까요?

조영선 저는 윤 일병과 임 병장은 사실 같은 존재라고 생각합니다. 병장이었을 때 총을 가지고 있으면 그렇게 하고 일병이었을 때는 사실 그렇게 당할 수밖에 없었던 거죠. 학생 인권에 대해 제가 개인적으로 교육을 다니면서 넘을 수 없었던 것이 체벌이었습니다. 왜냐하면 한국 사회에 '맞을 짓'이라는 개념이 너무 강력하게 자리를 잡고 있는 거예요. '맞을 짓을 하면 맞아야 된다.'가 교권과 친권에 굉장히 중요한 근거였거든요. 그 맞을 일이라는 개념이 우리 사회에 계속 있는 이상은 윤 일병과 임 병장 같은 폭력 사건은 있을 수밖에 없습니다.

곽노현 그러면 마지막으로 이것만 여쭤보겠습니다. 제가 오늘의 제목을 '세월호 이후 시대의 교육을 어떻게 할 것이냐?'에서 '가만히 있어라'로 대변되는 언어에 대비되는 어떤 언어를 찾는다는 뜻을 말씀드렸잖아요. 그 키워드에 무엇이 있을까요?

조영선 학생들에게 말하게 하는 거죠. 그런데 "너희들, 말해! 말해!"가 아니라 학생들의 말을 물어봐야 합니다. 그런데 아무도 묻지 않는다는 것이 현실의 문제입니다. 우리 교육 어떻게 해야 할지, 세월호 이후의 교육 어떻게 해야 할지 학생들에게 물어야 합니다. 학생들한테 "니네, 참여해! 니네, 말해!" 이것이 아니라 정말 어디서부터 다시 시작해야 될지에 대해서 학생들과 이야기를 나누는 것. 거기에서 '너희의' 이야기를 경청할 준비가 되어있다는 신호를 학생들에게 주는 것이 매우 중요한 것 같습니다.

곽노현 빗나간 관계를 바로 잡는 출발점은 질문입니다. 다 안다고 속단하지 않고 오만하게 굴지 않고 저 사람에 대해 내가 모르는 무엇인가가 있다는 것을 인정하고 거기서부터 존중을 시작하고 질문하는 것, 그렇게 해서 상호 이해에 도착하고, 그것을 기반으로 한 발짝 앞으로 공공적으로 나아가야 합니다. 이것이 문제 해결의 기반입니다. "가만히 있어라. 움직이지 말아라."에서 "무엇이 필요하니? 어떻게 생각하니?" 하고 묻는 교육으로 이행해야 한다는 것이 오늘의 결론일 것 같습니다.

국사봉중학교
학생회장, 부회장에게 듣는다

곽노현 대단히 특별한 손님 모셨습니다. 인터뷰에 학생이 출연한 것은 처음인데요. 혁신중학교 학생회장과 부회장을 이 자리에 모셨습니다. 지난번에는 혁신 고등학교 학부모님을 모시고 학부모가 바라는 혁신학교를 살펴봤습니다. 이번 시간에는 학생에게 물어본 혁신학교 과연 다른지, 어떻게 다른지 알기 위해 국사봉중학교 학생회장 박원준 학생과 부회장 성나영 학생을 모셨습니다.

박원준 저는 학생회장이고 3학년입니다.

성나영 저는 2학년 부회장입니다.

곽노현 국사봉중학교가 어디에 위치해 있습니까? 학교가 어느 정도 규모인가요? 학생 수나 학급 수가 얼마나 되요?

박원준 서울 상도동에 위치해 있습니다.

성나영 한 학년에 6개 반이 있고, 한 학급에 28명 정도 됩니다.

곽노현 남녀 별반이에요? 국사봉중학교가 혁신학교 맞죠? 언제부터 혁신학교였어요?

박원준 남녀공학, 공반입니다. 제가 입학하기 1년 전부터 혁신학교였습니다.

곽노현 아, 지금까지 3년 내내 혁신학교였네요. 다른 학교에 대해서 알고 있어요?

박원준, 성나영 네, 친구들 통해서 대충 알고 있어요.

체험활동으로 즐거운 혁신학교

곽노현 다른 학교 친구들한테 국사봉중학교 얘기하죠? 그때 다른 학교 애들이 "어! 이거 부럽다!" 하는 것 있어요?

박원준 상벌점제가 없는 것.

곽노현 그걸 왜 부럽다고 해요?

박원준 일단 자기들은 잘못하면 벌점을 받고 그것이 쌓이면 학교생활에 불이익을 얻게 되니까요.

곽노현 상벌점제가 없으면 무엇으로 해요?

박원준 각자의 양심에 맡기고 심해진 경우는 선생님들이 생활협약에 따라서 조율해 나가시는 거죠.

곽노현 생활협약 얘기가 나오네요. 생활협약 얘기는 좀 있다 하기로 하겠습니다. 다른 학교 애들이 또 어떤 걸 부러워해요?

성나영 저희 학교는 밖으로 나가는 외부 활동이 좀 많은 편이에요.

곽노현 이른바 체험활동?

성나영 네, 체험활동. 그리고 학교에서 체험활동 할 수 있는 것이 많은데, 그것이 좋은 거 같아요.

곽노현 그러면 본인들이 생각하기에 '우리 학교는 이런 점이 짱이다!'라고 하는 것도 똑같은 거예요? 다른 학교 애들만 부러워하는 겁니까? 아니면 다른 요소가 있어요?

박원준, 성나영 네, 똑같아요.

곽노현 좋아요. 제가 얼마 전에 "중학생, 기적을 부르는 나이"라는 제목의 박미자 선생님이 쓰신 책을 봤어요. 중학생, 기적을 부르는 나이, 이 말에 여러분도 동의해요? 실제로 그런 걸 느껴요? 뭐 할 때 느꼈어요?

성나영 네, 저는 동의해요. 중학교 때 많은 체험을 하면서 많이 보고 느끼니까 긍정적인 사고를 하잖아요. 그러니까 애들이 더 좋게 발전하지 않을까 그렇게 생각해요. 애들이 수업 안 하다가도 체험활동 하면, 열심히 참여하니까 그런 걸 보고 느낄 수 있어요.

곽노현 중학생 때는 저항의 시작이고, 세상에 눈뜨는 시작이고, 이성에도 눈뜨는 시작이고, 자연에도 눈뜨고, 예술에도 눈뜨고 그런 모든 것의 시작이잖아요. 그럼 국사봉중학교가 얼마나 멋진 출발을 해주는 학교인지, 어디로 튈지 모르는 아이들에게 얼마나 안정감, 자존감, 행복감을 주는 학교인지 한번 살펴봅시다. 많은 사람들이 "야, 너희들 혁신학교가 좋다며?" 이렇게 얘기해요. 좋아요? 학교 다니는 것 좋아요?

박원준, 성나영 네, 좋아요. 저희는 분위기 굉장히 좋습니다.

선생님들의 헌신적인 가르침

곽노현   그런데 그것이 혹시 선생님들이 규율을 잘 안 잡고 단속 잘 안 하고 그래서 애들 입장에서 그냥 막 좋은 거 아녜요?

박원준   아니요. 어느 정도의 무질서도 있죠. 그런데 그 무질서 속에서도 질서를 유지하고 서로가 만든 규칙에 따라서 잘 활동하는 것 같아요.

곽노현   생활협약이 자율적으로 잘 지켜지고 있나요?

박원준, 성나영   네.

곽노현   그래서 생각보다 무질서나 혼란이 없다? 그러면서도 충분히 존중받고 있다? 타인도 존중하고? 좋아요. 그럼 성나영 학생에게 물어볼게요. 혁신학교에 가면 애들 공부 안 시킨다. 그래서 실력이 나쁠까봐 꺼려하는 분들이 있거든요. 어때요? 혁신학교 애들은 실제로 성적에 신경 안 써요?

성나영   솔직히 혁신학교도 학교는 학교잖아요. 학교에서 성적을 신경 안 쓴다는 것 자체가 말이 안 돼요. 선생님들이 진짜 열정적으로 가르치세요.

박원준　저희한테 느껴질 정도로.

성나영　파워포인트로 프레젠테이션 자료 만드는 솜씨 보면 정성
이 느껴집니다. 활동지 하나하나에 선생님들이 하고 싶은 말씀
다 쓰시고, 또 어떤 선생님들은 5분 전에 오셔서 준비하시고 그런
거 보면 '아, 정말 우리 열심히 가르쳐주시고 있구나!' 느끼죠.

박원준　모든 선생님이 다 열심히 하시는 건 아니지만 그래도 열
심히 하시는 선생님은 저희가 느껴질 만큼 열심히 하신다고 생각
합니다.

곽노현　아무튼 선생님께서 굉장히 헌신적으로 또 전문적으로 여
러분들을 가르치고 있다는 거죠. 생활지도도 존중하면서 엄할 땐
엄하게 해주신다 이런 말씀이죠. 여러분들이 자랑해마지않는 3주
체 생활협약에 대해서 알아봐야겠어요. 3주체란 누구를 얘기해
요?

신입생도 입학 전부터 참여하는 생활협약

박원준　교사, 학생, 학부모.

곽노현　그럼 교사, 학생, 학부모가 생활협약을 매년 만들어요?

박원준 아니오. 한 번 만들어진 틀을 가지고 시행하면서 겪었던 어려움이나 문제점들을 매년 보완해 나가고 있습니다.

곽노현 협약에 몇 개 조항이 있어요?

성나영 학생은 큰 틀 8개가 있습니다. 그 안에 20개 살짝 넘는 걸로 알고 있습니다.

곽노현 그리고 선생님들이 약속하시는 건 뭔가요?

성나영 선생님들이 약속하신 건 선생님들을 설문지 작성하시는 걸 못 봐서 잘은 모르는데, 선생님과 학부모님 둘 다 큰 틀은 4~5개 있는 걸로 알고 있어요.

곽노현 그러면 생활협약이란 건 기본적으로 학생들의 생활협약이네요. 그런가요? 교사들과 학부모들의 생활협약도 있잖아요. 예를 들어서 학생들에게 함부로 말씀을 안 하신다거나 그런 것이 다 지켜지고 있을 것 아녜요. 그리고 일단 한번 만들어졌기 때문에 그것을 시행해보니까 불편한 것이 뭐더라 하는 것을 학년 초에 매번 새로 의견을 수렴한단 말이죠? 신입생들에 대해서 특별한 것이 뭐 있어요?

박원준 일단 신입생들은 저희 학교에 새로 입학하니까 규칙을 잘 모르잖아요. 생활협약이 뭔지도 모르고요. 그래서 저희가 입학 전에 신입생 오리엔테이션을 진행하면서 설명을 해줘요. 그러면 신입생들은 무엇을 고치자는 의견을 낸다기보다는 이런 것이 있으면 좋겠다는 새로운 의견을 내는 거죠. 그런 새로운 제안을 해요.

곽노현　지금 굉장히 재밌는 표현을 했어요. "신입생 오리엔테이션을 우리가 하면서"라고 했어요. 그것이 진짜 학생회가 했다는 뜻이에요?

성나영　저희가 진짜 밤에 남기도 하고, 방학 때도 나와서 열심히 했어요. 다 계획하고 다 진행했어요.

곽노현　신입생 오리엔테이션은 언제 했어요? 금년에는 아직 안 했고 작년에 했다는 뜻이네요. 두 분은 다 작년에도 학생회 임원이었습니까? 그러니까 시간을 많이 썼는데도 불구하고 하고 나니까 뿌듯해요?

박원준　그 뿌듯함은 말로 다 할 수 없죠.

곽노현　뭐 준비했어요? 파워포인트라도 준비했나요?

박원준　네, 파워포인트 자료 준비하고, 아이들이 처음 보니까 서로 친해질 수 있게 레크리에이션 준비하고, 우리 학교의 자랑거리 이야기해주고, 학교생활하면서 어려운 점 있으면, 궁금한 것에 답해주었죠.

곽노현　몇 시간을 준비한 거예요? 3시간 정도 하려면 일주일 내내 매달려야 되죠?

박원준, 성나영　한 달 정도.

박원준　저희가 이걸 하면서도 '이걸 할 수 있을까?' 생각했어요. 역할 분담을 학생들에게 해주면 '이걸 다 해서 올까?' 하는 의문을 가졌어요. 그런데 돌아올 땐 항상 그 몇 배의 감사함으로 돌아오는 거예요.

학교생활을 자유롭게 논의하는 학급회

곽노현　아, 그렇구나. 3주체 협약 중에서 제일 논란이 많은 것이 뭐에요? 혹시 핸드폰 조항 아녜요? 핸드폰 조항 어떤지 소개 좀 해줘요.

성나영　자유롭게 갖고 있되 수업 시간에 3번이 걸리면 반 전체가 한 달을 걷는 거예요.

박원준 학생들도 지지하고 있지만 이 의견에 대해서 제일 큰 지지를 보내시는 건 학부모님이시죠.

곽노현 학생들은 몇 대 몇 정도로 지지해요?

성나영 다 일일이 세어 보지는 않아서 정확하진 않지만 다수가 지지하는 것 같아요.

박원준 7대 3 정도.

곽노현 부모님들은 10대 0?

박원준 부모님들은 아주 희박하게 가끔 1정도.

곽노현 1~2% 빼놓고 부모님들은 전폭 지지하실 거고, 학생들은 7대 3 정도. 학생들의 소수 의견이 있겠지만 언제나 압도적 다수한테 밀리는 상황이겠죠. 학생 자치 상황을 물어볼게요. 학생 자치는 학급 회의거든요. 생활협약에 있는 20가지 사항들에 대해서 내면화하고 자기 것으로 받아들이려면 치열한 토론이 필요하잖아요. 그러려면 학급마다 회의를 해야 될 것 같습니다. 학급 회의를 어느 정도 해요?

성나영 거의 한 달에 한 번 하고, 필요하면 더 많이 할 수도 있어요.

곽노현 한 달에 한 번 학급 회의를 할 때 그 주제가 어떤 것들이에요?

박원준 그 달에 학교에 문제가 생기거나, 큰 축제나 행사를 앞두고 있다면, 그것에 관해서 하고, 없을 때는 학교생활하면서 생활협약에 대한 문제점을 이야기하고 해결 방안을 찾아가는 회의를 진행합니다.

곽노현 2학년 들어서 최근에 한 학급 회의 안건 중에 제일 기억에 남는 것이 뭐에요?

성나영 저는 반별로 규칙 정하기가 제일 기억에 남아요.

곽노현 어떤 규칙을 정했어요?

성나영 생활협약이 따로 있는데 그것 말고도 '우리 반은 이걸 할 거에요.'라며 반에서 지키는 것이 있어요.

곽노현 아, 전체 규칙 말고 각 반에 특색 있는 규칙. 그래서 결과적으로 어떤 규칙이 나왔어요?

성나영 저희 반은 '수업 시간에 뭘 먹으면 선생님이랑 남아서 공부하기' 이런 것이 있었습니다. 제가 제일 기억에 남았던 것이 옆

반인데. 옆 반은 아침에 지각하지 않기. 대신 밥이나 국, 빵이랑 다 싸와서 학교에서 먹어도 된대요. 그거 보고 신기했어요.

곽노현 아~ 지각하지 않는 대신에 와서 밥은 먹어도 된다. 그런데 성나영 학생 반은 적어도 교실에 들어오면 아무것도 먹지 않기. 이게 규칙이 되었군요. 우리 3학년 학생은 2학년 애들하고 좀 다르잖아요? 새로 정한 규칙이 있었어요?

박원준 이게 3학년에 맞는 건지 모르겠는데요. 일단 3학년은 기말고사를 일찍 보잖아요. 고등학교 입시를 준비하느라. 그러다 보니까 학생들이 풀어지고, 그러면서 학교에서 실내화 대신 '실외화'를 신고 생활하는 경우가 굉장히 많았어요. 실내화를 신은 학생을 찾아보기 어려울 정도였어요. 그래서 저희는 실내화 착용하기가 굉장히 많았던 거 같아요.

곽노현 실내화 착용하기가 규칙으로 마련되면 다들 잘 준수합니까?

박원준 그래도 보는 눈이 있고 양심이 있으니까.

곽노현 본인들이 그 규칙을 만드는 과정에 참여했으니까 주인 의식이 있을 수 있잖아요. 그러니까 규칙이나 법, 협약 같은 것도 주인 의식이 있느냐 없냐에 따라서 준수 의지가 매우 달라지겠죠.

자기 거면 자기가 지키죠. 그러면 학생회가 자율적으로 기획하고 결정하고 집행하는 행사들에 어떤 것이 있어요?

성나영 입학식, 신입생 오리엔테이션, 졸업식, 축제는 당연히 하고, 특히 저희 학교는 별개로 생태 축제라는 것이 있어요. 그런 것도 같이하고, 저희가 거의 다 하는 정도예요.

두발과 용모 자유, 개성이 존중되는 학교

곽노현 그런데 학생회에 들어가는 예산이 많은 학교는 혁신학교들이에요. 여러분이 잘 몰라서 그러는데 학생회 활동을 보장하고 북돋고 예산으로 뒷받침하는게 보편적이진 않아요. '그래서 혁신학교'라는 말씀을 드릴게요. 혁신학교에 가면 애들 두발이 '개판'이라던데 이런 우려를 하는 분들이 많잖아요. 어때요?

박원준 일단 남자는 제일 중요한 것이 두발이겠죠. 다른 학교 보면 3mm, 6mm, 9mm에서 머리에 길이 제한이 있는 학교들이 많아요.

곽노현 아직도?

성나영 있어요.

곽노현 그렇게 못하도록 서울학생인권조례에서 정하고 있는데, 몰라요?

성나영 잘 모르는데요.

곽노현 안 되겠네. 그것이 서울시의 법이에요.

박원준 저희 학교는 그런 것이 없으니까 남자애들 머리가 상당히 자유롭죠. 알록달록하고.

곽노현 그래도 눈살 찌푸릴 정도는 아니고?

박원준 네, 그 정도까지는 아니에요.

곽노현 생각만큼 많지도 않고, 한 반 28명 중에 2~3명? 그쯤 될까요?

박원준 네, 그 정도 잡으면 될 것 같아요.

곽노현 더는 아니고?

박원준 네.

곽노현 여자애들 화장하는 건 어때요?

성나영 여자애들은 솔직히 말하면 1학년부터 3학년까지 거의 다 하죠. 제가 볼 때는 별로…… 왜 떡칠하고 다니는지 모르겠어요.

곽노현 하하. 그러니까 어떤 사람의 심미안으로 보면 떡칠하고 다니는 거 같은데 아직 미숙해서 그런 거겠죠.

성나영 네, 그럴 수도 있죠.

곽노현 아무튼 화장을 금지하지 않는다고 해서 화장을 진하게 하고 학생 본분에 맞지 않게 하고 다니는, 눈살 찌푸리게 하는 건 잠깐이지 계속되는 건 아니죠?

성나영 네, 거의 안 그래요.

곽노현 한 반에 한 명?

성나영 한 반에 한 명도 없어요. 그 정도는 애들이 안 해요.

곽노현 그러니까 두발 자유를 풀어놓기 전에는 굉장히 걱정했잖아요. 그런데 여러분들이 보니까 어때요? 두발 단속 덜하고 용모 복장 단속을 자율화하고 나니까 여러분들 걱정했던 것처럼 '개판'

돼요?

박원준　아니요. 전혀 아니에요.

곽노현　오히려 다양하고 좋아요? 편하고?

성나영　더 좋죠. 선생님들하고 안 부딪히니까.

곽노현　선생님들하고 쓸 데 없는 일로 실랑이 안 하니까.

성나영　네, 또 자신의 개성도 존중할 수 있으니까 좋은 것 같아
요.

곽노현　음. 그러네요. 여러분이 다니는 그 학교는 그런 의미의 단
속은 덜 심하고, 뿐만 아니라 개성을 존중하고 상벌점제도 안 하
잖아요. 그러니까 오직 자율적인 협약의 준수를 통해서 질서를
잡고 있잖아요. 그렇다고 해서 여러분의 학교가 친구들이 다니는
다른 학교보다 질서가 덜 잡혀 있습니까?

박원준, 성나영　그건 아니에요. 전혀 아닌 것 같아요.

곽노현　전혀 아니에요? 오히려 더 잡혀있어요?

박원준 다른 학교의 경우에는 선생님들이 못 하게 하시는 것이 많잖아요. 못 하게 하면 학생들 마음이 더 하고 싶어요. 그런데 저희 학교는 상관하지 않고 "너 할대로 해라" 하니까 애들이 굳이 그런 거에 신경 쓰지 않는 거 같아요.

곽노현 그래요? 그래도 남학생들 입장에서 여학생들이 치마 잘라서 너무 짧게 입고 다니면 많이 불쾌하지 않아요?

박원준 네, 많이 불쾌해요.

곽노현 눈 둘 데도 마땅치 않고.

박원준 네, 좀 혐오스러워요.

성나영 네, 제가 볼 때도 애들 계단 올라가는 거 보면 아슬아슬해 보이고 위험해 보이고 애들 앉을 때도 그러니까 치마 너무 짧은 건 좀 아닌 것 같아요.

곽노현 이런 것들을 학생회 차원에서 캠페인도 하면 좋겠죠. 수업에 대해서 물어보고 싶어요. 수업 방식, 어떤 것이 좋아요?

수업에서 배려와 협력을 배우는 학교

박원준 저희 학교는 선생님마다 다르긴 한데, 조별 학습을 해요. 조별 학습을 하면 잠자는 학생이 대개 적어요.

곽노현 왜 그래요?

박원준 조별로 활동을 해서 점수를 얻거든요. 점수를 많이 얻은 팀에게는 도장을 준다거나 해서 수행평가에 유리하도록.

곽노현 그러니까 같은 조원이라면 누구든지 뭔가 역할을 맡아야 된다는 거죠? 그러기 때문에 모둠 수업은 아이들 간에 협력을 하게 만들고, 또 협력하기 위해서 존중과 배려를 하게 됩니다. 그리고 발표 토론 수업도 당연히 겸하게 되고요.

성나영 당연히 하죠. 기술이나 가정 같은 경우는 자기가 한 단원을 조사해 와요. 그걸 발표하는데 그거 하면 솔직히 귀찮아하는 애들도 있긴 한데 그거 하면 자기가 한 것은 더 깊숙이 알 수 있으니까 더 좋아요.

곽노현 아! 깊이 알 수 있는 장점이 있다. 그걸 프로젝트 수업이라고 하거든요. 문제해결형 수업이라고도 하는데 그 프로젝트 수업을 모둠별로 하기도 하고 그러잖아요. 그러면 남는 것이 매우 많더라 이런 얘기죠. 방과 후 학교 중요하잖아요. 스포츠 활동 어때요? 음미체 활동, 학교에서 어때요?

성나영 체육만 방과 후에 하지 음악이랑 미술은 방과 후에 따로 하지 않아요. 학교에서 교과에 있긴 한데 '집중이수제'라는 걸 하잖아요.

곽노현 지금도 해요?

성나영 저 하고 있어요.

곽노현 그거 안 해도 되게 되어 있는데……

성나영 진짜요? 저희 학교 그거하고 있어서요. 음악 같은 경우는 1학년, 3학년 때 하고 미술도 1학년, 3학년으로 한 번 건너뛰어서 해요. 지속적으로 할 수 없어서 조금 아쉬워요.

곽노현 그것이 아쉽구나. 그래도 음미체 활동 많고요?

성나영 많아서 좋죠. 시설도 좋아요.

곽노현 그럼 방과 후 학교는 국영수 보충 수업이 많아요? 음미체가 많아요?

박원준   음미체가 확실히 많죠. 10개 중에 국영수는 1~2개 정도. 나머지는 다 예체능이에요.

곽노현   아, 그러면 재밌겠네요. 그러면 여러 가지로 별 불만이 없겠네요. 기술·가정 과목은 재밌어요?

성나영   네, '완전' 좋아요.

박원준   제일 좋아하는 과목이에요.

곽노현   왜? 시설이나 장비가 좋아서요?

성나영   저는 '가정'을 좋아하는데요, 가정에서 음식을 만들잖아요. 집에서는 음식을 만들어도 망하면, 엄마, 아빠한테 혼나잖아요. 그런데 여기서는 친구들과 같이하다 보니까 잘 만들 수 있어서 좋은 거 같아요.

박원준   남학생들은 대부분 만들기 좋아하잖아요.

곽노현   목공 이런 거? 학교에 공구가 많아요? 집에 있는 것보다 훨씬 많은가요?

박원준   네, 아주 다양해요.

곽노현 아~ 됐네요. 생각해보면 '꿈의 학교'에 근접한 학교입니다! 우리 중학교 아이들이 본, 중학교 학생 생활을 다뤄봤습니다. 어떠셨습니까? 이만한 학교 정도면 다니고 싶지 않으세요. 저는 사실 놀랐습니다. 학교의 지원도 그런대로 괜찮은 것 같고 또 선생님들 열정도 느껴집니다.

학생인권옹호관에게
듣는다

곽노현 지난 3월 1일 서울의 100만 학생들은 자신들의 권익을 옹호해줄 호민관을 드디어 갖게 되었습니다. 서울의 첫 번째 학생인권옹호관으로 임명돼서 활동 중이신 윤명화 학생인권옹호관 모시고 오늘의 문을 열겠습니다. 윤명화 의원 하면 서울시 학생인권조례의 '일등 공신', 이런 얘기들을 많이 합니다. 많은 분들이 입을 모아서 증언하기를 2011년 12월 19일, 그날 윤명화 의원께서 행한 감동적인 연설, 호소력 있는 연설이 아니었더라면 학생인권조례는 아마도 본회의를 통과하지 못했을 것이란 이야기가 있습니다.

윤명화 시민 단체와 교육 관련자 분들께서 높이 평가해 주셔서 그런 것 같습니다. 사실은 당시의 동료 시의원들의 도움이 컸었고 주변에서 너무 많은 분들의 도움을 많이 받았습니다.

서울 시민들의 주민 발의로 시작된 학생인권조례

곽노현 학생인권조례가 처음에 서울에서 어떻게 시작했습니까?

윤명화 아마 오장풍 사건이라고 여러분들이 많이 기억하고 계실 거예요. 학교 교실 내에서 선생님으로부터 무자비한 체벌을 받은 이후에 학교에서 학생들의 인권이 지켜져야 한다는 담론이 서울 시민들 사이에서 형성되었습니다. 이것을 기회로 서울 시민 주민 발의로 조례를 만들게 됐습니다.

곽노현 주민 발의라고 하셨죠? 교육청 발의가 아니라는 뜻이죠? 많은 분들은 제가 교육감으로 있는 동안에 제가 앞장서서 발의한 것으로 착각하고 계세요. 역사적 착각인데 바로잡을 필요가 있겠습니다. 주민 발의, 몇 명의 서명이 필요한 겁니까?

윤명화 10만 명 목표로 했는데 8만 5천 명의 서명을 받아서 주민 발의가 됐습니다.

곽노현 주민 발의를 하려면 법적 요건이 있죠? 1% 이상인가 그렇죠? 그런데 1%를 넘어선 거죠. 그렇게 해서 8만 5천 명의 주민 발의를 통해서 학생인권조례가 시의회 상정이 됐어요. 그러고 나서 저에게 사단이 생겼고 그런 바람에 굉장히 힘든 입법 과정을 거칠 수밖에 없었잖습니까? 그 당시에 가장 많이 반대하는 분들의 논리는 어떤 거였습니까?

윤명화 우선은 조례 안에 포함되어 있던 성적 지향이 굉장히 논란이 됐었어요. 그리고 개성을 실현할 권리를 얘기하면서 학생 두발을 자유롭게 할 수 있도록 했습니다. 이게 사실은 학교에서 가장 큰 논란이 되었었고, 지금도 학생인권조례가 정착을 하는 데 큰 걸림돌이 되고 있습니다. 그런데 어쨌든 교육감님이 그런 일이 있으시고 나서 시의회에서 여러 의원님들과 정말 노력도 많이 하고 밖에선 시민 단체가 정말 많은 노력을 해서 통과를 시켰는데 교육감 대행이 오셔서 이 조례를 완전히 무력화시켜 버렸습니다. 그러는 바람에 무상 급식 이후에 시의회에서 가장 큰 쟁점이 형성된 상황이 되었습니다.

곽노현 그런 상황에서 몇 표 차이로 통과가 되었습니까?

윤명화 당시 인권옹호관 조례를 얘기하면 몇 번의 재의를 거치다가 한 표 차이로 통과가 되었습니다. 학생인권조례는 민주당 의원들만 거의 찬성을 했었고, 민주당 의원들도 사실은 내적으로 상당히 불편함을 많이 호소를 했습니다. 특히 종교를 갖고 있는 의원들이 많은 부담을 느꼈습니다. 종교 단체에서 이 조례에 대해서 상당히 부정적인 의견들을 개진했고 민주당 의원들 사이에서도 굉장히 설왕설래 됐었기 때문에 이 조례를 통과시킬 때 어려움에 부딪혔습니다. 제가 지금 정확하게 기억을 못하는 이유 중에 하나가 의원님들이 "나는 정말 못 하겠다." 이런 분들이 너무 많았기 때문입니다. 그때 "정말 미안하지만 여기에 동의를 해줄 수 없다. 마음으로 동의를 하지만 내가 속한 기관과 단체에 도저히 이것을 설명할 수 없다." 해서, 결국은 의원총회를 통해서 민주당 65명의 의원이 찬성해서 통과는 됐습니다.

곽노현 전체 서울시 의회 정원이 114명이니까 절반이 참석해서 절반이 찬성하면 되는 거잖아요. 그런데 거의 60표 정도로 된 것이죠? 그러니까 나쁘지 않은 성적이었네요. 그러나 많은 분들이 망설이고 있는데 윤명화 당시 시의원께서 눈물로 호소했다는 거 아네요?

윤명화 많이 울었죠. 정말 많이 울었습니다.

곽노현 무슨 대목에서 그렇게 눈물이 왈칵 쏟아지던가요?

윤명화 그때 학생들이 일주일 동안 시의회 1층을 점거하고 농성을 하고 있었는데 그때가 12월 제일 추울 때였잖아요. 이 친구들이 돌바닥에 앉아서 밤낮을 샜었어요. 시의회 의원들은 그 조례를 굉장히 어려워하고 있는데……

곽노현 보수 종교 단체들은 재단을 통해 자신들이 운영하는 학교들이 많잖아요. 그런데 종교의 자유를 침해한다고 생각했기 때문에 더더욱 압력을 가했던 거죠. 아무래도 선출직이니까 그 동네의 유력한 종교 단체들, 교회나 사찰에서 압력이 들어오면 다소 겁이 나잖아요. 그런 상황들을 돌파한 거죠.

윤명화 그렇죠. 그때 의원총회를 하면서 의원들을 설득할 때 정말 이 아이들 이렇게 고통 받고 있는데 이것 좀 도와달라고 시의원님들께 눈물을 많이 흘렸습니다. 그럼에도 불구하고 안 해주려고 집행부가 계속 도망가는 거예요. 그래서 끝까지 쫓아다녔습니다.

곽노현 그렇게 엄청나게 노력을 해서 학생인권조례가 2011년 12월 19일에 드디어 통과되었고 권한대행이 이것을 재의에 붙였지만 제가 나와서 다시 철회하고, 그렇게 해서 2012년 1월 26일에 공포되었습니다. 그럼에도 불구하고 학생인권조례는 실로 험난한 과정을 거칩니다. 바로 10개월도 안돼서 저에게 또 사단이 생기고, 그러면서 문용린 교육감께서 당선이 되고 이러면서 여기에 힘을 싣지 않는 분위기가 계속 됐죠. 실제로 살아있는 법인데도 불구하고 여기에 힘을 실어주지 않았습니다.

윤명화 학생인권조례를 계속 재의에 붙이고 나중에 통과한 후에는 대법원에 무효 소송을 냈습니다.

곽노현 그래서 법이 발효한 것이 2012년 1월 26일인데, 만 3년 1

개월여가 지나서 이제야 첫 학생인권옹호관이 임명된 거잖아요. 학생인권조례가 시행되기 전과 후의 모습, 그럼에도 불구하고 달라졌을까요?

학생인권조례 시행 이후의 학생 인권

윤명화 저희가 이것에 대해서 설문조사를 했습니다. 시민 단체인 '인권친화적학교+너머 운동본부'와 함께 설문조사를 했는데 학생인권조례가 있는 지역과 없는 지역이 확연하게 달랐습니다. 학생인권조례가 시행되는 지역은 학생 인권침해, 두발 단속, 체벌 같은 것이 현저하게 줄어 있었습니다.

곽노현 학생인권조례가 있는 지역과 없는 지역 간에 보통 2배 이상 차이가 나는 것 같아요.

윤명화 대구 같은 경우는 여러 번 비보를 많이 들었었잖아요. 경상도 쪽에서 학생 자살 사건들이 많았는데, 학생인권조례가 없는 지역은 학생 인권 침해 사항이 굉장히 많았습니다.

곽노현 실제로는 학생인권조례가 아무리 실효성이 약한 것 같아도 시대정신에 부합하기 때문에 또 아이들의 절실한 요구를 반영하기 때문에 학교 현장에 돌이킬 수 없는 변화를 완만하게나마 주고 있는 건 사실 같습니다. 그럼에도 불구하고 한쪽에서는 여전히 완강하게 "학생 인권 시기상조다." 이런 얘기가 있잖아요. 어떻게 보세요?

윤명화 지금 인권은 대세라고 생각합니다. 이젠 학생들이 스스로 결정할 수 있는 능력을 줘야 되는 것이 시기적으로 도래한 것 같아요. 예를 들면 4·16 세월호 참사 때 '가만히 있어라' 이런 것이 지금도 저희들한테 너무나 뼈아프고 가슴 찢어지는 사항 아니겠습니까? 그때 학생들이 스스로 결정할 수 있는 결정 능력이 있었더라면, 그 정도 성숙한 결정할 힘이 있었더라면……. 너무나 안타까운 상황인 거예요. 자치는 인권이라고 생각을 합니다. 인권이 존중되었을 때 학생들의 자치 능력이 훨씬 배가가 되죠. 저희가 동년배 나이의 유럽 학생이나 외국 학생을 비교해봤을 때 이상하게 우리나라 학생들이 굉장히 어리게 보여요. 그래서 왜 그럴까 하고 보니 우리가 너무 아이들을 품 안에 자식처럼 키우기도 하지만 스스로 결정할 수 있는 능력을 부모님들이나 학교에서 배양해주지 못했다라고 생각이 들거든요.

곽노현 프랑스에 오래 계셨죠? 아무래도 거기서 봤던 중고등학교 애들하고 우리 중고등학생을 비교하면 어떤가요?

윤명화 정말 큰 차이가 나죠.

곽노현 아 그렇습니까? 자율 능력에서, 자치 능력에서, 자기관리 능력에서 차이가 나더라?

윤명화 네, 그렇죠. 거기는 18세만 되면 독립하는 것이 당연하잖아요. 그리고 부모들도 18세 이후에는 스스로 삶을 사는 것을 인정해줍니다.

곽노현 사회보장 시스템이 받쳐주고 있죠. 대학생이라도 뜻이 맞으면 결혼해서 살 수 있을 정도로 다양한 지원들이 제공되고 있잖아요. 그러면 사례를 갖고 얘기를 나눠 보고 싶어요. 많은 질문이 이런 거거든요. "제가 중학교를 들어갔는데요. 기독교 학교에요. 학교에서 예배를 보라고 강요하는 것 같아요. 어떻게 하면 좋나요?" 이런 경우는 어떻게 하면 좋나요?

윤명화 우리나라의 경우는 학교가 강제 배정이 되잖아요. 집에서 가깝거나 여러 가지 이유로 강제 배정이 돼서 자신의 종교와 다르게 불교를 믿는 학생이 기독교 학교에 배정이 될 수가 있습니다. 그리고 종교가 없는 학생이 종교 재단이 운영하는 학교에 갈 수도 있습니다. 저도 저희 집이 절실한 불교 집안인데 기독교 학교에 가서 종교교육을 의무적으로 받게 되는 상황이 되었었습니다. 마음의 갈등이 굉장히 심했습니다.

곽노현 직접 경험해서 잘 아시는군요.

윤명화   그럼에도 불구하고 지금은 저희가 이렇게 이야기를 합니다. 학생인권조례 이후에는 종교를 갖고 있지 않은 학생들에게는 대체 수업을 마련해야 한다.

곽노현   학생인권조례에 내용으로 되어 있죠?

윤명화   네, 되어 있습니다. 종교를 갖고 있는 학생도 자기의 권리를 충분히 학교에 요구할 수 있고 학교도 그런 정책을 마련하고 있습니다.

곽노현   학생인권조례는 만들어졌는데 그걸 처음부터 끝까지 읽어본 아이들은 거의 없을 것 같아요. 어떻게 하면 좋죠?

윤명화   그것이 제일 큰 걱정입니다. 저희가 학생인권조례를 보면서 느끼지만 용어가 굉장히 어렵습니다. 일반인들이 이해하기엔 수준이 상당히 높습니다.

곽노현   쉽게 풀어쓴 학생인권조례라는 것도 나왔잖아요.

윤명화   그런데 그것도 좀 어렵다고 생각합니다. 그래서 저희가 차후에 생각하는 것은, 수준에 맞도록 초등학생용, 중학생용, 고등학생용, 유치원생용까지 쉽게 이해할 수 있는 용어로 풀이된 학생인권조례를 만들 생각입니다.

곽노현 사실 널리 알리고 교육시켜야 되잖아요. 윤 의원님 프랑스에 오래 계셨으니까 프랑스 인권선언 1조에서 끝까지 한번 읽어보신 적 있으세요?

윤명화 못 읽어봤습니다.

곽노현 저는 차근차근 낭독을 하면서 읽어 봤는데 전율이 왔어요. 제가 확실히 말씀드리는데 학생 여러분들이 학생인권조례 처음부터 끝까지를 낭독해서 읽어보면 얼마나 좋은 법인지, '내게 이런 권리가 있구나!'라고 여러분들의 권리장전을 실감할 수 있습니다. 한편으로 권리라는 건 올바르다는 뜻 아네요? 이것 위에 잠자지 않고 이것을 내가 향유하고 있는 주체라는 사실에 눈뜨고 그리고 그 올바른 권리를 지키고 존중해주고 보호해야 될 것 같습니다. 아까 같은 종교교육 사례를 접했어요. 대체 과목이 없어요. 이럴 때 학생인권옹호관을 접촉하려면 어떻게 해야 됩니까?

윤명화 저희한테 전화를 주시면 됩니다. 아니면 국민신문고를 통해서 민원을 제기하고 제기하는 난에 "이것이 학생인권교육센터에서 다뤄지기를 희망한다."라고 하시면 됩니다.

곽노현 학생들이 전화번호 알고 있나요? 지금 얘기해 보세요.

윤명화 그런데 아직 대표전화를 만들지 못했습니다. 차후에 예산이 만들어지면 저희가 대표전화를 만들겠습니다. 지금은 3999-080~086입니다.

남용되는 상벌점제의 개선 방향

곽노현　여러분 기억하십시오. 여러분들의 지킴이 번호입니다. 신문 기사를 봤어요. 상벌점제가 아이들 관심사 중에 굉장히 큰 문제였습니다. 특히 체벌 금지를 시행한 이후에 '상벌점제가 학생들 통제 수단이다.' 이런 비판도 있습니다. 모든 좋은 것은 자발적으로 하게 만들어야 되는데 유인 구조를 왜곡시키는 것 아니냐는 비판이 있어요. 어떻게 보세요?

윤명화　학교에서 '학교폭력대책위원회'가 생기면서 상벌점제가 모든 기준이 되어서 시행되고 있는데, 그러다 보니 너무 남용되는 경향이 있습니다. 아주 작은 사항에도, 예를 들면, 남의 반에 가서 들여다봐도 벌점이 생깁니다. 다른 친구가 있는 교실에 가서 누구를 쳐다만 봐도 벌점에 해당이 되고 아주 상상도 못하는 벌점들이 많이 있습니다. 그래서 정말 정당하게 벌점이 주어져야 될 때는 이해가 가지만 남용되어서 벌점이 누적되다 보면 사회봉사를 넘어서서 강제 전학이 되는 상황도 발생합니다.

곽노현　어떻게 해야 됩니까?

윤명화 벌점의 기준을 학생들과 함께 만들어야 한다고 생각합니다. 학생들이 참여해서 벌점의 기준을 학교 구성원이 함께 만들면 지금보다 민원도 덜할 것이고 학생들도 공감할 것이라고 생각합니다.

곽노현 공감에 기초한 준수가 되어야겠다는 말씀 같습니다. 그런데 지금 말씀하시기를 벌점 기준을 정할 때 학생들이 모여서 집단적으로 회의를 해야 되잖아요. 학급 회의를 한다든가 그래야 되는데 요즘 학교에서 학급 회의를 할 시간이 있을까요?

윤명화 이번에 서울시교육청이 조직 개편을 하면서 민주 시민교육과를 가장 큰 과로 만들었습니다. 저희 학생인권센터도 민주 시민교육과 안에 있는데요. 여기에는 조희연 교육감님이 말씀하신 것처럼 교복 입은 시민으로서 학생들의 자치권을 인정해 줘야 한다는 공감대가 있습니다. 그런데 학생의 자치권을 인정해주려면 학생 인권이 존중되어야 합니다. 저는 인권 위에서 자치권이 만들어진다고 생각합니다. 그래서 앞으로 더욱더 많은 학생들이 학교에서 자치권을 행사할 수 있도록 할 것이고 더 많은 자리를 만들 것이라고 생각합니다. 학교에서 자치활동을 인정해주고 동아리, 학생 참여제 등에도 예산을 배정해서 자치활동에 바람을 불어넣으려고 합니다.

곽노현 자치활동이 형식화되어 있는 것을 실제화 시켜주고 실제로 지도교사의 지도 편달 속에서 이뤄지는 것을 넘어서 가급적이면 아이들이 자체적으로 기획하고 집행할 수 있게 하겠다. 이런 말씀 같습니다. 사실 저는 학생 인권은 학급 회의를 할 권한이다 이렇게 정식화한 적이 있습니다. 우리 아이들은 '학생 인권' 그러면, 두발 자유를 생각하지만, 그건 너무나 당연한 것이고, 그걸 넘어서 학급 회의를 통해서, 학생 자치활동을 통해서 스스로의 일들을 처리할 수 있는 역량을 기르는 것이다. 이렇게 이야기한 적이 있습니다. 그런데 한편으로는 시민들과 학부모들, 특히 학생들도 마찬가지인데요. 학생 인권을 일방적으로 강조하면 학교의 질서가 너무 약해지는 것 아니냐 걱정들이 있어요. 그래서 생활 규율은 완화하더라도 수업 규율은 강화해야 한다 이런 얘기가 있습니다. 어떤 방침을 갖고 계세요?

윤명화 사실은 학생인권조례에 대해서 오해들을 하고 계신다고 생각합니다. '학생 인권을 인정하면 학생들이 너무나 제멋대로 할 것이다. 교권이 무너질 것이다.'라는 우려를 하고 있는데요. 학생 인권을 제대로 홍보했더라면, 학생 인권에 대해서 가치를 잘 설명해줬더라면 학생들이 과연 그렇게 생각했을까 생각이 듭니다.

곽노현 학생 인권은 방종의 면허증이 아니라는 말씀 같습니다.

학생인권조례 제대로 된 홍보가 필요하다

윤명화 절대로 아닙니다. 그래서 학생인권조례를 학교에서 제대로 설명했더라면 선생님들이 우려하시는 교권과의 대립은 절대로 없었을 거라고 생각합니다. 다른 사람에게 피해를 주지 못하게 하는 생활 규범, 수업 규범은 절대적으로 지켜져야 하죠. 예를 들면 소지품에서 휴대폰 문제가 사실 학생들에게 제일 민감하죠. 그런데 휴대폰을 소지하고서 다른 학생들에게 피해를 주지 않아야 되는 것이 수업에서 절대적으로 지켜져야 될 것입니다. 그런데 이런 일이 있습니다. 휴대폰을 어느 지방의 기숙학교에서 월요일부터 거둬서 금요일에 돌려주는 상황이 있었습니다. 이것은 너무 지나친 거죠. 학생들도 휴식할 기회가 필요하기 때문에 휴대폰이 필요합니다. 그렇지만 수업 시간에 휴대폰을 한다거나 옆 사람에게 피해를 주거나 교사의 수업권을 방해한다면 그것은 절대적으로 금해야 합니다.

곽노현 서울에는 학생인권옹호관으로 한 분이 계시잖아요. 그런데 경기도는 세 분이 나눠서 하고 있거든요. 서울은 원래가 한 분, 독임제 기관이에요. 서울의 첫 번째 학생 호민관이신데 어떤 포부를 갖고 계세요?

윤명화 제일 어려운 질문이고 굉장히 책임을 많이 느껴야 하는 부분입니다. 제가 처음이지만 외람되게 얘기하자면 제가 길을 잘 만들어 놔야지 저 다음 옹호관께서 학교의 인권에 관해서 정확한 지침을 갖고 계실 수 있기 때문에 제가 큰 짐을 져야 한다고 생각합니다. 우선은 지금까지 여러 가지 환경적 조건으로 학생 인권이 제대로 홍보되지 못한 부분, 학생 인권 홍보가 저의 가장 큰 과제라고 생각합니다. 학교는 학생이 주인입니다. 다른 분들은 교사나 교장 선생님이 주인이라고 생각할 수도 있는데 학교의 주인은 학생이라고 생각합니다.

곽노현 사실 교장 선생님과 선생님들은 그 아이들의 올바른 성장을 위해서 나라가 고용한 분들이죠.

윤명화 학생이 학교의 주인으로서 학교의 운영에 참여할 수 있는 자치권을 인정해줘야 하고 자치 능력을 키워줘야 하는 것이 저의 하나의 임무일 것 같습니다. 인권조례가 있기는 하지만 인권이 제대로 자리 잡지 못한 부분이 있습니다. 그래서 제가 학생인권센터가 전국적인 네트워킹을 통해서 전국적인 학생인권조례의 확산을 이루는 것도 계획으로 잡고 있습니다.

곽노현 지금 말씀하신 세 가지 목표를 반드시 이룩해 주서서 서울 교육에서 학생 인권과 학교 민주주의의 초석을 닦아 주시기를 기대하겠습니다.

학생 인권을 보장할 책임은
국가와 학교에 있다

나는 2005년 국가인권위 사무총장 시절 학생 두발 문제와 만났
다. 바리깡으로 강제로 밀어내는 문제를 인권침해로 보고 토론회
와 청문회 등 여러 과정을 거쳐 처음으로 강제 삭발 금지 권고를
냈다. 2009년에는 당시 국내 첫 시도였던 경기도학생인권조례
성안 책임을 맡게 됐다. 이때는 이것이 나를 교육감 선거로 이끄
는 나의 운명이 될 줄은 꿈에도 상상할 수 없었다. 나는 여성, 외
국인 노동자, 장애인에 이어 학생들이 드디어 인권의 강을 건넌
다고 생각했다.

청소년기 학생에게 인권 운운하는 건 참 아이러니하다. 눈에 넣
어도 아프지 않은 게 자식이라 누구도 학생을 노예 부리듯, 죄인
다루듯, 차별적 시선으로 대하진 않는다. 누구도 학교 다니는 아
이를 공부시킨다고 생각하지 학대한다고 생각하지 않는다. 다소
미성숙해서 성숙한 부모와 교사의 지도가 그 아이의 보호와 성장
을 위해 필요하다고 생각할 뿐 어른의 이익을 위해 함부로 대하는
것이 아니다.

그럼에도 성인과 아동의 관계에선 아동이 미숙하다는 속성 때

문에 보호의 이름으로 자유의 핵심인 자기결정권을 부정당하기
쉽다. 학생 시절을 거쳐본 우리는 안다. 학생들도 성인과 마찬가
지로 생각과 꿈이 있고 목적과 이유가 있으며 갈등과 당혹 속에
살고 희로애락을 겪으며 자유와 평등, 행복을 추구한다. 아이들
도 어른과 마찬가지로 똑같은 사회적 존재고 똑같이 취약하며 똑
같이 이해받고 존중받고 싶다. 학교생활하면서 선생님이 오해와
편견, 속단 없이 내말에 귀 기울여 들어만 줘도 좋겠다 싶었던 순
간이 얼마나 많았던가. 나의 욕구와 필요, 자유와 프라이버시를
부모님과 선생님한테 이해받고 존중받고 싶었던 순간은 얼마나
많았던가. 호기심과 유혹을 이기지 못하고 조마조마한 마음으로
금지된 것을 욕망하며 짜릿한 일탈에 빠졌던 시간은 얼마나 많았
던가. 어리고 여린 마음속에서 일어나고 둥지 틀고 지나가는 생
각과 감정, 욕망과 열망, 권태와 무력감은 얼마나 많았던가. 당시
부모님이나 선생님이 이런 나를 이해하거나 존중해 줄 것으로 기
대할 수 없었다. 가만히 있어라, 공부해라, 넓은 세상에 대한 관심
도 사랑도 다 늦추고 오직 공부에 집중하라는 얘기를 귀에 못이
박히도록 들었다. 사람이 되는 것은 대학 가고 나서 추구해도 늦
지 않다는 것이 우리 학생 시절의 주제가 아니었나.

  학생 인권은 이런 상황에 종지부를 찍자는 일종의 문화 혁명이
다. 부모와 교사는 물론 그분들이 대표하는 사회와 국가에 대해
아이들이 한목소리로 부르짖는 인간 선언이자 주체 선언이다. 성
인에 비해서는 아직 경험도 부족하고 생각도 짧고 돈도 벌지 않
지만 아이들도 생활세계가 있다. 그 생활세계는 성인에 비해 가정

과 학교, 동네로 한정돼 있어 몹시 작지만 그럼에도 아이들은 사회와 공동체 안에서 인간이 겪을 수 있는 거의 모든 상황을 겪으며 자란다. 본인 의지와 상관없이 던져진 환경과 구조를 주체적으로 바꿔낼 힘이 아직 없기 때문에 성인보다 더 내면의 갈등이 심할 수도 있다. 아직 미숙하다지만 생활세계가 작게 구축돼 있기 때문에 각자의 생활세계 안에서는 주인 노릇하는 데 큰 지장이 없다. 그러니 너무 미숙하게만 바라보며 자기결정권을 부정할 이유가 없다.

학생 인권을 얘기하는 것은 아이를 부모의 소유나 국가의 자원으로 보지 말라는 얘기다. 현재를 사는 독립된 인격으로 봐야 한다는 뜻이다. 공부기계로 보지 말라는 얘기다. 좋은 성적, 좋은 대학 말고도 온갖 필요와 욕망, 꿈이 있는 성장 중인 사람으로 봐달라는 얘기다. 일방적인 통제와 훈육 대상으로 보지 말라는 얘기다.

인권의 언어를 사용하는 이상 학생 인권을 존중하고 침해에서 보호하며 꾸준히 증진할 책임을 지는 의무 주체를 설정해야 한다. 당연히 국가와 학교다. 교육부 장관, 교육감, 학교장, 교사다. 이들이 앞장서서 학교와 교실을 민주주의와 인권의 원칙이 구현되는 장으로 만들어내야 한다.

학생 인권은 아이들이 사람답게 살아가며 성장하기 위해 존중받고 보호받아야 할 최소한의 권리다. 무엇보다 그것은 자유에 대한 권리다. 자기결정을 할 권리와 자기표현을 할 권리가 그중에서도 가장 중요하다. 학교에서 아동은 자기결정권이 없다. 무엇을 배울 것인지 어떻게 배울 것인지 자기결정권이 없다. 학교

생활의 잡다한 규칙도 학생들이 참여하는 가운데 스스로 정한 것이 아니다. 집단과 공동체에서 개인의 자유는 일차적으로 집단적 의사결정 과정에 참여하는 데 있다. 학교에서 아이들에게 이런 참여를 보장하라는 것이 학생 인권이다.

학교와 교사로부터 평등 처우를 받을 권리도 계급 차별, 성적 차별, 용모 차별 등으로 훼손되는 경우가 드물지 않다. 학생 인권은 한 사람도 포기하지 않는 학교 구조와 질서 속에서 생활할 권리라 할 수 있다. 좋은 학교 구조와 질서를 만들어내고 끊임없는 개혁과 혁신으로 발전시킬 권리를 학생에게도 주어야 한다. 즉 학생에게 학교 혁신에 참여할 권리를 줘야 한다. 무엇보다도 학교생활에 대해 토론하고 의견을 제시할 권리가 제도적으로 보장되어야 한다. 이를 위해서는 학급회와 학생회의 활성화가 제일 중요하며 학교운영위에 학생 대표 참여도 필요하다.

상위 30%만 보고 가는 학교는 대다수 학생을 실질적으로 소외시키고 배제함으로써 심각한 교육 인권 유린의 현장이라고 할 수 있다. 더 이상 학생들더러 가만히 있으라고 하지 말고 학생들이 의견을 낼 수 있도록 물어보고 학생들과 이야기를 나누는 것이 필요하다. 단순히 니네 말해봐, 참여하라고 윽박 질러서 되는 것이 아니고 꾸준히 마음을 열게 노력해야 한다. '가만히 있어라' 교육에서 '무엇이 필요하니? 어떻게 생각하니?' 묻는 교육으로 바꾸자는 것이다.

서울 학생인권운동의 선봉장 교사 조영선은 학생 인권을 받아들이고 나니 교사로서 센 척하지 않아도 되더라는 체험담으로 시

작한다. 친근한 존재지만 무시당하지 않는 교사가 되더라는 것이
다.

국사봉중학교를 필두로 많은 혁신학교에서 진행 중인 3주체 생
활협약은 학생 생활 규약을 학생들 스스로 토론하고 만들어내는
참여와 협의의 과정을 거쳐 자발적 준수의 실효성을 확보하는 중
요한 시도다. 국사봉중학교에서는 한 학급에서 수업 시간에 핸드
폰 소지 사실이 3번 적발되면 학급 전체가 한 달 동안 핸드폰을
쓸 수 없는 핸드폰 조항이 학생들의 과반수 지지로 시행 중이다.
그뿐 아니다. 학급 회의가 활성화돼 정례적으로 학교생활의 여러
측면에 대해 토론한다. 참여권에 뿌리를 둔 학교 민주주의는 학
급 회의에서 시작한다. 국사봉중학교에서 장발 금지와 화장 금지
를 풀어놨지만 눈살 찌푸릴 정도의 아이들은 한 반에 한두 명을
넘지 않는다. 지나친 아이들도 심미안을 기르고 나면 그만둔다.
개인적으로는 국사봉중학교 학생회장과 부회장을 인터뷰한 때가
방송 기간 중 제일 행복했다.

인권은 말로 보장되거나 증진되지 않는다. 인권 감수성과 인권
문화를 뿌리내리는 것은 하루아침에 되지 않는다. 어떻게 보면
법을 만드는 것이 제일 쉽다고 할 수 있을 정도다. 법의 실효성을
확보하려면 무엇보다 인권침해가 발생하면 반드시 피해자는 보
호받고 가해자는 처벌 기타 불이익을 받는다는 인식이 심어져야
한다. 신속하고 정의로운 사후 구제가 가장 좋은 예방법이기도
하다. 학생인권옹호관은 바로 이런 역할을 위해 학생인권조례로
정한 법정기관이다. 현재 서울, 경기 등 몇 개 지역에서 운영 중이

다. 서울의 첫 학생인권옹호관 윤명화는 서울시학생인권조례 시
의회 통과의 일등공신이다. 누구도 이 사실에 토를 달지 않는다.
서울 학생들의 첫 호민관이 된 셈이다. 윤명화 학생인권옹호관과
인터뷰는 즐거웠다. 학생 인권은 교사-학생 관계의 틀을 바꾸고
학교문화를 바꾸는 키워드로 사용되는 것이다. 일종의 문화 혁명
이기 때문에 시일이 걸린다. 인권 보장엔 끝이 없다. 새로운 전선
에서 새로운 인권 문제가 제기되기 때문이다. 인권 감수성과 반
차별 감수성은 인간이 되는 첫걸음이다.

혁신 교육 ☆
내비게이션
꼭 노력합니다

4장

교 — 육 — 문 — 제

김 용 철

고 상 만

권 재 원

한 만 중

정 진 후

혁신 교육 ✳
나비게이터
곽노현입니다

교육 비리 타파,
그 비법은?

곽노현 오늘은 두 분을 모셨습니다. 먼저 김용철 광주시교육청 감사관이십니다. 또 고상만 서울시교육청 전 감사 공무원이자 시민 감사관이십니다. 오늘의 주제는 '진보 교육감 시대의 교육청 감사 어떻게 개편하고 진행해야 되느냐?'입니다. 한 분은 현직 감사관으로서 한 분은 전직 시민 감사관과 감사 조사관으로서 경험했던 바에 기초해서 대안을 제시해주실 것을 기대합니다. 우선, 감사관 4년을 지내고 계신 김용철 감사관께서 교육청 감사관 노릇 4년 해보니까 '교육 비리 이런 거더라, 그리고 기본 방향은 이렇게 가야 한다.' 폭넓게 말씀 해주시겠습니까?

내부 감사의 취약성

김용철 어찌 보면 고질적이고 구조적이고 관행적으로 오랫동안 묵은 것들을 드러냄으로써 불행한 처분을 받은 분들도 계신데요. 하다 보니까 광주의 경우는 실제로 현장의 계약 비리 같은 것이 없어졌습니다. 학부모나 선생님들 간의 촌지 거래도 거의 없어졌습니다. 그래서 이제는 소프트웨어적인 것들을 해야 될 것 같습니다. 교무, 학사 분야도 포함되어야 합니다. 그런데 감사를 제대로 하게 되면 평생을 '좁은 동네'에서 같이 근무해야 하는 분들은 인간적으로 힘들어합니다. 그래서 이 부분을 해결해 줘야 할 필요가 있지 않나 생각합니다. 똑같이 2년, 3년 순환 근무를 하고 나면 결국 동료로서 같이 근무해야 합니다. 그래서 그것을 지역별로 묶어서 같이 하든지, 다른 기관과 교차 감사를 한다든지 아니면 감사 직렬은 10년씩 한다든지 이런 식의 보완책이 있어야 하지 않느냐 생각합니다.

곽노현 준사법기관으로서의 독립성과 전문성을 최대한 확보하자는 말씀 같습니다. 그런데 내부 기관이 과연 독립성을 확보할 수 있느냐 이런 문제가 있겠네요.

김용철 기관장, 즉 교육감이 징계 여부를 정합니다. 징계위원회는 어느 정도 준사법적 독립 기구입니다. 그런데 실무를 조사하고 실무를 할 사람이 동료를 대상으로 감사를 하는 것이 어려우니까 분리를 시켜줄 필요가 있다는 겁니다.

곽노현 지난번 '고상만의 나는 고발한다'에서 교육청 감사관실의 패밀리 문화를 척결하지 않고는 교육청 감사 다 실패한다고 말씀하셨습니다. 같은 맥락에서 말씀 이어주시죠.

고상만 혹시 김용철 감사관님이 저희가 했던 방송을 들으셨나 요?

김용철 방송 들은 적 없습니다.

고상만 저는 혹시 방송을 들으셨나 생각할 정도였습니다. 이렇게 잘 아시는 분들은 진단이 똑같다는 것을 다시 한 번 확인했습니다. 사실은 저희가 했던 이야기 그대로 지금 말씀해주셨어요. 2013년 5월에 태권도 관장이었던 한 아버지가 자살한 사건이 있었습니다. 아들이 전국체전 대표 선수 경기에 출전하여 5대 1로 이기고 있던 경기에서 종료 50초를 앞두고 무려 6번의 경고를 받으면서 반칙패로 탈락했습니다. 이 경기는 특기적성으로 대학교 진학까지도 걸려있던 중요한 시합이었습니다. 결국 아버지는 자기 아들이 승부 조작에 의해 피해를 입어서 억울하다는 유서를 남기고 스스로 목숨을 끊었습니다. 사건이 커지자 태권도협회가 자체적으로 조사를 합니다. 그러고 나서 미숙한 경기 운영에 따른 문제는 있었지만 승부 조작은 없었다고 결론을 내고 조사를 끝냈습니다. 그러나 1년 5개월이 지난 후 경찰청 특수수사과에서 이 사건을 조사했는데, 단순히 그 심판 한 명의 부정이 아니라 그 협회 전무이사를 포함한 고위직 7명이 개입된 조직적인 범죄 행위로 드러난 것입니다. 저는 이 사건을 보면서 자체적인 조사는 사실상 굉장히 어렵다고 다시 한 번 느꼈습니다. 오늘 이 방송 들어가기 전에 김용철 감사관님과 잠깐 말씀 나누면서 정말 통쾌했어요. 제가 생각하는 방식의 교육개혁을 위해 한 치의 타협 없이 하시는 것을 보면서 놀라웠습니다. 그런데 과연 이런 분들이 우리나라에 몇 분이나 계실까 생각하니 한편으로는 암담합니다. 결론적으로 정리하면 이렇습니다. 일반직 공무원들 중에서 훌륭한 분들 많지만 이분들한테 "당신 정말 잘해봐라. 당신을 믿겠다." 그래서 그 사람을 정말 열심히 감사시키면 사실은 그 사람 죽으라는 것밖에 안됩니다. 광주 같은 곳에서는 좋은 분들이 잘하겠지만, 사실은 서울에서 곽노현 교육감님 다음에 다시 이렇게 진보 교육감 시대가 열릴 것이라고 상상한 사람은 그리 많지 않았습니다. 그런데 이런 상태에서 일반직 공무원더러 당신 열심히 해서 사학비리도 잘 점검해보고 고위직이든 누구든 가리지 말고 한 치의 양보도 없이 싸워라. 그렇게 조사해라. 그러면 그 사람 사실은 다시 돌아갈 데가 없는 사람이 될 수 있습니다. 그래서 교육감은 정말 좋은 감사관을 선발해내는 그런 능력이 있고 그런 분을 쓸 수 있는 과감한 결단력이 있어야 합니다. 감사관 내에 패밀리가 아닌 다른 외부의 유능한 분을 함께 투입해서 그분들에게 정말 어렵고 곤란한 사건, 일반직 공무원들이 껄끄러워 하는 사건을 맡기고 점차 패밀리 문화를 깨나가면 좋겠다는 생각을 합니다.

비위 조사를 위해서는 직위 해제를 먼저 해야 한다

곽노현 이렇게 또 여쭤봐야겠네요. 김용철 감사관께서는 기본적으로 검사 출신 아닙니까. 10년 정도 검사를 하신 거죠. 그러니까 기본적으로 수사의 기본 원칙, 사람을 조사하는 방법에 대해서 경험을 많이 해보셨을 텐데 감사나 수사의 기본 원칙이 어떤 겁니까? 쉽게 한번 좀 풀어주세요. 쉽게 말하면, 겁도 주고, 그런 거 아니에요?

김용철 그것은 인권유린이라든지 회유, 협박 여러 가지 이야기가 나오죠. 그것은 임의적으로 조사받는 사람이 자신에게 불리한 진술을 하도록 만들어야 하기 때문에 쉽지 않습니다. 그러니 그러한 설득을 하기 위해서는 기본적으로는 배신과 절망, 이런 극단적인 감정 상태로 가야 됩니다. 모든 사람이 비위 범죄로 인한 이익이 그로 인한 불이익보다 클 때만 비리를 저지릅니다. 그러니까 농담 비슷한 이야긴데, 안 들킬 자신이 있든지 들켜도 해결할 자신이 있든지, 이런 것이 있어야 합니다. 이런 것이 없다면, 비위를 저지를 사람은 없게 됩니다. 조그마한 것으로라도 인생이 걸려있다 그러면 안 합니다.

곽노현 그러니까 일단 비리가 적발되었다고 하면 그 사람을 어떻게 해야 되는 건가요? 그 사람이 혼자가 아니잖아요. 어떤 조직이나 위계질서 안에 있는 사람 아닙니까. 또는 동료들과 협력 관계

안에 있는 사람이니까 어려울 텐데, 배신, 포기, 절망이 쉽게 일어나게 하려면 어떻게 해야 합니까?

김용철 일단은 구성원들로부터 분리시켜야 합니다.

곽노현 그럼 직위 해제를 하나요?

김용철 그렇죠. 직위 해제라는 형식을 거치든지 아니면 그 사람의 비위에 대해서 말해야 되는 사람들이 그 사람과의 인간관계를 단절하도록 분위기를 만들어야 합니다.

곽노현 어떻게 만들어요? 그것이 중요하겠네요.

김용철 사적인 의리나 정을 유지하다가는 곤란한 문제가 생긴다는 것을 알게 해야죠.

곽노현 그래서 김 변호사님은 기본적으로 직무 배제를 했습니까?

김용철 대부분의 경우는 직무 배제를 시키죠. 일단 거리를 두거나 안 만나게 만듭니다. 금품 비리든지 배제 징계의 대상이 된 경우에는 직위 해제를 합니다. 직위 해제를 먼저 하는 경우가 많습니다. 조사 단계에서, 착수하면서 바로 합니다. 특히 성에 관한 문제는 접촉해서는 안 되기 때문에 바로 배제합니다.

곽노현　이것은 진보 교육감님들에게 드리는 조언 같습니다. 중대한 비리 혐의자에 대해서는 직위 해제부터 하고 배제해서, 같이 일했던 사람들에게 '이제는 말할 수 있다'는 분위기를 만들어주는 것이 중요한 것 아닙니까.

고상만　저희가 상당히 좋은 사례를 지금 듣고 있는 것 같습니다. 사실은 굉장히 독특한 사례입니다. 김용철 감사관님이 하시는 일들이 굉장히 부러워요. '광주시교육청에서 일이 잘되고 있구나!' 이런 안도감이 듭니다. 이런 좋은 사례가 다른 곳에도 전파가 되면 좋겠습니다. 그런데 아무래도 진보 교육감으로 어렵게 당선되신 분들은 어떻게 하면 교직 사회를 안정화하면서 본인이 생각하고 있는 교육개혁 방향, 본인이 추구하고 있는 정책을 잘 펼쳐 나갈 수 있을까 상당히 조심스럽고 신중하게 접근합니다. 과도한 방향으로 가지 않는 것을 기대하고 있는 것 같습니다. 그런데 저는 그건 굉장히 잘못된 방식이라고 생각합니다. 거칠게 얘기하자면 교육 관료들은 장악될 수 없습니다. 그런 분들 중에서, 특히 서울 같은 경우에는 다음에도 또 진보 교육감이 당선될 거라고 예상하는 사람들은 없을 겁니다. 그렇기 때문에 진보 교육감을 원했던 분들, 그 지지자들이 요구하고 있는 방향으로 일을 하셔야 되는데, 그러려면 교육청의 감사관 기능을 강화해서 배제해야 할 분들을 실제로 많이 배제할 수 있도록 기능이 이루어져야 합니다.

그런데 어제 교육청에서 감사 기능을 지역 교육지원청으로 나눠 내려 보내서 축소한다고 교육청 직원을 통해서 들었어요. 그분도 하는 얘기가 바로 그거였습니다. 지역 교육지원청이 기존에도 조사가 안되고 있는데 내려가 봐야 감사가 아니라 거중조정 역할밖에 안됩니다. 교육 관료들이 갖고 있는 인식을 보면, 큰 죄를 짓고도 죄책감을 별로 안 느낀다는 이야기를 들었습니다. 그리고 실제로 큰 죄를 지었고 그것이 확인되었는데도 불구하고 소청 심사라든지 여러 단계를 거치면서 징계가 깎입니다. 그래서 이러한 것들을 확실하게 매듭짓고 풀어가야 제대로 된 감사가 이루어질 거라고 생각합니다.

제대로 된 기획 감사로 교육계 비리 바로잡아야

김용철　저는 조금 다르게 이해합니다. 교육 관료들은 큰 죄를 지을 기회가 없는 분들이에요. 1조 원을 먹는다든지 이럴 기회가 별로 없습니다. 기껏 해봐야 액수가 얼마 안됩니다. 물론 죄의 크고 작음을 액수의 크고 작음으로 말할 수 없습니다. 지역 교육지원청에 감사 기능을 주는 곳이 많이 있습니다. 지역 교육장들의 권한을 보좌하는 기능으로서 대부분 경미한 사항만 거기서 조사를 할 겁니다. 숫자를 줄이고 늘리는 것은 큰 의미가 없다고 봅니다. 왜냐하면 어디서나 일할 사람은 필요하거든요. 문제는 아까 말씀하신 것 중에 진보 교육감들이 조심스럽다는 점입니다. 이것은 성품의 문제이긴 한데 개혁을 하려면 극렬한 저항이 한 번은 있어야 하지죠. 처음 단계에는 무시, 냉소로 나옵니다. 무시, 냉소를 넘어서 격렬한 저항이 있고, 그 다음에 동승과 동참으로 가는 건데 광주는 운이 좋게도 무시, 냉소 단계는 바로 건너뛰었습니다. 바로 저항의 단계에서 시작했습니다. 그래서 빨리 이룰 수 있었다고 봅니다. 하지만 아직 완결된 것은 아닙니다.

곽노현 보통 기획 감사라고 하면 '표적 감사 아니냐?' 이렇게 얘기가 나옵니다. 그런데 사실 감사를 할 때는 기획 감사를 해야 하는 것 아닙니까? 운이 나빠서 걸리는 것이 아니라 중요한 정책 목표에 대해 조사를 해서 제대로 걸려들면 모두 형평성 있게 처벌할 수 있어야 하는 것 아닌가요?

고상만 제가 일하고 있을 때 크게 두 축이 있었습니다. 기존의 보수 교육감 시대에 일반 국민들이 전혀 납득할 수 없는 비위 사실이 있는 교직원들이 제대로 처벌받지 않고 그대로 현직을 유지하고 있는 것에 대해 진보 교육감 시대에는 단호하게 처분이 있기를 원하는 목소리가 한 축으로 있었습니다. 또 다른 하나는 이른바 정책 감사와 사립학교에 대한 감사가 사실상 처음으로 진행된 겁니다. 감사라고 말하는 것에는 기존의 질서를 위배한 것을 바로잡는 기능이 있습니다. 이와 함께 왜 어떤 정책이 추진되지 않고 있거나 정체되어 있는지 확인하는 것 또한 감사의 중요한 기능 중 하나라고 생각합니다. 사실 진보 교육감이 새로 들어서면서, 과

거에 시민들이 요구하고 있었지만 잘못되고 문제가 있는 것들을
정책 감사를 통해서 바로잡아야 한다고 생각합니다.

김용철 감사든 수사든 표적이 있어야 합니다. 비위 대상자가 있
어야죠. '표적 감사'라는 말은 아마 보복이나 특정한 감정을 가지
고 편파적으로 한다는 뜻일 겁니다. 그렇지 않고 비위를 적출하
고 그에 상응하는 벌을 주는 절차를 거친다면, 그것에 대해 다른
소리를 하는 사람이 문제가 있는 겁니다.

곽노현 감사에는 무조건 한계가 있잖아요. 강제 수사권이 없어
서, 냄새는 나는데 입증이 안 되는 경우가 너무 많습니다. 그럴 때
어떻게 하는 것이 옳다고 생각하세요?

고상만 여기저기 국가 기관에서 조사관으로 많이 일을 했었는데,
사실 몰라서 처분 안 하는 것이 아니라 처분 안 하려고 모른다고
말하는 경우가 많다고 생각합니다. 사실은 다 압니다. 어떤 사람
이 돈 받았는지도 알고 있습니다. 이 사람이 죄가 있는지 없는지
어떻게 모릅니까. 사실은 판단만 남은 겁니다. 제가 조사를 하다
보니까 알게 된 것이 있는데, 누군가에 대해 적극적으로 어떤 것
을 진술을 해도 그 사람이 날아가지 않을 것이라는 생각이 교육계
내에 상당히 지배적이었습니다. 자기가 얘기를 해서 진실을 다
밝힌다면, 그 사람이 실제로 직무에서 배제가 되거나 징계를 받아
야 되는데, 제가 경험한 서울시교육청의 분위기는 그렇지 않았습

니다.

곽노현 봐주기 감사다?

고상만 네. 지난번에 제가 말씀드렸던, 천만 원 어치 아이들 급식을 4년간 훔쳐간 교장, 처벌받지 않고 그대로 남아 있습니다.

김용철 입증이 되었는데도?

고상만 더 놀라운 일들이 많은데요. 기록 자체가 사라진 황당한 사건이 있었습니다. 그런 류의 사건들에 대해 어느 단계에서 어떻게 해달라고 청탁하는 것들이 철저히 통제되어야 하는데 그것이 되지 않는 겁니다. 그래서 결론적으로 말씀드리면, 진보 교육감 시대에 들어와서 제가 들었던 감사 기능에 대한 자조가 해소되는 날 진짜 제대로 된 감사가 될 것이라고 생각합니다. 감사는 나쁜 짓을 한 사람이 처벌을 받는 건가요? 힘이 약한 사람이 처벌을 받는 건가요? 이것에 대한 답을 분명하게 할 수 있을 때 제대로 된 감사 기능이 설 수 있습니다.

김용철 힘이 있는 사람이 어떤 사람들인가요?

고상만 예를 들면 교장 같은 사람들이겠죠. 또 교육청 고위 관료들, 국장급들.

곽노현   그쪽으로 연결이 되어 있는 경우들.

고상만   나중에 여기 한번 와보셔야 되는데, 사실 광주의 경우와 천만 도시의 서울은 규모가 다르잖아요. 한 사람이 세서 그 사람을 처벌 못하는 것이 아니구요. 이 한 사람을 조사하는데 엉뚱한 사람들로부터 전화가 다 걸려온다는 거죠.

김용철   전화가 여러 군데에서 올수록 일을 제대로 하고 있는 거죠.

고상만   그런데 실제로 제대로 안되고 있으니까 문제지요.

곽노현   수사권이 없기 때문에 냄새가 나는데 입증이 안되는 경우가 있습니다. 금품이 오고간 경우에는 입증이 안돼요. 예를 들어서 건설 공사인데 분할 수의계약을 했어요. 돈이 오고갔을 가능성이 있거든요. 그러면 적극적으로 검찰 고발권을 행사해야 되지 않나요?

김용철   분할 수의계약도 범죄가 섞여 있을 것이라고 생각하면 저는 고발했습니다.

곽노현   일반적으로 입증은 안되는데 뭔지 범죄의 냄새는 난다고 생각되면 고발하셨군요.

김용철 최근에도 교사 채용에 관해서 저희가 못 밝혔어요. 뭔가 있을 것 같은데, 그래서 고발했습니다. 저희들의 조사권에 한계가 있으니까요.

곽노현 이 부분도 중요한 것 같아요. 국가기관으로서 지방자치단체로서 검찰에 고발을 하면 아무래도 개인이 고발하는 것과는 무게가 다른 것 아니겠습니까? 특히 약간의 감사권을 사용해서 기초 자료를 모아놓은 것이기 때문에.

고상만 사실은 저희 때에도 적극적으로 했습니다. 곽노현 교육감님과 송병춘 감사관 시절인데 일괄적으로 검찰 고발을 상당히 많이 했습니다. 제가 직접 검찰에 가서 관련 자료를 제출하고 진술도 많이 하고 그랬습니다.

김용철 저희 같은 경우에도 퇴직 보름 전이든 퇴직일 얼마 안 남은 경우에도 중징계 요구가 있으면 퇴직 이후에도 징계위에 참석하지 않습니까. 왜냐하면 중징계의 경우는 파면, 해임 등이 있어서 연금, 퇴직금도 관련이 되기 때문입니다. 그래서 저는 경징계든 중징계든 퇴직하는 날까지 요구했습니다. 기관장이 퇴직하는 날까지도 경징계 받고 나가기도 했습니다.

곽노현 아주 나쁜 부정부패 사건이 왔을 때, 그것 기회잖아요. 그것 파헤쳐서 원상회복하고 정의를 구현하면 수많은 범죄가 예방이 되고 나라 세금이 올바르게 쓰이게 됩니다. 여러 사람의 타락을 막을 수 있습니다. 그렇게 생각하면 대단히 중요한 겁니다.

감사 방해에 대응하는 자세

곽노현　감사를 거부하거나 방해하는 경우가 있잖아요. 어떻게 하면 좋을까요?

고상만　결국 어떤 사람이 어떤 사건을 감사하느냐가 중요한 것 습니다. 그 사건에서 자유로울 수 있는 분들이 사건을 조사하는 것이 매우 중요합니다. 그리고 그것을 조사하는 데 일체의 외압을 막아줄 수 있는 좋은 환경이 중요하다고 생각합니다.

곽노현　가능할까요? 만약에 아무개 서기관이 전화를 했어요. "나하고 잘 아는 교장 선생님이니 선처 부탁한다". 이 사실을 감사 보고서에 적시할 수 있을까요? 이름과 함께?

고상만　저는 적시할 수 있죠. 그런데 일반직 공무원들은 적시하지 못합니다.

곽노현　그런데 그렇게 한두 번 하고 나면 비리가 싹 없어질 것 같은데요.

고상만 이른바 내부 고발자와 똑같은 건데 그런 사람을 누가 보호해줄 수 있을까요? 그 사람을 승진시켜주고 보고서에 적힌 사람에 대해 확실한 처분을 가하면 효과는 있을 겁니다.

김용철 감사, 수사에 대한 진실은, 없는 사실이 아니라 있는 사실을 밝히는 겁니다. 남의 쓰레기통을 뒤지는 겁니다. 고상한 일이 아니거든요. 감추고 싶은, 부끄러운 일을 찾아내고 말하게 해서 결국은 징벌을 가해요. 그것은 감사 업무를 맡은 사람의 의지라고 봅니다. 저는 청탁을 받아본 적이 없습니다. 저한테는 사람들이 청탁을 안 해요. 그래서 저나 제 직원들은 일을 참 편하게 하고 있습니다. 감사한 본인이 거부한 청탁은 보고서를 쓰도록 합니다. 출석을 못하겠다고 한다든지 이상한 '빽'을 동원한다든지 등등 전부 기재해 놓습니다.

곽노현 그런 것이 상당한 효과가 있을 겁니다. 그런데 기관에서 그런 사람을 내부 고발자로 취급해서 여러 가지 좋은 조치들을 뒤따르게 하지 않으면 감히 할 수 없는 일이죠. '날 왕따 시켜주세요.' 이런 뜻이 됩니다.

고상만 제가 교육청에 약 2년 2개월 있었는데, 그 기간에 제가 유일하게 딱 한 번 외압을 받았던 적이 있었습니다. 처음 외압이 왔을 때 저는 감사관한테 바로 신고했습니다. 그리고 그 해당 서기관에 대해서 감사가 이루어졌었습니다. 서기관의 외압 행사를 제가 신고해서 감사가 진행이 된 것을 일반직 공무원들이 다 알았죠. 그때 제가 일반직 공무원들한테 했던 얘기가 있습니다. "제가 여러분에게 드리는 선물입니다. 앞으로 외압을 행사하면 이렇게 신고가 되고 감사가 이루어진다는 선례를 만들었으니 여러분들도 당당하게 하십시오."

곽노현 마지막으로, 지금 진보 교육감 시대의 감사, 이것만은 꼭 해보자는 것이라든지 감사를 제대로 하려면 진보 교육감들께서 이 부분만은 제대로 알아야 한다. 그런 노하우 하나 일러주시죠.

김용철 제가 쓴 책에 저는 제가 '꼴통 보수'라고 이야기했습니다. 법률가는 보수적일 수밖에 없습니다. 저는 우리 사회에서 진보에 대해 조금 다른 표현을 씁니다. 부패 세력과 반부패 세력. 이 정도 표현을 쓰고 싶습니다. 조금 정의로운 방향을 생각하는 분들이 진보 교육감을 뜻하는 것이라면, 감사 담당 감사관과 감사 담당 공무원들이 소신껏 일할 수 있게 분위기만 만들어주면 감사는 저절로 됩니다.

고상만 어떤 일이든지 다 사람이 하는 겁니다. 그리고 정말 좋은 사람이 일을 하면 모두에게 의미 있고 긍정적인 일이 되는 것 같습니다. 자기만을 위해서 일을 하는 사람은 모든 사람을 불행하게 하고 자기만 행복하죠. 과거 잘못되었다고 지탄받는 사람들이 있었습니다. 그런데 그 사람들이 이른바 보수 교육감 체제 하에서 승승장구했는데, 이것을 바꿔보자고 많은 유권자들이 나와서 투표를 해서 진보 교육감 시대가 선택이 되었습니다. 그런데 여전히 그 사람이 중요 지위에 있는 것이 말이 되냐고 이야기하는 분들이 많이 있습니다. 부당하게 그 사람을 핍박하자는 것이 아니라 옳고 그름을 따져서 바로잡아야 한다는 것입니다. 그래서 좋은 사람이 제대로 좋은 역할을 할 수 있도록 깨끗하고 청렴한 교육을 바라는 시민들에게 화답해주고, 그래서 4년 후에는 그렇게 열심히 지지해서 만든 교육감이 일을 잘 하니까 또 한 번 투표장으로 자발적으로 찍으러 가자고 나갈 수 있는 분위기를 만들어주었으면 하는 것이 제가 진보 교육감들에게 청하는 것입니다.

곽노현 제가 교육 부패 비리를 잡는 것이 우선이다 생각해서 4번에 걸쳐서 일종의 반부패 캠페인성 프로그램을 진행했습니다. '고상만의 나는 고발한다'는 타이틀 아래, 첫 번째는 교육청 감사관실의 패밀리 문화를 고발했습니다. 두 번째는 학생 급식을 몇 인분씩 집으로 싸들고 가는 교장 선생님을 고발했습니다. 세 번째는 그 교장 선생님 사건 감사 기록이 실종된 사실을 고발했습니다. 그리고 오늘은 김용철 감사관이 수행한, 광주 교육 감사의 혁신 사례들을 중심으로 알아보고 두 분의 대담을 마련했습니다. 이것으로서 4회의 캠페인을 마치고자 합니다.

보수, 진보 진영의
혁신학교 비판과
선행학습금지법을 들여다보다

곽노현 오늘의 주인공 권재원 선생님은 흔히 교육계의 작은 거인으로 알려져 있습니다. 왕성한 활동으로 여러 권의 책을 저술한 바 있고 또 칼럼니스트이십니다. 부정변증법이란 닉네임으로 파워풀한 블로거이기도 합니다. 오늘 코너 이름은 '부정변증법, 권재원의 종횡무진 교육 창고'입니다. 〈미디어 오늘〉에 매주 실게 되어 있는 '권재원의 교육 창고'라는 교육 현황 칼럼이 있습니다. 가장 최근의 교육 칼럼을 중심으로 얘기를 나눠볼 겁니다. 가장 최근에 쓴 내용이 혁신학교에 대한 보수, 진보 양편으로부터의 비판에 대해 답하는 내용이었죠?

권재원 혁신학교 선생님이 되고 싶어 했는데 2011년에 한 번 실패했고, 올해도 전망이 좋지 않습니다.

곽노현 혁신학교 선생님이 되려면, 그 학교에서 50% 이상의 교사가 찬성을 해야 하는데, 그것이 쉽지 않다는 얘기군요.

권재원 2011년에 48% 나왔고, 올해에는 전망이 조금 더 암울합니다. 가장 어려운 것이 선생님들 가운데 혁신학교가 혁신적으로 고생을 하는 학교라고 생각하는 분들이 많다는 점입니다. 더구나 올해는 제가 내년에 학교를 떠날 차례여서 더욱더 설득하기가 어렵습니다.

혁신학교는 돈으로 되는 학교가 아니다

곽노현 그렇군요. 과연 혁신학교에 대해 보수, 진보 진영 양편에서 주장하는 비판의 합리적 핵심은 무엇이며 거기에 대해서 어떤 자세로 임해야만 혁신학교 운동이 성공할 수 있는지를 '권재원의 교육 창고' 혁신학교 편을 놓고 얘기를 나눠 보겠습니다. 혁신학교에 대한 보수 진영의 비판 내용은 뭡니까?

권재원 보수 진영의 비판은 주로 이념적인 편 가르기가 제일 많았어요. 자주 나온 얘기가 '전교조 학교다'. 심한 경우는 '종북 양성소'라는 얘기가 많이 나왔어요.

곽노현 그거 소송하면, 한 개당 1500만 원씩은 받을 수 있겠네요.

권재원 조금 합리적인 비판의 경우는 예산을 더 투입해서 하는 학교가 장기적으로 지속가능하겠느냐. 다른 학교랑 똑같은 예산을 쓰고도 뭔가 바뀌어야 모두에게 확산되는 거라는 비판이 있었습니다.

곽노현 그 부분에 대해서는 뭐라고 말씀하시겠어요?

권재원 사실은 예산이 있으면 금상첨화겠지만 예산이 없어도 충분히 하실 수 있는 분들이 하는 것이 혁신학교라고 생각합니다. 실제로 그런 사례도 있습니다.

곽노현 혁신학교 외에도 별도로 예산을 주는 사업이 많이 있습니다. 연구학교, 시범학교라는 것이 다 그런 것 아닙니까. 교육 복지 특별 학교도 1억 원 가까이 받고 있습니다. 그럼에도 불구하고 그런 학교들이, 교사가 가르치고 싶고 교권이 서고 아이들이 가고 싶고 학부모가 보내고 싶어 하는 학교로 변모했다는 얘기는 못 들었습니다. 그러니까 돈이 전부가 아니라는 이야기는 분명합니다. 그러면 보수 진영에서 "돈만 줘봐라. 누가 못하냐?" 하는 것도 사실에서 많이 벗어나 있는 주장입니다.

권재원 그 전에 주로 교장, 교감 선생님들과 보수적인 선생님들 중심으로 각종 시범학교 하면서 많은 예산을 받으셨습니다. 서울형 혁신학교 예산이 6500만 원인데 지금 저희 학교도 4000만 원 정도 그것보다 적지 않은 돈을 받고 '진로 특색 학교'라는 것을 합니다. 그런데 몇몇 연구위원이라고 하는 대여섯 명 선생님만 분

주하시고, 글쎄 학교 전체적으로는 잘 모르겠습니다.

곽노현　그러니까 그런 사업들이 학교 교사 모두가 진로교육, 직업교육에 달인이 되게끔 연수를 강화한다든가 교사들이 진로교육, 직업교육에 책임감을 느끼고 전문성을 강화하는 교사 문화를 만들어내지 못한다는 평가가 있는 것입니다. 그동안 승진 가산점과 보고서만 남기고 흔적도 없이 사라졌다는 것이 연구시범학교에 대한 평가가 아닌가요?

권재원　예, 맞습니다.

곽노현　반면에 혁신학교는 일정한 예산을 넣었는데 지금 확실한 성과가 나는 학교가 제법 있잖아요.

권재원　일단 기본적으로 연구시범학교의 경우는 승진을 위한 가산점이 필요한 분들이 먼저 신청합니다. 그러면 다른 선생님들은 '너희들이 필요한 거니까 너희들이 해라.' 이런 것입니다. 혁신학교의 경우는 승진 가산점과 전혀 관계가 없기 때문에 '모니터를 그만 보고 아이들을 보고 싶다.'는 열망이 있는 선생님들이 먼저 움직이면서 시작하는 것입니다. 다 그런 것은 아니지만 일단 출발은 그런 것입니다.

곽노현　그런데 모니터를 그만 보고 아이들을 보고 싶다고 할 때 모니터는 무슨 뜻입니까?

권재원 교무 행정 시스템입니다.

곽노현 날마다 모니터를 켜고 교무 행정을 하는 대신에 그 시간을 절약해서 아이들을 잘 가르치는 데 쓰고 싶다는 것 같습니다. 혁신학교에서는 그 시간을 절약하는 비법이 있는 겁니까?

권재원 1기 혁신학교 때는 학교에 지원된 예산이 교무행정지원사들을 고용하는 데 사용되었고, 모니터를 그만 봐야 된다는 공감대가 형성되었기 때문에 모니터 볼 일 자체를 줄이려고 하는 노력이 많았습니다.

곽노현 학교 안에서도 그렇고 교육청 차원에서도 모니터 볼 일을 많이 줄이려는 노력이 병행된 거죠. 그러니까 보수 진영에서 나오는 혁신학교에 대한 비판은 터무니없는 것이 너무 많은 것 같습니다. 혁신학교를 전교조 중심 학교라고 하는데 혁신학교에 전교조 교사가 몇 퍼센트나 됩니까?

권재원 전교조 선생님들 비율이 높은 학교라고 해봐야 30%면 상당히 높은 학교입니다. 그 이상 되는 학교는 거의 없는 것으로 알고 있습니다.

교육개혁은 혁신학교에서 소박하게 시작되고 있다

곽노현 그러면 진보 진영의 비판 내용은 뭔가요?

권재원 크게 두 가지입니다. 하나는 혁신학교 역시 입시 교육과 출세, 학벌주의로 이어지는 트랙 안에 있는 학교이고 그 바깥을 생각하지 못하기 때문에 근본적인 혁신은 아니라는 비판이 있습니다. 또 하나는 조금 더 강한 비판인데 혁신학교들이 아파트 값이 올랐다느니 대학 입시 때 스펙에 유리하다는 말로 선전을 하고 있다는 식의 비판도 있습니다.

곽노현 '원래 혁신학교는 체제 내 개혁 아니냐?, 그런데 이 체제 자체가 사회경제적 양극화로 치닫고 있고 대학 서열화, 학벌 사회, 비대칭 노동시장 이런 것들이 그 격차가 확대되고 있는 마당에 혁신학교를 해본들 얼마나 효과가 있냐?'는 이야기 같습니다.

권재원 체제 내에 포섭된다는 이야기입니다. 그분들의 주장이 일면 타당한 부분이 있습니다. 사회 전체적으로 근본적인 개혁이 안 이뤄지면 혁신학교의 성과도 빛을 보기 어려운 부분이 있습니다. 그런데 거꾸로 사회 전체에 큰 개혁이 이루어지려면 그것을 원하는 사람들이 만들어져야 합니다. 꿈을 꿀 수 있어야 하고 현실에 대해 문제 제기할 수 있어야 되는데 그 사람들이 그냥 저절로 생기는 것은 아닙니다. 그것은 교육되어야 하는 겁니다.

곽노현 그럼 교육계 안에서 교육의 주체인 교사들이 그런 사회경제적인 양극화 극복에 대한 열망을 가지고 '내가 아무리 교육 현장에서 애를 써도 그것에 한계가 있으니 이것을 함께 노력하는 사람이 될 수밖에 없다'. 이렇게 깨어나야 되잖아요. 그렇게 해야지만 교육계 내부로부터 교육계 바깥을 향해서 그런 열망이 분출될 것이고 작은 실천들이 생길 것 아닙니까. 그럴 때만이 전체가 바뀔 수 있다는 말씀이시잖아요. 그런 의미에서 혁신학교의 혁신과 개혁은 비록 한계가 있을지라도 전체를 위한 개혁을 위해서도 필수불가결하다는 말씀 같습니다.

권재원 혁신학교가 교육 문제를 다 해결하지는 못하겠죠. 그런데 혁신학교에서 주장하는 여러 가지 교육방법들이 만약 보편화가 된다면 교육 전체의 개혁을 요구하는 사람들은 지금보다 훨씬 늘어날 것입니다. 저는 그것으로도 큰 의미가 있다고 생각합니다.

곽노현 사실 권재원 선생이 최근에 〈미디어 오늘〉에 혁신학교에 대해 쓰신 계기가 있었습니다. 이계삼 선생님이라고 '교육 불가능 시대'라는 명제를 교육계에 던지고 학교 교직 생활을 그만두고 생태 농업교육에서 살 길을 찾는, 교육운동계에 또 작은 거인이 있습니다. 그런데 이분이 〈한겨레신문〉에 '혁신학교가 답은 아니다'라는 제목으로 글을 내셨습니다. 이분이 고정 칼럼니스트니 굉장한 파장이 일었죠. 왜냐하면 이계삼 선생님은 굉장히 진지하신 분이고 나름대로 굉장히 치열한 실천을 하시는 분이고 성과가 높은 분인데 이분이 혁신학교가 답은 아니라고 이렇게 명토박고 나오니까 혁신학교 운동을 정말 열정적으로 해온 분들은 굉장히 가슴 아프게 된 거란 말이에요. 그래서 그 칼럼을 보고 권재원 선생님도 글을 쓰신 겁니다. 이계삼 선생님의 취지에 대해 어떻게 이해했고 거기에 대해서 뭐라고 쓰셨는지 말씀해 주십시오.

권재원 혁신학교 활동을 하시는 선생님들이 기존의 잘못된 교육체제 너머를 생각하지 못하고 이 체제 안에서 뭔가 해결할 수 있다고 강한 희망을 갖고 있다고, 저는 생각하지 않습니다. 실제로 활동하시는 분들도 한계는 분명히 알고 있습니다. 더 궁극적으로는 어떻게 되어야 하는지에 대해서 전망을 갖고 계시고, 소박하게 출발하셨던 분도 하다 보면 부딪히게 되어 있습니다. 그런데 하지 않고 있으면 결국 깨어나지 않습니다. 하지 않고 깨어났다고 생각하더라도 관념적인 이론서나 이런 것들을 통해서 깨어났다고 생각할 땐 힘이 없는 겁니다. 그래서 바깥을 사유만 하지 말고 안에서 바깥을 향할 힘을 만들어 보자. 저는 혁신학교 운동을 그렇게 바라보거든요. 물론 바깥에서 뭔가 실천하는 것도 의미가 있습니다. 나는 이 체제 안에서는 아무것도 할 수 없다고 생각해서 나갔다라고 선언하는 것도 굉장히 용감한 행동입니다. 그런데 그렇다고 해서 '학교 안에 남아서 뭔가를 해보는 분들이 학교 바깥을 전혀 상상하지 못하는구나!' 이런 식으로 폄하되어서는 안 된다고 생각합니다. 안과 밖에서 각자 자기 할 일을 하면 되는 거죠.

곽노현 각자가 하되 서로 존중하고 필요할 때 강고하게 연대하고 그렇게 해도 전체 세상을 바꿀까 말까 한데 힘을 분열시킬 필요는 없다. 서로 존중하는 것이 필요하다 이런 말씀이겠네요. 아무튼 그 칼럼은 이계삼 선생님께서 쓰신 칼럼과 함께 앞으로 계속 두고 두고 토론의 대상이 되지 않을까 싶어요.

교사 검열로 변질된 '선행학습금지법'

곽노현 요새 선행학습금지법*이 시행 중에 있죠?

권재원 네, 9월부터 시행하고 있습니다.

곽노현 법이 통과돼서 한 학기 정도 유예기간을 거친 다음에 금년 9월부터 시행 중인데 학교 현장에서는 어때요? 우선 선행학습금지법이 학원에도 적용됩니까? 아니면 학교에만 적용됩니까?

권재원 학원에는 전혀 적용되지 않습니다. 단지 선행 학습을 시킨다는 광고는 못하게 돼있습니다. 그것만 유일하게 학원에 적용됩니다.

---

* '공교육 정상화 촉진 및 선행교육 규제에 관한 특별법'을 말한다. 이 법은 2014년 3월 11일 제정되었고, 2014년 9월 12일부터 시행에 들어갔다.

곽노현 아~ 그렇습니까? 실제로 학원에서 아무리 선행 학습을 해도 규제할 방법이 없군요. 학교에서 선행 학습을 못하게 하는 구체적인 내용은 뭡니까?

권재원 일단 학교 교육과정이 시도 교육과정이나 국가 수준 교육과정에 비해서 앞서 나가지 못하게 돼있습니다. 그 다음에 교사별로 진도표가 있는데, 이 진도가 학교 교육과정보다 앞서지 못하게 되어 있습니다. 시험 문제를 낼 때 학교 교육과정을 앞서거나, 그 수준을 벗어나는 문제는 내지 못하게 돼있습니다. 이것이 애매합니다.

곽노현 선행 학습을 전제로 출제를 못하게 하는 부분은 모든 학부모나 시민들 교사들도 동의하는 부분일 거예요. 이것을 어떻게 시행하느냐가 문제입니다. 교육청과 교육부는 주무 부서로서 이 법률이 시행에 들어가면 조치 책임이 있으니까 시행에 필요한 조치를 할 것 아닙니까? 어떻게 조치하고 있습니까? 시행을 위해서 어떤 것을 보겠다는 겁니까?

권재원 교육 관료들은 문구대로 시행할 수밖에 없습니다. '교육과정을 앞서는' 이라고 되어있으면 이 분들은 '얼마나 앞서는' 이런 생각 못하십니다. 함부로 그렇게 생각하면 오히려 나중에 문책을 당할 수 있기 때문이죠. 그러니까 무조건 앞서면 안 되는 겁니다. 그 다음에 '범위를 벗어나지 않는' 이라고 돼있으니까 범위를 벗어나면 안 되는 겁니다. 그러니까 어떤 식이 되냐면, 일단 학교 교육과정을 다 걷어갑니다. 그리고 현재까지 진행된 진도표를 걷어갑니다. 그 다음 지금까지 출제한 고사 원안을 걷어갑니다. 그래서 이것을 봐서 그분들이 판단하기에 진도가 앞섰거나 범위를 벗어났거나 지나치게 어려운 문제가 있으면 거기에 대해서 시정요구서라는 것을 써서 보내게 돼있습니다.

곽노현 그러면 교육청마다 선행학습금지과가 생겼습니까? 그 방대한 조직이 없이 그 많은 학교에서 일어나는 진도표와 출제표를 어떻게 다 확인하죠?

권재원 현재로서는 교육지원청의 담당 장학사 분이 다 걷어가서 봅니다.

곽노현 아~ 보통 일이 아니군요. 그럼 이걸 현장 교사들은 어떻게 생각하고 있어요?

권재원 우리나라에서 그럴 때 가장 쉬운 반응이 뭐냐면, 학교 교육과정 따로, 진도표 따로, 실제 수업 따로 하는 것입니다. 문서 따로, 수업 따로. 하다 보면 진도가 빠를 수도 있죠. 특히 중3의 경우는 징검다리 교육과정이 있기 때문에 학교 진도표에 11월 13일 이후에 아무 진도 안 나간다 이렇게 쓸 수는 없습니다. 그러니까 그때도 뭔가 하는 것으로 써놓으나 실제로는 11월 10일 이전에 모든 진도를 끝냅니다. 그런데 그렇게 써놓으면 담당 장학사들은 사정을 뻔히 알면서도 거기에 대해서 시정명령을 해야 합니다. 그러니까 다 따로 하는 거죠.

곽노현 교사들은 굉장히 짜증나는 상황이겠네요.

권재원 괜히 일만 늘어난 것인데, 그래서 서울 같은 경우에는 교원단체에서 교육청에 항의를 했던 모양이에요. 그랬더니 어떻게 바뀌었냐면 진도표를 주 단위로 쓰던 것을 월 단위로 쓰는 것으로 바뀌었다고 합니다.

곽노현 '법의 시행을 위해서 매월 교육청에 진도표를 제출하는 것은 불가피한 것이 됐다.' 이것이 우리가 우려했던 '입법 만능주의' 폐해가 아니냐는 시각이 있습니다. 입법 취지는 많은 시민들이 공감하지만 입법이라는 수단과 형식을 과연 어느 영역에서 채택할 때 이것이 효과적이고 전체적으로 효율적이냐 이것은 숙고가 필요합니다. 우리나라에서는 걸핏하면 '입법 만능주의'에 빠지는 경우를 많이 보게 돼요. 굉장히 경계해야 하는데 시행 현장에서는 시행 방법을 놓고 지금과 같은 관료적인 방식이 나올 수밖에 없고, 이것이 현장 교사들에게 여러 가지 문제를 줍니다.

권재원 일단 교육적으로는 이 법안의 내용 자체가 교육적이지 않습니다. 선행 학습이 비교육적인 것은 아동이나 청소년들에게 발달단계를 넘어서서 부담이 되기 때문입니다. 그런데 법에서는 '발달단계를 넘어서는'이라고 쓰면 모호해서 집행이 안 됩니다. 그러니까 '교육과정을 넘어서는'이 되어 버려요. 이렇게 되면서 국가교육과정이 절대로 지켜야 될 기준이 되는 겁니다. 그러면서 선행 여부를 판단한다는 이름으로 사실상 학교 교사들의 시험 문제나 지도안을 교육청이 검열할 수 있는 통로가 열린 것입니다. 또하나는 어차피 2년이 있으면 이 법이 학교에서도 무용지물이 된다는 점입니다. 2015 개정 교육과정이 나오지 않습니까? 지금까지는 내용 중심 교육과정으로 내용을 체계적으로 쌓아서 만든 건데, 2015년부터는 역량 중심 교육과정이 돼서 성취해야 될 역량 목표가 있고 거기에 따라서 학습 내용을 학교에서 재구성하게 돼 있어요. 그러니까 전국 모든 학교에 똑같이 통용되는 국가 수준의 진도표가 필요 없다는 것입니다. 고등학교의 경우는 통학년제 이런 것도 이루어지거든요. 3학년 것을 2학년에 할 수도 있어요.

곽노현　2015년 교육과정이라는 것은 2015년부터 적용되기로 되어 있는 건가요?

권재원　2017년부터입니다.

곽노현　2017년부터는 결국 이 법 자체도 별다른 영양가가 없게 되는군요. 교육과정에 유연화와 개별화가 대폭 이루어지는데 이 법을 만들 당시에는 이런 교육과정의 대변화에 대해 미처 파악을 못 한 걸까요?

권재원　이 법을 주창하셨던 분들이 걱정하셨던 부분은 초등학생들한테 발달단계를 넘어서는 고등학교 수학을 가르치는 것이었습니다. 그런데 실제 만들어진 법을 보고 처음에 주창하셨던 분이 굉장히 분노하셨습니다. 입법 과정을 거치면서 사방팔방에서 로비가 들어왔는지 압력이 들어왔는지 모르겠는데 어쨌든 이것 빼고 저것 빼고 하다 보니까 필요한 것은 다 빠지고 학교 진도 검열만 남게 된 것입니다.

곽노현　아하, 학원을 때리진 못하고, 그것 참 묘하게 됐네요.

권재원　그것도 자사고 이런 데서 고등학교 1학년 끝날 무렵에 고3 것까지 다 끝내버리는 부분을 문제제기를 한 건데, 이것이 '한 달 단위, 일주일 단위 진도가 빠르냐, 느리냐?' 이걸 따지는 것이 돼버렸으니까 참 한심한 노릇이 아닐 수 없습니다.

곽노현　이 부분에 대해서 어떤 보완이 가능한지 '너머'와 '바깥'을 사유하시는 권재원 선생께서 반드시 한번 칼럼으로 방침을 잘 제시했으면 좋겠습니다.

무상 급식, 무상 보육
어떻게 될 것인가?

곽노현 오늘 주제는 무상 보육, 무상 급식 예산 어떻게 될 것인가 하는 겁니다. 요즘 초미의 관심사가 되고 있죠. 특히 경남 홍준표 지사와 박종훈 교육감 간의 무상 급식을 둘러싼 갈등이 전국화되면서 지금은 정치권, 전국시도교육감협의회, 교육 단체, 보육 단체 할 것 없이 무상 보육과 무상 급식 예산을 둘러싸고 다양한 의견을 내놓고 있습니다. 국민들은 정확한 정보가 없는 가운데서 이러다 혹시 무상 급식과 무상 보육이 물거품이 되거나 축소되는 것 아니냐는 우려를 하고 있습니다. 이런 사태가 왜 왔는지, 해결 방안은 과연 없는 것인지, 어떻게 해결해야 되는지를 놓고 오늘 특별한 분 모셨습니다. '교육재정 파탄저지와 교육재정 확충을 위한 국민운동본부' 한만중 정책위원을 모셨습니다. 2~3일 전에 정치권과 청와대에서 드디어 무상 보육, 무상 급식에 대한 입장이 개진되었습니다. 어떤 거였습니까?

누리과정 예산 지원을 거부하기 시작한 정부

한만중　저희로서는 황당한 상황인데요. 대선 시기에는 박근혜 후보께서 무상 급식을 고등학교까지 확대하겠다고 얘기하셨는데 이제 와서 "무상 급식은 공약이 아니었다. 무상 보육은 법적으로 하게 되어있기 때문에 시도 교육감들은 딴소리 하지 말고 편성을 해라." 이런 겁니다. 선거 때는 자신들의 필요에 의해서 공약을 해놓고 막상 이것을 실시하는 과정에서는 정부가 책임져야 할 예산을 편성하지 않고 시도교육청에 전가시키는 상황입니다.

곽노현　"무상 보육은 박근혜 대통령의 공약 사항이었다. 그렇기 때문에 철저하게 예산에 반영해라. 그리고 그것은 영유아보육법에 법적 근거가 있으니까 교육 자치단체들은 딴소리 하지 말고 사정이 어떻든 100% 반영해라. 다만 무상 급식에 대해서는 박근혜 대통령의 공약이 아니었다." 이것이 청와대 입장입니다. 그런데 이런 문제가 터져 나오게 된 배경이 있을 것 같습니다. 왜 이렇게 되었습니까? 작년에도 비슷하게 무상 급식, 무상 보육 다 했거든요. 교육청 예산이 확 줄었나요? 왜 이렇게 싸움이 일어났습니까?

한만중　이것을 이해하시려면 몇 가지 개념에 대한 이해가 필요하실 것 같아요. 우선 누리과정이라고 하는 것이 소위 유치원과 어린이집, 포괄적으로 얘기해서 유치원 교육과 보육을 통합하는 과정을 누리과정이라고 합니다. 누리과정이 5세, 4세, 3세 단계적으로 시행되는데, 5세부터 시행에 들어간 상태입니다. 2014년 올해까지는 중앙정부가 보건복지부의 예산으로 지원을 해왔습니다. 그러다가 2015년부터는 지방교육재정에 관련된 교부금 내에서 교육청이 전담해서 해결하라고 교육부와 정부가 요구를 하고 있는 겁니다.

곽노현 중앙정부의 국고 지원은 안 해주겠다는 거군요.

한만중 오히려 올해 정부가 예산안을 편성했는데요, 전체 예산의 규모는 5.7%가 늘어서 376조 원 정도가 됩니다. 그런데 유독 지방교육재정 교부금만 3.3%를 줄였습니다. 1조 3475억 원이 오히려 줄어들게 되었습니다. 교육재정 중에서도 굳이 초등·중등 쪽의 예산만 줄였습니다. 그 대신에 누리과정에 관련된 전체 예산을 이제는 교육청이 전담하라고 하니까 교육청 입장에서는 누리과정에 관련된 예산이 거의 4조원이 듭니다. 그것을 감당하기 어렵기 때문에 결과적으로 시도 교육감들은 그런 부분에서 우리가 예산을 편성할 수 없다. 그렇게 주장을 하게 된 겁니다.

곽노현 그런데 정부는 2012년에 이미 누리과정 예산을 교육청 재정으로 부담하기로 합의된 바가 있다. 이렇게 얘기하고 있죠. 맞습니까? 어떤 것이 사실입니까? 전국시도교육감협의회가 여기에 반발하고 있는 것 같은데 그 이유가 어떤 겁니까?

한만중 2012년에 5개 부처의 장관들이 만나서 이런 과정들을 거친 사실이 있습니다. 2013년 누리과정부터 전면적으로 이렇게 한다고 돼있었는데 그 당시에도 전국시도교육감협의회가 있었는데 전국시도교육감협의회하고는 이런 부분에 대해 전혀 협의를 안했습니다.

곽노현 그러니까 박근혜 정부의 관련 5개 부처 장관이 모여서 합의를 했다?

한만중 그 당시 2012년 11월경 이명박 정부의 장관이었습니다.

곽노현 이명박 정부의 마지막 관련 부처 장관들이군요.

한만중 사실 그때 다른 예측을 한 겁니다. 지방교육재정 교부금은 내국세의 20.75%를 편성하게 돼있거든요. 이 부분이 매년 경기가 좋아져서 세수가 늘어날 것이다, 그렇기 때문에 누리과정을 교육청 예산으로 해도 충분하다, 이렇게 단정을 지었던 겁니다.

곽노현 경기 예측에 관련된 거죠? 경기가 좋아지면 세수 기반이 넓어져서 동일한 세율이라 할지라도 세수가 늘어나잖아요. 그런데 지방세의 일부를 교육재정에 할애하도록 법률로 정해져 있지 않습니까. 흔히 말하는 내국세의 20.75%를 주게 돼있는데 경기침체로 내국세 기반이 줄어드니까 교육재정이 어려워진 거군요.

한만중 다른 구조적인 요인도 있습니다. 소위 부자 감세를 하거나 법인세를 낮춰줬죠. 실효세율을 많이 낮췄습니다. 그러다 보니까 전체적인 정부의 세원에 부족분이 생기게 된 것이죠. 그런데 만약 다른 쪽 예산도 균등하게 함께 줄인다면 이해가 되는데, 세수 계측은 정부가 잘못해 놓고 이 부분에 대한 책임은 전적으로 시도교육청에 맡기는 것은 뭔가 정치적 의도가 있는 것이 아닌가 그런 생각을 하게 만들었습니다.

곽노현 시도 교육감들의 경우에는, "우리 예산 규모를 줄여서 너무 빡빡하게 만드는 것이다."고 말하고 있습니다. 여기에 "약간 정치적, 정략적 목적이 숨어있다. 시도 교육감 그러면 이른바 진보들이 꽉 잡고 있으니까 이 진보 교육감들 특히 수도권의 진보 교육감들을 곤혹스럽게 만들 목적으로 이렇게 하는 것 아니냐?" 하는 의심을 갖고 있는 거군요.

더욱 악화되고 있는 지방교육재정

한만중 지금은 기채를 승인해서 4조 5000억 원을 조성하게 한다고 하는데 그것은 어차피 빚으로 남는 것입니다. 그 이전에 애초에 교육부가 내려 보낸 교부금을 보면 작년 예산에서 경기도의 경우는 거의 1조 3천억 원, 서울의 경우는 8700억 원이 적자 상태입니다. 그러면 사실상 도저히 교육청 운영이 안 되는 거죠. 그런 것을 뻔히 알면서 교육부가 그렇게 교부금을 내려준 겁니다. 그러면서 황우여 장관이 이런 표현을 썼습니다. "지방교육재정이 구조 변경을 해야 한다." 그 말 속에 담긴 뜻은 친환경 무상 급식이나 학습 준비물 등 진보 교육감들이 확산시켰던 보편적 복지 예산을 줄여야 되는 것 아니냐 그런 의도가 담겨 있다고 볼 수밖에 없는 겁니다.

곽노현 지금 무상 보육 예산을 국고 지원 없이, 줄어든 교육청 재정으로 전액 부담하는 결과로, 교육청은 어떤 분야에서 특히 재정 압박을 받고 있나요? 그 재정 압박이 사실 교사, 학부모들의 불만을 일으키는 것일 텐데 대표적으로 어떤 것을 꼽으시겠어요?

한만중 당장에 올해 9월 달 서울의 경우, 많은 학교의 경우는 5000만 원, 적은 학교의 경우는 2000만 원 가까이 학교운영비를 교육부가 회수했습니다.

곽노현 회수를 했습니까? 더 준 것이 아니고요? 그것 굉장히 불만이 많겠네요. 준 떡을 다시 뺏었다는 것이니까요.

한만중 그 부분 자체도 초유의 일인데, 실제적으로 학교에서 정상적으로 운영하려고 했던 학교운영 계획에 차질을 주는 것이 가장 큰 문제입니다. 지금은 기채 발행을 해서 풀어준다고 했지만 명예퇴직을 신청한 분들이 서울의 겨우 2400명 정도 되거든요.

이분들 중에 실제로 명예퇴직을 한 분은 200명도 안되었던 겁니다. 이미 학교를 떠나고자 마음을 먹었던 분들이 이런 문제가 해결이 안 되기 때문에 남아 있다는 겁니다.

곽노현 그 교사들도 불만이지만 그 교사들에게 교육을 받는 학생들과 그 학생들의 학부모들도 다 불만일 수밖에 없죠. 이미 맥 빠진 교사들이 되어 버렸는데, 계속 배워야 하는 상황이니까요. 또 시설 예산도 많이 줄었겠네요.

한만중 경기나 서울의 경우는 신축 학교에 관련된 예산이 필요합니다. 지난번 세월호 참사 이후에 교육청마다 안전 대책이 상당히 심각한 것으로 드러났습니다. 서울의 경우 4등급 같은 노후 학교들은 빨리 재건축을 해야 되는 상황인데, 이런 사업들 전체가 타격을 입게 되는 상황입니다.

곽노현 결국 재정 운영이 적자를 면할 수 없고, 그래서 무상 급식이나 무상 보육을 빼놓고 전부다 빠듯하게 운영할 수밖에 없는 상황에서는, 공약을 이행한다는 것도 불가능에 가깝고 세월호 이후의 안전 요구에 따른 추가 재원 소요도 도저히 충당할 수 없겠군요. 이것이 보통 문제가 아니라는 것을 아마 시청자 여러분들께서 이해하셨을 것 같습니다. 오죽하면 시군구청장 기초단체협의회라는 것이 있는데 여기서 지난 11월 6일 복지 디폴트를 선언했겠어요. 그럼 전국시도교육감협의회에서도 이렇게 갈 겁니까? 설마 그렇게는 안 하겠죠? 복지 디폴트라는 것이 복지 의무를 불이행하겠다는 것 아닌가요? 중앙정부가 돈을 안 주는 이상 복지 의무를 이행하지 않겠다는 것 같습니다.

한만중 지금은 시군구청장협의회도 그럴 수밖에 없는 상황이라는 것을 국민들에게 알리기 위해서 그런 선언을 했다고 저는 보고 있습니다.

곽노현 그러니까 생색은 중앙정부, 즉 박근혜 정부가 다 내고, 실제 부담은 전부 다 지방정부에 전가하고 있다. 그러기 때문에 지방정부의 시군구청장들은 재량으로 움직일 수 있는 목적 예산이 10억 원밖에 안 남는다고 하소연을 하고 있습니다. 이 부분에 대해서 전국시도교육감협의회도 거의 비슷한 사정입니까?

한만중 실제 전국시도교육감협의회가 누리과정 중에 어린이집에 관련된 예산편성을 안 하겠다고 선언을 했습니다. 그렇게 되면서 실제 사회적 논란이 제기되었고 그러다 보니까 교육부나 기획재정부 입장에서는 결국 근본적인 해결책도 아닌 빚을 내서 해결하는 것을 허용해주겠다 이런 형태가 된 건데, 사실은 그런 부분이 이루어지기 전까지 전국시도교육감협의회는 예산편성을 안 하기로 결의를 했습니다.

보수냐 진보냐를 넘어선, 보편적 권리

곽노현 시도 교육감협의회에 보수 교육감 4분이 계신데 이분들을 포함해서 시도 교육감 17분 전원이 누리과정의 일부로서 어린이집에 대한 예산은 보건복지부 산하니까 이 예산을 집행하지 않겠다고 결의를 한 거군요.

한만중 그것이 제주도에서 이뤄졌기 때문에 '제주도 결의'라고 표현도 하는데요. 그것과 관련해서 보수 교육감이라고 하는 대구나 경북 분들이 더 강경할 수밖에 없었던 것이, 대구 같은 경우는 이미 10월 달에 인건비 자체를 지불할 수 없는 상황이 돼버린 거예요. 그래서 대구시교육청이 갖고 있던 적금 통장을 깬다거나 빚을 낸다거나 해서 교사 인건비를 충당할 정도로 악화된 상황이었기 때문에 진보냐 보수냐 하는 차원의 문제를 넘어선 상황이 되었던 겁니다.

곽노현 아! 보수 교육감들이 진보 교육감들을 쫓아간 것이 아니라 본인들의 강력한 동기가 있었군요. 그렇기 때문에 교육감 17분 전원이 교육부에 대해서 어린이집 보육 예산은 지원할 수 없다고 그랬더니 황우여 교육부 장관의 입장 선회가 일어난 거군요. 그 내용이 바로 '기채를 허용하겠다.' 이렇게 됐단 말이죠.

한만중 기채라는 것이 한마디로 말해서 빚입니다. 그런데 이것도 황당한 얘기인데요. 황우여 장관이 얘기하시는 것이 이런 겁니다. 이제까지 중앙정부가 300조 원 가까이 빚이 있고, 다른 지방자치단체도 20조 원 가까이 꽤 많은 빚이 있는데 교육청은 상대적으로 빚이 적은 것 아니냐. 전체 합쳐서 5조 원 정도 됩니다. 그러니까 빚에 대한 여력이 있으니까 이 부분을 빚을 내서 해결하라는 겁니다. 교육부가 허용해주겠다고 하는 총액을 합쳐보면 10조 원 가까이 됩니다. 올해 전체 17개 교육청의 빚을 1년 만에 2배로 키워준다는 얘기예요. 이것이 결국 잘하는 것이 아니잖습니까. 그것에 대한 이자도 다 교육청 예산으로 들어가게 되면 지방교육청의 예산 구조 자체가 더욱 취약하게 되는데 이런 것을 정책 대안으로 제시한 상황입니다. 그러다 보니까 결국 교육감들 입장에서는 누리과정 예산을 아예 편성을 안 하겠다고 했다가 그나마 5조 원 가까이 되는 돈이 일정하게 편성이 되니까 "그러면 몇 달이라도 누리과정 예산을 편성할 수밖에 없다." 이렇게 약간의 입장 선회를 한 상태가 됐습니다.

곽노현 그러면 새누리당 같은 여권에서는 이 문제에 대해서 어떤 입장을 갖고 있습니까?

한만중 새누리당은 오히려 지금 마치 자기네들이 원하는 상황이 됐다는 것처럼 행보를 하고 있는 건데요. 지금 어제 청와대 안종범 수석이 무상 보육은 자신들의 정책이지만 무상 급식은 학교급식법에도 명확하게 근거가 없는 정책이라고 표현을 하고 있습니다. 홍준표 지사뿐만 아니라 남경필 지사도 학교급식에 관련된 예산편성은 하지 않겠다고 선언을 하고 나왔습니다.

곽노현 이미 선언이 됐나요? 홍준표 지사도 선언했고, 남경필 지사까지도 선언했고, 총공세가 시작이 된 거군요.

한만중 이것은 오세훈 시장이 사임하는 과정에서 국민들에게 무상 급식은 보편적 복지의 상징으로 이미 실현됐음에도 불구하고 다시 선별적 복지로 돌아가자고 하는 겁니다. 교원단체 중에도 교총 같은 보수적인 단체들은 그것과 똑같은 목소리를 내고 있습니다. 그래서 이제까지 보편적 복지를 해와서 2조 5000억 원 정도가 무상 급식에 들었는데 이 부분을 줄여서 1조 5000억 원 정도, 기초생활자를 위한 선별적 복지로 돌아가고 나머지를 절약해서 누리과정으로 가야 된다는 논리를 펴고 있습니다.

곽노현 아! 그분들은 무상 보육 아니면 무상 급식 이렇게 해서 윗돌 빼서 아랫돌 괴는 식의 사고 이상은 안 하는 거군요. 그런데 그 중에서 반드시 빼내야 하는 부분은 무상 급식 쪽에 있다 이렇게 보는 것 같습니다. 왜 그러는 겁니까?

한만중 무상 급식은 자신들의 정책이 아니었다는 거죠. 오히려 자신들에게 정치적으로 타격을 주는 정책으로 보고 있는 것 같습니다. 사실은 누리과정이나 무상 급식이나 결국 우리가 자라는 아이들에게 최소한의 공적인 장치를 통해서 지원해주는 것입니다. 누리과정 역시 저출산 문제를 해결하는 차원의 정책이기 때문에 예산 지원이 필요한 것입니다. 이것을 누리과정은 자기네 정책, 무상 급식은 다른 당의 정책 이렇게 나누는 것 자체가 설득력이 없다고 볼 수밖에 없습니다.

곽노현 그러면 새정치민주연합 등 야권에서는 어떤 입장으로 대응하고 있습니까?

한만중 거기에 대해서는 강하게 반발을 하면서 사실상 박근혜 대통령이 공약을 지키지 않은 것과 지방교육재정에 누리과정을 전가시키는 것에 대해 강하게 반발을 하고 있습니다. 그럼에도 불구하고 국회에서 예산심의가 본격적으로 들어가게 될 때 누리과정 예산 전체를 국고로 배정하라는 것을 명확하게 당론으로 채택해서 추진하는 것에는 미흡하고 애매한 태도를 취하고 있는 것 같습니다. 한편 지금 누리과정뿐만 아니라 기초노령연금 이런 부분들 자체가 아까 시군구청장협의회에 디폴트 선언을 가져올 정도로 전체적으로 심각한 상황이 되었습니다.

곽노현 박근혜 정부에서 연령별·맞춤형 복지를 대선 공약으로 내세웠잖아요. 그리고 경기를 활성화시켜서 세원 확대하고 지하경제 양성화하면 증세 없는 복지가 가능하다고 그랬어요. 그런데 '증세 없는 복지'라는 박근혜 정부의 원칙이 기초단체장들에게는 디폴트 선언으로 반응이 나타나고 있고, 전국시도교육감협의회 쪽에서도 전혀 교육 예산을 충당하지 못하는 자금난으로 심화되고 있는데, 여기에 근본적 대책이라면 어떤 것이 있을까요?

한만중   올해만 해도 애초에 정부가 추계했던 예산 중에 10조 원이 구멍이 났습니다. 10조 원 자체를 잘못 계산한 겁니다. 사실 그 원인을 만든 책임은 기획재정부 쪽에 있는 건데, 그 결과 발생한 문제들을 시도교육청에 전가하고 있습니다. 올해는 추계 예산 자체가 잘못된 것도 있지만 근본적인 부분은 종합부동산세 같은 것들을 이명박 정부 때 '부자 감세'라고 해서 줄여준 것, 그리고 기업의 경기 활성화를 위한다고 해서 법인세율을 낮춰준 것입니다. 이것에 의해서 실제적으로 줄어들게 된 세원 자체가 최근 3년간 10조 원 가까이가 됩니다. 그렇지 않았다면, 이 문제는 발생하지 않았을 것이라 봅니다. 이렇게 볼 때 근본적인 문제는 그럼 내년에는 경기가 활성화되어 이런 식의 세원이 확보가 되겠느냐 하는 문제로 봐야 되는 것입니다. 그렇기 때문에 지금까지 했던 부자 감세 정책을 전면적으로 재검토해야 됩니다. 그리고 최근에 보면 정의당 같은 경우 사회복지세 같은 개념을 제시했습니다. 누리과정, 친환경 무상 급식, 기초노령연금 같은 것을 위한 재정 수요가 늘어나는 상황에서 이것을 충당하는 새로운 세원을 마련해야 한다고 주장을 하는 것입니다. 이러한 것들에 대한 사회적 논의를 통해서 증세 있는 복지, 책임 있는 복지로 바뀌어야 된다고 생각하고 있습니다.

곽노현　무상교육, 무상 보육은 부모의 권리가 아니라 아이들의 권리죠. 의무교육 단계에서의 무상교육은 헌법의 명령입니다. 다시 말해서 무상 보육, 무상교육 이것은 우리 시민들을 한 사람 한 사람 모두 민주 사회의 주체로 세우기 위한 국가의 확실한 의무입니다. 아이들의 권리이지 결코 사회의 시혜가 아닙니다. 아이들의 권리 실현 여부가 경기변동의 영향을 받아서야 되겠습니까? 이것은 교육에 필요한 재정과 재원을 경기변동에 연계시키는 방식으로는 해결될 수 없습니다. 이러한 점과 함께 '증세 없는 복지가 빚어내고 있는 참극이다.' 이렇게 정리해도 될 것 같습니다. 그래서 오늘 결론으로 아이들의 권리 실현이 경기변동에 좌우되어서는 안 된다는 점을 확인하면서 인터뷰 마치겠습니다.

장관의 쌈짓돈 예산,
교육부 특별교부금

곽노현　오늘의 주제는 교육부 특별교부금을 둘러싼 요지경 예산 정치입니다. 최근 교육부 특별교부금에 대한 상세 자료를 공개해서 이 분야에 대한 관심을 촉구한 의원님이 한 분 계십니다. 바로 그 주역, 정의당 정진후 의원님을 모시고 얘기 나누겠습니다. 정 의원님 요즘 공공의 적이 되셨다는 얘기가 파다하던데요.

정진후　예, 별로 건드리고 싶지 않은 내용이고 지금까지 건드려서는 안 된다고 생각된 예산과 관련된 문제를 공개했더니 변명하기도 마땅치 않고 쳐다보는 눈도 곱지 않아서 그야말로 의원실 내에서는 공공의 적이 되었다고 얘기하고 있습니다.

모든 학교에 1년에 1억 원씩 배분하고도 남는 특별교부금

곽노현　예산을 제대로 쓰도록 하는 것이 국회의 첫 번째 업무잖아요. 예산안을 심의하고 확정한 다음에 예산 쓰는 것을 감시하고 결산 심사를 해서 제대로 안된 부분들을 지적하고 바꿔나가는 것, 이것이 재정 민주주의이고 의회 민주주의의 가장 중요한 부분 인데요. 예산안을 낱낱이 공개했다는 것이, 특히 그동안 교육부 장관의 쌈짓돈처럼 운영됐던 특별교부금을 공개한 게 어째서 '공 공의 친구'가 아니라 '공공의 적'이 되었다는 것인지 의아스러운데 요.

정진후 교육부의 예산 중에 특별교부금은 장관이 자기 모교에 가 서 강의 한 번 하고 내놓고 오는 돈으로 알려져서 장관의 쌈짓돈 이라고 얘기하는데, 실제로는 장관의 쌈짓돈이 맞습니다. 또 다 른 측면은, 장관만 쓰는 돈이 아니라 알고 보니까 정치인들이 공 생, 공존의 개념으로 쓰고 있는 돈이었기 때문에 이것이 문제가 있음에도 불구하고 적극적으로 문제 제기되지 않았던 측면이 있 었습니다.

곽노현 정 의원님은 특별교부금을 얼마나 끌어 당겼습니까?

정진후 저는 안타깝게도 지역구가 대한민국 한반도와 그 부속 도 서이기 때문에 특정한 지역이 없어서인지 한 푼도 가져가지 못했 습니다.

곽노현 아, 전국구 의원들은 찜할 수가 없습니까? 그래도 정 의원 님이 중요하게 생각하는 교육정책이 있을 것이고 그 교육정책을 전국적 범위에서 실현하기 위해서 특별교부금을 끌어다 썼다고 할 수 있는 것 아닌가요?

정진후 특별교부금이라는 것이 말 그대로 특별한 데 쓰이는 것이라고 저는 이해를 했습니다. 그래서 일반 예산이나 재정이 미치지 못하는 지역에 이런 것을 쓰기 위해서 시도는 해봤어요. 한두 차례 시도는 했는데 그때마다 이미 특별교부금 배정이 끝났다는 답을 들었습니다. 그래서 도대체 어떻게 배정을 하기에 전반기도 끝나지 않았는데 특별교부금 배정이 다 끝났다는 얘기냐 하고 물었더니 돌아오는 답들이 앞으로 이야기하게 될 중요한 내용들로 채워졌습니다.

곽노현 특별교부금은 아무튼 지역구 국회의원들의 쌈짓돈일지언정 정 의원님 같은 전국구 비례대표들에게는 해당되지 않는군요. 특히 정 의원님은 교육계가 만들어낸 교육 비례 대표 아니십니까. 그런데도 불구하고 특별교부금을 받은 적이 없다는 말씀이신데요. 도대체 특별교부금이 어느 정도 규모이고, 어떻게 조성되는 겁니까?

정진후 교육재정은 목적세를 제외한 내국세의 20.27%로 책정됩니다. 법으로 정해져 있죠. 그중에 4/100를 특별교부금으로 책정할 수 있습니다. 규모가 2013년, 2014년까지는 1조 4300억 원 정도 되었습니다. 적은 돈이 아니죠. 올해 소방안전세가 도입되면서 작년 말에 국회에서 지방세법이 약간 변경이 되었습니다. 그 래서 올해 예상되는 특별교부금은 1조 3000억 원이 좀 넘습니다.

곽노현 여전히 굉장히 많은 돈이네요. 1조 4000억 원이 넘는 돈을 교육부 장관이 쓴다는 얘긴데요. 전체 교육재정의 4%를 쓴다는 거 잖아요. 그럼 나머지 96%는 일단 17개 시도교육청에 내려 보내는 거죠. 그렇게 해서 학교운영 예산으로 쓰는 것 같습니다. 그런데 이 4%를 왜 교육부 장관이 씁니까? 원래 교육은 지방자치의 영역 으로 알려져 있잖아요. 4%를 쓰도록 법이 인정하는 이유가 뭐죠?

정진후 중앙정부에서 이제까지 교육을 통제하고 관장해오던 여 파가 그대로 남아 있는 것이라고 생각합니다. 그런데 특별교부금 의 사용 목적은 세 가지로 크게 분류됩니다. 말 그대로 특별교부 금이기 때문에 국가 시책 사업, 특별하게 대통령이나 정권이 바 뀌면서 그 정부가 시행하고자 하는, 일반화되지는 않았지만 국가 교육을 위해서 특별하게 하는 시책 사업에 60%를 쓰도록 하고 있 습니다. 그 다음에 두 번째가 지역 현안, 이를테면 도시와 농어촌 지역의 격차가 크게 발생할 수 있는 교육 현안들이 있을 수 있는 데, 그런 지역 교육 현안들의 해소를 위해서 30%가 쓰이고, 그 다 음 마지막으로 재해가 발생했을 시, 비상시를 대비해서 10%가 설 정되어 있습니다.

곽노현 실제로 60:30:10의 용도는 정확하게 지켜지고 있습니까?

정진후 명목상으로는 지켜지고 있습니다.

곽노현 어디에 분류하느냐에 따라 다르겠네요. 거기에 자의성이 상당히 개입할 것 같습니다.

정진후 그렇습니다. 더군다나 말이 안 되는 것 하나만 말씀 드리면 재해 대책과 관련된 것은 5년~10년 통계를 내놓고 보면 10%가 책정되어 있지만 실제로는 7% 이내로 사용됩니다. 나머지 3%는 시도교육청에 인센티브로 교부를 합니다. 이를 위해 교육부에서 시도교육청을 평가하는 근거는 별도로 없습니다. 교육부가 예쁘게 보느냐 밉게 보느냐에 따라서 더 많이 지급하기도 하고 적게 지급하기도 하는데 우리가 이야기하는 진보 교육감이 태동된 이후에 중앙정부와 교육정책을 놓고 몇 차례에 걸쳐 대립이 있었던 경기도교육청 같은 경우에는 17개 교육청 가운데서 가장 적은 인센티브를 지급받은 것만 보더라도 이러한 예산이 어떻게 쓰이는지 대단히 재미있는 모습을 살펴볼 수 있습니다.

곽노현 1조 4000억 원, 또는 1조 3000억 원으로 2015년에 조정이 됐습니다만, 전국의 학교가 결국 나눠 쓰는 돈이 되는 거 아니겠습니까? 전국에 학교가 몇 개예요?

정진후 약 1만 1000개 정도로 보고 있습니다.

곽노현 한 학교 평균으로 1억 2000만 원이 넘는 돈이에요. 1억 2000만 원이면 굉장히 큰 것을 할 수 있는 돈입니다. 만약 꼬리표를 달지 않고 내려가는 돈이라면 학교 공동체가 교사들을 중심으로 지역 상황과 학생 집단 특성을 반영해서 교육에 쓸 수 있는 돈인데, 그렇지 않기 때문에 저 멀리 서울에 있는 교육부가 전체 대한민국 교육을 좌지우지하는 데 쓸 수 있는 돈 아니겠습니까. 이것을 실제로 어떻게 쓰는지가 굉장히 중요한 것 같습니다. 어떻게 쓰입니까?

정진후 제가 19대 국회에 들어오자마자 냈던 법안이 몇 개 있습니다. 제일 먼저 냈던 법안 중에 하나가 특별교부금 4%을 2%로 줄이자는 것이었습니다. 1조 4000억 원에 이르는 돈을 절반, 7천 500억 원을 지역 교육지원청으로 분배한다면 그만큼 지방 초중등 교육과 교육 환경을 개선하는 데 획기적인 역할을 할 수 있다고 보았습니다. 그런데 교육부는 1%만 줄이겠다고 2년째 저에게 약속을 하고 있는데, 그것조차 실행하지 않고 있습니다. 법을 바꿔야 되는데 새누리당에서 아직 법안을 확정을 못 해주고 있습니다. 그런데 내용을 보면 아까 말씀 드렸듯이 6:3:1 이렇게 쓰이게 되어 있는데 재해 대책과 관련된 비상 부분에 대해서는 건드리고 싶지 않습니다. 다만 국가 시책 특별교부금을 쓰는 것을 보면 이렇습니다. EBS 수능 운영 지원비에 들어갑니다. 그런데 사실 지방교육재정교부금법 제1조에 의하면 교육기관이 아닌 곳에는 지방교육재정을 교부하지 못하도록 되어있습니다. EBS가 수능 강의를 하는 것이 그렇게 중요하다면 별도 예산을 편성하면 되는 것입니다. 방송기금도 있는 것이고, 이런 기금을 활용해서 얼마든지 학부모와 학생들을 위한 사업을 할 수 있는데, 이 지방교육재정 교부금을 편법으로 내려 보내는 겁니다. 그것도 EBS에 직접 교부를 하지 못하니까 일괄해서 17개 시도교육청에 다 분배를 해줍니다. 교육부는 교육기관이 아닌 곳에 교부를 못하니까 교육청이 EBS에 '쏴주는' 거죠. 자기들은 불법을 저지르지 않고 '시도교육청 니들이 불법을 저질러라.' 이렇게 하고 있습니다. 심지어는 교육과정 운영 내실화라고 해서 독도 교육을 위해 쓰는데 이것은 당연히 일반 교부금으로 해야 됩니다. 독도에 관한 역사교육을 하는 데 뭐가 이것이 특별합니까? 그리고 국제 교류 활성화 사업 등 교육부 장관회의 하는 데 씁니다. 창의 인성 교육, 이것은 국고에서 지원하는 일반 사업과 중복되는 사업들이거든요. 이런 형태로 특별교부금의 60%가 쓰이고 있기 있는데, 이건 대단히 잘못되었다고 봅니다.

곽노현 알겠습니다. 일반 시청자들을 위해 말씀을 좀 해주세요. 일반 시청자들은 교육재정이 총 100인데 그중에 4만 중앙정부가 가져가고 96을 교육감들이 나눠 쓴다면, 그러니까 '교육부 장관이 4를 가져가는 것이 뭐 그렇게 많은 것이냐?' 이렇게 반문할 수 있습니다. 그 차이를 얘기 해주세요.

정진후 사실상 시도교육청에 분배되는 돈은 학교 규모에 따라서 일괄적으로 나가는 것이고, 그 용도는 이미 거의 대부분 정해져 있습니다. 그렇죠. 경직성 경비입니다. 시설 운영비, 인건비 이런 것들이 대부분을 차지합니다.

곽노현　거기에는 교사 월급도 들어가고요. 가장 큽니다.

정진후　나머지 부분, 아주 작은 것을 가지고 시도 지자체로부터 조금씩 지원도 받고 또 작은 예산을 줄이고 줄여서 지역 교육을 위해서 100% 쓰는 건데, 1조 4000억 원 정도면 아까도 말씀하셨지만 우리나라에 있는 모든 학교에 사실상 1억 원 정도씩을 배정하고도 남는 돈입니다. 모든 학교에 1억 원을 투입해서 4개년 또는 5개년 계획을 세워서 몇 년 동안 추진해서 학교를 개선하려고 한다면, 상당히 개선할 수 있습니다. 그래서 이것을 시도교육청에 그대로 교부해주고 시도교육청이 지역 여건을 살펴서 차별이 있다면 해소하게 만들고, 발전을 시켜야 할 필요가 있다면 거기에 투여를 해야 합니다. 이렇게 해야만 학부모와 학생들이 피부로 느낄 수 있는 초중등 교육의 변화가 이뤄질 수 있습니다. 지금처럼 불필요하게 중앙정부에서 그걸 딱 쥐고 자기들 맘대로 통제하고 편성하는 것은 옳지 않다고 생각합니다.

특별교부금 1조 4000억 원, 누가 가져가는가?

곽노현　사실 1조 4000억 원이 얼마나 크냐 하면요. 서울시교육감이 정책을 위해서 쓸 수 있는 돈은 1000억 원도 안됩니다. 나머지는 완전히 경직성 경비로 묶여있기 때문입니다. 더군다나 지금 사실상 무상 보육을 떠맡았잖아요. 그런 상황에서는 100억~200억 원도 안 남습니다. 그런데 교육부 장관은 1조 4000억 원을 가지고 교육을 흔들 수 있는 겁니다. 여기에는 교사 인건비도 안 들어가 있고 통상적인 시설비도, 학교운영비도 안 들어가 있습니다. 그러니까 여전히 중앙집권적 방식으로 교육을 흔들 수 있는 어마어마한 돈입니다. 학교마다 나누면 1억 2000만 원씩 되는 돈이니까요. 자 그러면 이것이 과연 법이 정한 목적에 맞춰서 쓰이고 있느냐 이것이 중요할 것 같습니다. 정 의원님이 누가 이 돈을 갖고 가는지를 웬만큼 공개하시는 바람에 여러 가지 구설에 오르셨는데, 한번 따져볼까요? 누가 가져갑니까?

정진후 우리나라는 정부에 예산편성권이 있고, 국회에 예산심의권이 있습니다. 교육부의 다른 일반 예산은 국회의 심의를 받습니다. 그러나 특별교부금은 국회의 심의를 받지 않습니다. 누구로부터도 심의도 받지 않습니다.

곽노현 그래서 '쌈짓돈'인 줄 알고 사용하는 거죠.

정진후 그래서 쌈짓돈이라는 말이 붙었죠. 우리나라에 지역구를 가진 국회의원이 약 250명 되지요. 특별교부금은 사실상 대부분 교육부에 의해 국회의원들 지역구에 배정됩니다. 재해 대책 특별교부금을 제외하고 쓰이는 곳을 보면, 거의 대부분이 시설 지원비로 사용되고 있습니다. 학교 강당을 어느 날 갑자기 짓는다고 하면 틀림없이 그건 특별교부금입니다. 학교 건물이 노후화되었다고 하면 시도교육청에서 지방정부의 지원을 받아서 시설 개선을 해야 됩니다. 그런데 특정한 지역에 내려갑니다. 대한민국의 시설을 비교해봤을 때 상대적으로 크게 떨어지지 않는 시설임에도 불구하고 그걸 다시 개보수를 한다든지 새롭게 짓는다든지 어느 날 갑자기 지어지는 것들은 특별교부금으로 지어지는 겁니다.

곽노현　체육관, 기숙사, 인조 잔디, 다목적관, 강당 이런 것이 대표적인 거잖아요. 이런 것 하면 수십 억 원인데 결국은 지역구 국회의원들이 로비를 한다는 것 아니겠어요? 거기에 원칙과 기준이 얼마나 있느냐, 어떤 것이냐가 문제잖아요. 힘의 논리냐, 교육의 논리냐? 어떻게 보세요?

정진후　저는 안타깝지만 정치적 논리, 그것보다 더 야박하게 말씀드린다면 정치적 힘의 논리가 작용하고 있는 것이 특별교부금이라고 생각합니다. 대한민국 학교 시설이 낙후되어 있는 것은 사실입니다. 그러면 그것을 전반적으로 개선하기 위한 것이라면 교육부에서 전체를 다 풀어서 낙후되어 있는 순서대로 고쳐야 합니다. 그런데 그렇지 않습니다. 특별교부금이기 때문에 특별하게 어떤 시설에 차이가 난다 하면, 그 특별교부금을 투입해서 일반화시키고 보편화시켜야 할 건데 그렇지 않기 때문에 문제가 발생하고 있습니다. 그 내역을 살펴보면 이렇습니다. 지역구를 가진 의원들께서 사실상 교육부에 특별교부금을 일정하게 달라고 이야기를 하시고 근거를 제시하면, 일정한 합의가 이뤄집니다. 그 다음에 지역구에 내려가서서 학부모나 학교운영위원들을 소집합니다. 그래서 "교육부에 이의 청원을 하자", "문서로 청원을 하자. 그러면 내가 최대한 교육부를 설득해서 이 예산이 내려와서 학교 강당 하나 체육관 하나 만들 수 있도록 하겠다." 이렇게 이야기합니다. 그러면 학부모님들이나 학교운영위원회에서 이것을 거부하거나 반대할 사람은 없습니다. 그러면 그런 청원을 가지고 교육부를 형식상 찾아갑니다. 그래서 예산을 따내서 가면, 이건 절대적으로 그 국회의원의 의정 활동에 성과가 되는 겁니다. "나는 이 학교를 위해서 새로운 강당을 만들었다. 학부모들이 원했던 것을 내가 중간에 나서서 이렇게 힘을 써서 내가 만들어준 것이다." 이거야말로 수천 표가 왔다 갔다 하는 홍보가 됩니다. 이런 사업을 어떤 의원님들, 어떤 지역구 의원님들이 안 하려고 하겠습니까? 적게는 1억 원 이하부터 시작해서 많게는 몇 십 억 원의 시설비를 가져가는 의원님들까지 천차만별의 형태가 나타납니다. 그것을 정확하게 분석해놓고 보면 사실상 힘의 논리에 의해서 액수가 결정되는 것이 아닌가 싶습니다.

곽노현 그러면 여당 의원과 야당 의원, 어느 쪽이 더 많이 가져갑니까?

정진후 여당 의원이 더 많이 가져가는 것은 부인할 수 없는 사실입니다.

곽노현 교육상임위원회** 소속과 그렇지 않은 경우는요?

정진후 제가 아는 교육상임위원들 중에는 지역구를 가지고 있으면서도 비례대표인 저처럼 단 한 푼도 가져가지 않은 분이 계십니다. 그런 분들한테는 대단히 죄송한데 교육상임위원들이 다른 상임위에 비해서 많이 가져가는 것도 부인할 수 없는 사실입니다.

곽노현 사실 그것 때문에라도 교육상임위원회 인기가 계속되고 있는 것이 아닌가 하는 얘기가 있습니다. 물론 일은 굉장히 중요한 거지만 교육, 문화, 체육까지 다 다루는 엄청나게 중요한 일이라 당연히 교육문화체육관광위원회는 인기가 높을 수밖에 없습니다만, 역시 떡고물로 특별교부금이 있을 수 있다는 건데요. 그렇지만 교육상임위원 말고 여당 아니더라도 원내 지도부라든가 정당 대표 정도 실세, 이러면 또 많이 가져가지 않을까요?

정진후 그건 너무나 당연하죠. 제가 재작년에 국회에서 예산심의를 하면서 예산이 어떻게 결정되는가를 봤을 때 두드러진 예가 하나 있습니다. A, B, C 지역이 있는데 A에서 B까지 지하철이 연결

** 교육에 관한 국회 의사결정을 수행하는 상임위원회는 '교육문화체육관광위원회'이다. 교육문화체육관광위원회는 문화, 체육, 관광도 함께 관장한다.

이 되어있었습니다. 그런데 C에서 B로 지하철 연결을 해야 되는 겁니다. C에서 B로 하면 '신규 사업'이 되는 겁니다. A에서 B까지 돼있는데 B에서 C로 하면 '연장 사업'이 되는 거예요. 신규 사업으로 하면 여러 가지 타당성 검토를 해야 되는데, B에서 C로 연장 사업으로 하면 타당성 검토가 필요 없는 겁니다. 여당 대표였던 분이 C에서 B로 했다가 안 되니까 B에서 C로 해서 수천억 원의 예산을 가져가는 것을 봤습니다. 본회의장에서 문제가 지적되는 것을 제가 봤습니다. 그렇게 해서 지역 예산을 확보하는데, 이런 특별교부금, 특히나 학교 학생들의 교육과 관련된 예산은 어떻게 가져가겠습니까? 순서를 놓고 보면 이상한 게 많지요.

특별교부금에 대한 교육부 재량권 줄여야

곽노현 물론 지성이면 감천이기 때문에 아까 말씀 드린 세 범주에 속하지 않는 의원님이라 할지라도 교육부 문턱이 닳도록 다니면 달라질 수가 있는 거죠. 물론, 이것을 반드시 부정적으로만 볼 이유는 없을 것 같아요. 이 구조가 있는 이상 이렇게 가는데, 문제는 누구의 심의도 안 받고 누이 좋고 매부 좋은 식으로 된다면 국민의 일반적 공익이라든가 또는 지역 균형 발전을 위한 건 아닐 것 같습니다. '특별교부금에 대해서 어떤 개선이 가능하냐?' 우선 중앙집권의 개입 요소를 줄여야 한다고 말씀하셨습니다. 두 번째로는, 줄여도 남잖아요. 그래도 상당한 규모거든요. 이것을 반으로 줄여도 7000억 원이고 학교마다 나누면 7000만 원씩이에요. 그러면 이것을 여전히 힘의 논리로 힘 센 사람이 더 많이 가져가게 할 것이 아니라 기준을 잡아야 될 것 아닙니까. 어떤 기준이 가장 올바른 기준이고 원칙일까요?

정진후 이 특별교부금을 아까 말씀드렸던 대로 세 가지 항목으로 비율을 정해놨습니다. 국가 시책 사업, 지역 현안, 재해 대책 다 의미가 있습니다. 의미가 있으면 그 목적에 맞게 사용하면 되는 겁니다. 그 목적에 벗어나서 사용하고 남은 돈을 교육부가 말 잘 듣는 교육청에 인센티브로 부여하기 때문에 문제가 되는 겁니다. 남은 돈은 얼마가 되었든지 17개 시도교육청에 초중등교육을 위해 쓸 수 있도록 재교부를 하면 되는 겁니다. 그런데 그렇게 하지 않고 교육부가 끝까지 자기 주머니에 넣고 자기 손아귀에서 그것을 관장하기 때문에 문제가 발생하고 있습니다. 초중등교육은 이미 이전 정부부터 선언을 하지 않았습니까. "지역 교육지원청에 초중등교육에 대한 관장을 넘기겠다."

곽노현 그렇죠. 직선 교육감 시대가 그 뜻이죠.

정진후 그것이 직선 교육감 시대에 걸맞는 행정이고 예산 집행 방식입니다. 중앙정부가 해야 할 일은 거기에 격차가 있다면 그 격차를 어떻게 줄일 것인가 이 정책을 해야 되는 것이지 저급하게 돈을 가지고 지역 교육지원청을 길들이려고 하는 것은 발전한 우리 사회 현상에는 전혀 맞지 않는 거라고 봅니다.

곽노현 우리 예산 정치의 저급성까지 말씀하셨는데 사실 의회의 기능 중에 가장 중요한 것이 재정 민주주의, 예산 민주주의를 확립하는 것 아니겠습니까? 그런 관점에서 보면 지방교육재정교부금 중에 4%를 거의 전적으로 교육부의 재량에 두는 현재의 방식은 틀렸다는 것에 방점을 찍어도 되겠네요. 마지막으로 한 말씀 해주시죠.

정진후 제가 요구하고 있는데, 4/100에서 2/100로 줄이는 것이 우리가 할 수 있는 최소한의 조치라고 생각합니다. 나머지 2/100도 설정되어 있는 목적에 쓰일 수 있도록 해야 한다는 생각이고 반드시 이번 국회에서 최고의 목표는 달성하지 못하더라도 그런 방향으로 갈 수 있도록 노력하겠습니다.

곽노현 특별교부금은 문자 그대로 지역 균형 발전 차원에서 쓰여져야 합니다. 학교의 격차, 학교의 부익부 빈익빈, 교육 성과의 부익부 빈익빈을 줄이는 데 쓰는 것이 마땅하다고 생각합니다. 이 원칙을 어기면 지역 불균형은 물론이고 민주주의 불균형이 생기게 됩니다. 그러기 때문에 교육 특별교부금 이대로 놔둘 수 없습니다. 요지경 정치에서 벗어나서 민주주의적 통제를 강화해야 한다는 말씀드리면서 마치도록 하겠습니다.

직선 교육감 시대에 필요한
교육재정의 공정성과 투명성

4장의 주제는 다양하다. 교육 비리 감사 행정, 선행학습금지법, 무상 급식과 무상 보육, 교육부 특별교부금 행정은 모두 일반 시민들에겐 낯선 주제이기 쉽다. 같은 이유로 잘 들여다보면 흥미진진한 얘기이기도 하다.

도대체 교육 비리, 특히 사학 비리는 왜 근절되지 않는 것일까? 교육감이 감사의 칼을 갖고 있는데도 왜 잘 듣지 않는 것일까? 무엇이 문제이며 어떻게 해야 교육 비리를 잡을 수 있을까? 삼성특검을 불러온 양심 고백으로 유명한 김용철 변호사는 현재 광주시교육청 감사관으로 교육 비리와 5년째 전면전을 벌이고 있다. 본래 검사 출신인 김 감사관은 광주시교육청의 감사 기능을 최대한 강화시킨 것으로 평판이 높다. 고상만 전 서울시교육청 시민감사관 역시 감사관실 조사관으로 일할 때의 경험과 에피소드를 들려주며 나름대로의 진단과 해법을 제시한다.

교육청 감사는 검찰 수사와 달리 인신구속이나 압수수색 등 강제 조사권이 없다. 여러 정황에 비추어 볼 때 돈이 오고간 심증이 가더라도 물증을 확보할 수 없는 경우가 대부분이다. 어렵사리 비리를 밝혀내도 이사진의 전면 교체와 관선이사 파견 등 강력한 조치는 관련 이사 개개인의 고의나 과실을 입증하지 못하는 이상 취하기 어렵다. 2년 또는 3년마다 자리를 이동하는 일반직으로 감사관실을 채울 경우에는 고위직 감사 대상자와 다음 자리에서 만날 가능성 때문에 팔이 안으로 굽는 문제가 추가된다. 게다가 교육 비리의 주요 주체인 사학법인은 감사공무원을 지속적으로 관리하며 끈끈한 유착 관계로 얽혀있는 경우가 많다. 이런 상황을 하나하나 극복하지 않으면 감사는 아무도 무서워하지 않는 하나마나한 감사가 되기 쉽다. 고상만 조사관은 감사관실의 '패밀리 문화'가 가장 큰 문제이며 이것을 치려면 감사관실 근무를 전문직화해서 장기화해야 한다고 제안한다. 김용철 감사관은 일단 비위 혐의가 있으면 바로 직위 해제를 해서 자리에서 쫓아내야 관련자들의 정직한 증언을 기대할 수 있고 부당한 영향력을 차단할 수 있다고 조언한다.

혁신학교에 대한 보수 진영의 비판은 참으로 이해하기 어려운 것투성이다. 조금만 따져보면 맞는 게 하나도 없다. 그저 시샘 내며 흠집 내기 위한 순도 100% 억지에 지나지 않는다. 전교조 학교이며 공부를 안 시키는 학교라는 게 대표적이다.

혁신학교는 학교문화, 특히 교사 문화를 바꿔서 그 토대 위에서 교육과정과 수업 방식, 생활교육의 혁신을 이뤄나가는 학교다. 그동안 공교육의 새 표준이라고 할 만한 모든 선진적 제도와 실험은 혁신학교에서 가장 진지하게 시도되어 오고 있다.

예리하고 비판적인 분석과 왕성하고 탁월한 저술 활동으로 유명한 진보적 교육학자이자 현직 중학 교사인 권재원은 혁신학교는 돈으로 만드는 게 아니라는 명제에서 출발한다. 사실 지원 규모로만 치면 이미 몇 억 원씩 외부 지원을 받아온 학교들이 적지 않다. 그 돈은 학교를 교육과정 중심에서 프로젝트 수행 학교로 만들었을 뿐 지속가능하고 의미 있는 변화를 만들어내지 못했다. 지난 수십 년 동안 교육부와 교육청이 만들어 시행했던 수많은 시범학교, 연구학교가 지금 어떤 상태인지 보면 답이 나올 것이다. 보고서와 가산점만 남기고 흔적도 없이 사라진 게 명백하지 않은가. 권재원은 선행학습금지법에 대해서도 말한다. 선행학습금지법은 입법의 한계를 잘 드러내는 사례 중 하나다. 선행 학습이 반교육적이기 때문에 이것을 막자는 법의 취지는 좋다. 선행 학습을 근본적으로 강제하는 것은 대학 서열화에 토대를 둔 대입 경쟁이다. 학교가 선행 학습을 전제로 선행 출제를 하는 것은 누가 봐도 잘못된 것이다. 따라서 학교에서, 특히 수학 과목 선행 출제를 하지 못하도록 단속하자는 입법 취지는 문제가 없다. 그러나 권재원이 잘 분석한 것처럼 학교 바깥의 학벌 중시 노동시장과 서열화된 대학 체제를 극복하지 못하는 이상 학교 내부의 선행 학습 및 선행 출제 금지법의 실효성은 지극히 의문스러울 것이다.

　교사이자 '교육재정 파탄저지와 교육재정 확충을 위한 국민운동본부' 정책위원인 한만중은 소위 누리과정이라 불리는 공통 교육·보육과정 예산 문제를 통해 교육재정 문제를 꼼꼼하게 짚어주고 있다. 무상 급식에 대한 보수 진영의 증오는 엄청나다. 2010년 교육감 선거에서 무상 급식이 대세를 형성하며 진보 교육감을 출현시킨 공이 크기 때문이다. 세월이 이만큼 흐르고 현실적으로 뿌린내린 이상 가실 법도 하지만 식을 줄 모르고 기회 있을때마다 공격해댄다. 무상 급식 의제를 만회하는 차원에서 보수 진영에서 내놓은 것이 무상 보육이다. 둘 다 보편 복지의 형태로 제공되는 데도 무상 급식은 안 되고 무상 보육은 열렬히 옹호한다. 알다가 도 모를 일이다.

무상 보육과 무상 유아교육은 복지국가로 가는 길에서 반드시 필요하고 시급한 것이다. 문제는 연간 2조 5천억 원이 소요되는 3~5세 어린이집 무상 보육 재정을 박근혜 정부가 대통령령으로 100% 지방교육재정에 떠넘긴 데 있다. 그 결과 지방교육재정은 본래의 용도인 초중고특수교육예산을 학생 1인당 50만 원씩 줄여서 2조5천억 원의 추가 소요를 짜내거나 2조 5천억 원을 지방채 발행으로 충당하여 빚더미에 앉는 방안 중 하나를 강요당하고 있는 실정이다. 박근혜 정부의 입장은 만약 초중고특수교육예산을 줄이기 싫든가 빚더미에 올라앉기 싫으면 무상 급식 예산부터 쳐내라는 것이다. 이처럼 무상 보육은 현실 정치에서 교육재정 압박을 통해 무상 급식을 축소하거나 진보 교육감의 손발을 묶는 정치적 수단으로 악용되고 있다.

박근혜 정부는 '시행령 정부'로 불릴 만큼 걸핏하면 법률에 근거가 없거나 위배되는 대통령령을 만들어서 행정 독재의 길을 가고 있다. 3~5세 어린이집 누리과정 예산을 전액 전가한 영유아 보육법시행령 개정이 그 대표적인 사례다. 본래 어린이집은 교육감 관할이 아니라 시도지사 관할이다. 당연히 감독권도 없다. 관할권도 감독권도 없는 어린이집의 3년 '누리과정' 예산을 전적으로 대주라는 영유아보육법시행령은 법률에도 근거가 없고 우리 법의 어린이집과 유치원 준별주의에 정면으로 위배된다. 영유아보육법시행령은 법 체계적으로 위법하고 초중고특수교육재정을 위기에 빠뜨린다는 점에서 내용적으로 부당하다.

교육은 지방자치 소관이고 직선 교육감 소관이지만 우리 교육시스템에선 아직도 중앙정부, 즉 교육부 장관의 권한이 제대로 조정되지 않은 채로 막강하게 남아있다. 중앙정부는 툭하면 교육 관련법상의 교육부 장관 권한을 남용하며 직선 교육감들의 대표 정책에 재 뿌리기를 감행한다. 법적 쟁송이 가능하지만 대법원과 헌법재판소가 판단을 질질 끌며 현상 유지에 손을 들어주기 때문에 일단 저질러놓고 보자는 심보로 진보 교육감을 괴롭힌다. 뿐만 아니다. 교육부 장관은 지방교육재정의 4%를 직접 사용할 법적 권한을 갖는다. 13인의 진보 교육감이 전국적으로 학생과 교사, 예산의 85%를 책임지고 있지만 보수 정권은 특별교부금예산을 사용해서 여전히 교육자치를 뒤흔든다. 전교조위원장 출신으로 현역 국회의원으로 활약 중인 정진후는 교육부 장관의 특별교부금이 어떻게 눈먼 돈으로 사용되는지 증언한다. 일반 시민들은 전혀 들어보지 못한 얘기일 것이다.

교육부 장관은 무려 1조 4천억 원을 특별교부금으로 쓰는데 전국 모든 학교에 1억 4천만 원씩 내려보낼 수 있는 막대한 규모의 예산이다. 이 돈이 진보 교육감의 교육철학이나 교육정책과 부합하지 않는 방향으로 사용되면서 현장을 뒤흔든다. 지역교육청을 경쟁시켜 돈을 차등하여 나눠주는데 흥미로운 점은 보수 교육감 지역이 제일 많이 가져간다는 점이다. 이거 뭔가 이상하고 냄새 나지 않는가. 더욱이 교육부 장관의 쌈짓돈은 여당 지도부와 교육상임위원들의 지역구 학교로 제일 많이 내려간다. 교육적 필요에 의해 배분되는 것이 아니라 정치적 로비의 힘으로 배분된다는 뜻이다. 이거야말로 교육의 정치화, 그것도 가장 바람직하지 못한 정치화라고 할 수 있다.

선행학습금지법은 입법의 한계를 잘 드러내는 사례 중 하나다. 선행 학습이 반교육적이기 때문에 이것을 막자는 법의 취지는 좋다. 선행 학습을 근본적으로 강제하는 것은 대학 서열화에 토대를 둔 대입 경쟁이다. 학교가 선행 학습을 전제로 선행 출제를 하는 것은 누가봐도 잘못된 것이다. 따라서 학교에서, 특히 수학 과목 선행 출제를 하지 못하도록 단속하자는 입법 취지는 문제가 없다. 그러나 권재원이 잘 분석한 것처럼 학교 바깥의 학벌 중시 노동시장과 서열화된 대학 체제를 극복하지 못하는 이상 학교 내부의 선행 학습 및 선행 출제 금지법의 실효성은 지극히 의문스러울 것이다.

5장

교 ― 육 ― 정 ― 책

강 민 정

김 정 빈

이 용 환

이 찬 승

박 정 화

혁신 교육 ✱
나비게이터
곽노현입니다

교원 업무 정상화,
진보 교육감 이것만은 하자

곽노현 지난주부터 '진보 교육감 이것만은 해보자.' 이런 시리즈를 하고 있습니다. 오늘은 진보 교육감이라면 누구나 제일 먼저 해야 된다고 생각하는 교원 업무 정상화에 대해서 북서울중학교 혁신부장 강민정 선생님을 모시고 얘기를 나눠보도록 하겠습니다. 북서울중학교가 서울에 있는 1300개 학교 중에서 2012년 7월에 교원 업무 정상화 만족도에서 1등을 했다고 하는데, 도대체 무슨 비결이 있을까 궁금해서 그 주인공 혁신부장 선생님을 모셨습니다.

강민정 저희 학교가 2011년에 서울시 1300개 학교 중에서 교원 업무 정상화를 가장 철저하게 하는 학교였습니다. 2012년도에 조사할 때는 1년 정도 되는 시점이었는데 이미 그 효과를 선생님들이나 학부모, 학생들이 체감할 수 있었습니다.

교사들에게 부과되는 교육 외적 행정 업무

곽노현 사실 교원 업무부터 정상화해야 된다고 부르짖는 이유는 교사들에게 가장 절실한 요구이기 때문입니다. 교사들에게 공감을 얻지 못하는 교육개혁은 한 걸음도 나아갈 수 없기 때문에 진보 교육감님들, 특히 초선 교육감님들한테 '교원 업무부터 정상화 해주십시오.' 이렇게 이야기를 꺼냈습니다. 교원 업무를 정상화하자니까 '교원 업무가 비정상이란 말이야?' 이렇게 궁금하실 수 있어요. 이 용어보다는 사실 교원 업무 경감, 잡무 경감, 공문 줄이기 이런 것 아닐까 생각하실 거예요. 사실은 같은 것 아닌가요?

강민정 네, 그렇게 오해를 하실 수 있습니다만, 다르지요.

곽노현 어떻게 비정상이었습니까?

강민정 제 경험을 말씀드리겠습니다. 제가 교사로 처음 발령을 받았을 때, 수업을 어떻게 하면 잘할까, 아이들을 어떻게 만날까 이런 고민을 잔뜩 하고 학교에 출근했습니다. 그런데 제 자리가 정해져서 교무실 자리에 앉았더니 제 책상 위에 업무가 배정되어 있는 겁니다. 동아리 업무, 교과서 업무, 협의록 담당. 저는 사실 '역사 수업을 어떻게 하면 좋을까? 사회 수업을 어떻게 하면 잘할까?' 이런 고민을 하고 왔는데, 저를 맞이한 것은 이런 업무였습니다. 그래서 너무 적응이 안되었습니다. 보통 학부모님들이나 시민들은, 교사들이 수업과 생활지도만 하고 4시 반이면 '땡!' 해서 집에 가는 것이 전부라고 생각하시는데, 교육 외적인 행정 업무를 상당히 많이 맡고 있습니다. 그러니까 선생님들이 아이들과 상담을 한다거나 관심을 가지고 아이들을 관찰을 한다거나 교육적으로 도움을 줄 수 있는 시간을 박탈당하고 있습니다.

곽노현 그런데 동아리 업무 같은 경우는 교육과 관련이 있을 것 같습니다.

강민정 동아리 활동 하나에도 부수적으로 따르는 행정 업무가 너무 많은 겁니다. 어떤 동아리를 만들 것이고, 동아리 만들 때 아이들 몇 명을 배치하고, 그 아이들 출석부를 어떻게 만들고, 만에 하나 외부에서 강사가 온다면 그 강사를 어떻게 섭외하고, 그 강사분들 출근부를 어떻게 해야 하는지 수업을 하는 선생님들이 그 서류들을 다 만들고 일을 담당하는 겁니다. 그리고 동아리에 필요한 학습 자료나 준비물이 있으면 구매하고 결제하고 나눠주는 일까지 교사가 다 해야 되기 때문에 일이 상당히 많습니다.

곽노현 순수한 행정 업무 같아 보이는 다양한 업무가 많은 것 같습니다.

강민정 또 하나 예를 들면 학년 초 교과서 배정 업무가 있어요. 그 당시에 저희 학교 학생이 800여 명이었는데 과목이 10개 이상이니까 한 학생이 받는 교과서가 10권 이상이 됩니다. 아이들에게 교과서를 나눠주려면 8000권 이상의 책들이 쌓여요. 이것을 큰 창고 비슷한, 학교 가사실 같은 곳에 쌓아놓고 학년별로 분류하고 숫자를 다 세고 몇 학년 몇 반은 35명인지 36명인지 포함해서 리스트를 만들고, 그 다음에 '몇 날 몇 시에 아이들을 불러서 다 나눠줬습니다.' 이런 것까지 보고서로 작성하는 일을 하면서 허리가 너무 아팠어요. 내가 진짜 교사인가 이런 생각에 의문이 들었습니다.

곽노현 교직 경력 20년 넘게 하시는 동안 아무 변화가 없었습니까?

강민정 약간의 변화가 있었습니다. 제가 지금 말씀 드린 교과서 업무 같은 것은 기계적인 단순 업무잖아요. 그런 것은 선생님들이 강력하게 요구를 했습니다. 전교조가 단협 같은 것을 맺을 때 우선적으로 이것은 학교 기사님들이나 행정실 직원들이 있으니까 교사 업무에서 제외해달라고 해서 이런 것은 조금씩 관철되고 있긴 합니다. 그런데 제가 알기로는 아직도 교과서 업무를 선생님들이 맡고 있는 학교들도 있습니다.

비정상적 행정 업무를 부과하는 구조

곽노현 그럼 선생님이 생각하시기에 정상화된 교원 업무는 어떤 건가요?

강민정 수업과 아이들 생활지도만 하는 겁니다. 비유를 하자면, 우리가 아파서 병원에 갔는데 의사 선생님이 진료를 하다가 진료 접수를 하거나 입원, 퇴원 수속 등의 원무과 일을 하진 않잖아요. 원무과에서는 그 행정적인 일을 하고, 그 행정적 처리가 되면 의사 선생님은 환자를 진료합니다. 이것이 너무 당연한데 교사의 경우에는 아이들과 수업을 하다가, 아이들과 이야기를 하다가, 보고 기일이 정해져 있는 공문 작성을 한다든가, 전학 오는 아이와 학부모를 갑자기 수업 끝나자마자 만나야 된다든가, 서류 처리를 해야 된다든가 이런 식의 일이 학교에서 일상화되어 있습니다. 교사가 수업과 생활지도를 오롯이 할 때 학교교육의 질이 높아져서 우리 학부모들이 원하는 수준의 수업과 생활지도가 이뤄지지 않을까, 그리고 이것이 모든 교사의 소망이지 않을까 생각합니다.

곽노현 교사가 교육 활동에만 전념하게 해 달라. 그렇게 해서 보다 많은 배려와 돌봄을 필요로 하는 아이들, 보다 섬세한 맞춤형 교육과 수업에 대한 지도가 필요한 아이들에게 손길 한 번, 눈길 한 번, 관심 한 번 더 가게끔 그 여유 공간을 마련해다오. 이런 이야기 같습니다. 그런데 그것이 전교조의 단체교섭을 통해서 어느 정도 완화되긴 했지만 여전히 근본적인 해결은 안되고 있다는 건데요. 왜 그렇습니까?

강민정 거기에는 이유가 많은데, 제 생각을 말씀드리겠습니다. 우리나라에서는 해방 이후에 처음부터 교사가 이런 행정 업무를 맡으면서 시작했습니다. 아직까지도 국가 수준의 교육과정이 정해져 있고, 이것을 학교 현장에서 실현하는 말단 공무원으로서 교사를 규정하고 있습니다. 자기 스스로 교육과정을 생산해내고 아이들과 관계에서 교육과정이 녹아나는 다양한 모습에 대처하면서 연구하는 교육 전문가로서 교사가 인식되고 있지 않습니다. 이것이 출발이 아닌가 생각합니다.

곽노현 가장 큰 것은, 과거에 고등학교 1학년까지 관철되다 지금은 중 3까지 적용되는 국가 차원의 공통기본교육과정 아닌가요? 그렇게 되면 상부에서, 중앙에서, 국가에서 교육 내용도 정해주고 심지어는 진도 속도까지 정해주잖아요. 교사를 그러한 상세한 지침을 따르는 존재로 보는 거잖아요.

강민정 말단으로, 그것을 전달하는 사람으로 볼 수 있죠. 그 외에도 제가 꼭 말씀드리고 싶은 것은 교사들의 승진 체계입니다. 학교 교사들은 일반 조직과는 승진 체계가 좀 다르긴 한데, 교사들의 승진 체계가 행정 업무를 얼마나 잘하느냐를 중심으로 이뤄집니다. 물론 경력도 있고 다른 여타의 연구 점수도 있긴 한데 결국

은 행정적인 능력을 인정받는 사람이 교장, 교감으로 올라가는 구
조가 학교 현장에 너무 확고하게 자리잡고 있습니다.

곽노현 교육부와 교육청이 공문을 쏟아내잖아요. 교장 선생님 입
장에서는 그 공문을 제때에 아름답게 처리하는 사람이 눈에 들어
온단 말이에요. 그러다 보니까 교육 활동을 잘하는 교사가 눈에
들어오기보다는 공문 처리를 잘하는 사람이 유능한 교사인 것처
럼 평가되는 겁니다. 그래서 교장 선생님들이 고과를 높게 줄 수
밖에 없고, 그렇기 때문에 그분들이 교장, 교감이 되는 구조죠. 이
것이 구조화가 되어서 깨기가 어렵게 된 거 아닌가요.

강민정 그러니까 학교에 교육이 아니라 온통 행정 중심의 문화가
아주 뿌리 깊게 자리 잡고 있다고 생각하시면 됩니다. 어머님들
이나 일반 시민들이 바라는 교육의 변화는 제대로 된 교육이 학교
안에서 이뤄지길 바라는 거잖아요. 그것이 가능하기 위해서는 행
정 중심의 학교가 근본적으로 바뀌지 않으면 다른 제도적인 정책
적인 시도가 이뤄진다고 할지라도 과연 효과를 거둘 수 있을까 의
문입니다.

학년부 중심으로 학교운영 구조 바꿔야

곽노현 그래서 지난주에 '제가 4년 전에 이것을 알았더라면'을 이

렇게 시작했어요. 교육행정과 교육정책을 다 바꿔야 되지만 그중에 우선 교육행정을 바꿔야 한다. 다시 말해서 학교에 관철되고 있는 행정 중심 관행들을 혁신하지 않고는 안 된다는 것입니다. 제가 서울시교육감으로 있을 때 학교에 교무 행정 전담 팀을 만들 수 있도록 교무행정지원사라고 이름을 붙여서 학교마다 한 명씩 배치를 했어요. 그런데 그것만으로 되는 것도 아닙니다. 그것은 출발점이죠. 그것을 넘어서서 교육청과 교육부가 공문을 지금의 80% 이상 줄여야 하는 것 아닐까요? 나아가서 교무실 편제를 학년부 중심으로 바꿔야 할 것 같아요. 학년 단위로 수업도 하고 학년 단위로 일제 평가가 이루어지고 있지 않습니까. 중고등학교의 경우 학년마다 20명 정도 교사가 있을 텐데, 이분들이 모이면 아이들이 다 한눈에 들어올 것 아닙니까. 이분들이 수업 중에 얻게 된 지식을 모아내면 생활지도도 용이해질 것 같습니다. 이것이 학년부로 편제를 바꾼다는 뜻 맞나요?

강민정 1학년 담임 선생님들이 같이 있지 않고, 교무부 소속이 된다든가, 연구부 소속이 되어 있는 거예요. 그래서 담임을 다 하면서도 각각 다른 행정 부서에 소속이 되어 있죠. 생활지도에서 일차적인 역할을 하는 것은 담임 선생님입니다. 아이들의 문제는 학급 안에서 일어나는 것도 있지만 학급을 넘어서는 경우도 있습니다. 역으로 한 아이에 대해서, 중고등학교만 보더라도 여러 교과 선생님들이 같은 아이를 다른 시간에 다르게 관찰하고 만나게 되거든요. 이런 자료들이 학년부 안에 담임 선생님들끼리 모여 있으면 다 공유가 되는 거예요. 그 아이에 대해서 전면적이고 입체적으로 이해할 수 있습니다. 내가 도와주기 어려운 부분을 다른 선생님들이 메꿔 줄 수 있고, 늘 자연스럽게 아이들에 대한 이야기를 할 수 있습니다. 이렇게 집단지성을 통한 또는 생활교육이 물리적으로 가능한 조건이 마련되는 거죠.

곽노현 지금 말씀해주신 교원 업무 정상화, 즉 교사가 행정 처리, 교무 행정, 공문 처리에 매달리지 않아도 되는 전담 팀을 만들고 지원 인력을 제공하는 것, 이것의 가장 직접적인 변화는 결국 학년부로 편제가 바뀌는 것이군요. 교무실을 학년부로 바꾸는 것을 통해서 아이들도 변화를 느끼고, 학부모들도 변화를 느끼는 것 아닐까요?

강민정 그렇죠. 저희 학교의 경우는 학년부 체제를 철저하게 했습니다. 그래서 담임 선생님들은 어떤 행정 업무도 맡지 않고 같은 학년 담임은 모두 한 방에서 늘 생활하시게 했더니 선생님들이 늘 아이들 얘기를 할 뿐 아니라 아이들을 만날 수 있는 시간이 많아진 거예요. 그러니까 아이들과 선생님 사이의 관계나 친밀도가 굉장히 높아졌어요. 저희 학교가 혁신학교이기 때문에 다른 여러 가지 시도도 있었지만 이것을 하고 난 다음에 사회적 문제가 되는 것처럼 학생이 교사에게 대드는 일이 완전히 없어졌습니다. 교사를 신뢰하고 믿음이 있으면, 학생이 화가 나도 일단 참거든요. 그런데 이런 소통이나 신뢰가 쌓여 있지 않으면 돌발적인 행동으로 나오고 신문이나 언론에 드러나는 불행한 사태도 생기는 거죠. 그런 것을 구조적으로 방지하고 교사와 학생 간의 관계, 신뢰와 소통을 가능하게 할 수 있는 학교 여건이 만들어지는 것이 교원 업무 정상화라고 생각합니다. 학년부 체제, 선생님들이 행정 업무로부터 부담을 덜 수 있게 행정사가 배치되는 것, 전담 팀을 만드는 것 등이 그런 방법의 일환이고, 이러한 것들이 완성되면, 정말 전국의 모든 학교가 이렇게 된다면, 그것만으로도 한국 교육의 질이 굉장히 높아질 것이라 생각합니다.

곽노현 '교육개혁과 학교 혁신의 토대, 교원 업무 정상화다. 무엇보다도 교사들이 본연의 사명감에 더욱더 눈뜨게 되고 아이들에게 손길과 눈길을 더해주는 묘약이다.' 이런 말씀으로 이해됩니다. 그렇기 때문에 교원 업무 정상화는 모든 학교에서 모든 교원에게 체감될 수 있는 가장 좋은 정책입니다. 교사의 협력과 공감을 얻지 않고 교육개혁 앞으로 나아갈 수 없습니다. 혁신 교육 1기의 중요한 시도 중 하나입니다만 아직 체감되지 못하고 있고 내실화되지 못하고 있습니다. 이것을 뿌리내리게 하는 것이 2기 재선 교육감들의 목표일뿐만 아니라 초선 교육감들의 목표여야 합니다. 이것이 모든 학교의 혁신을 위한 토대이고 기초입니다. 여기서부터 출발해야 됩니다. 마지막으로 현장 교사로서 진보 교육감들 열세 분에게 당부하시고 싶다면, 어떤 말씀을 하시겠습니까?

강민정 당연히 하실 일이 너무 많고 요구도 많을 텐데요. 지금 말씀하신 것처럼 새로운 것을 얹어놓으려고 하지 마시고 기존에 있던 것에서 덜어낼 것이 무엇인가를 생각하셨으면 좋겠습니다. 그리고 비정상인 것을 정상으로 돌리는 첫 번째 과제로 교원 업무 정상화를 제대로 해주시면 좋겠다는 것이 제 소망입니다.

곽노현 그 소망이 오늘 7월 1일을 기해서 대한민국에서 전면 실천되는 것을 교사들이 보고 체감할 수 있어야 됩니다. 그래야 수업과 생활지도를 잘하는 것이 교사로서 최고의 업무가 되고 학교가 교육 활동을 중심으로 정상화될 수 있습니다.

공교육 표준.
자사고인가, 혁신고인가?

곽노현 '일반고의 새 표준이 혁신고냐, 자사고냐?' 이렇게 질문을 해도 될 것 같습니다. 이 주제를 놓고 김정빈 박사와 얘기 나누도록 하겠습니다. 혁신학교가 초등학교, 중학교 단계에서 성공적이라는 말에는 이견이 없습니다. 그런데 입시를 앞둔 고등학교에서 과연 혁신학교의 방법이 통할 것이냐 여기에 대해서는 토론이 진행 중이고 아직 확정되지 않았습니다.

김정빈 학부모들도 사실은 그것을 제일 염려하는 거죠. 혁신학교에서 전인교육 한다면서 혹시 입시 교육을 소홀히 할까봐 그것을 제일 염려하고 있습니다.

고등학교에도 학생의 자기주도형 수업이 효과적

곽노현 그러니까 혁신학교의 일반적 방법이라는 것을 고등학교에 적용하면 그것이 혁신 고등학교인데요. 혁신학교의 일반적 방법이 어떤 건가요?

김정빈 혁신학교는 일단 수업을 혁신하겠다는 겁니다. 그래서 기존의 주입식, 암기식, 일방적인 강의식에서 벗어나서 자기주도형으로 발표와 토론을 하고 협력 수업을 통해서 학생들의 창의적인 인지발달을 도모하는 겁니다.

곽노현 그런데 그런 것은 고등학교 1학년 때까지만 하고, 고2, 고3 때는 옛날 방식으로 무조건 지식만 파고들어가야 되는 것 아닙니까?

김정빈 EBS 수능을 예로 들어보면, EBS 수능은 입시 교재예요. 그런데 그것도 발표 토론식으로 수업하면 그것이 입시에 더 도움이 될 수 있습니다. 그냥 문제 풀이식, 암기식, 주입식으로 들던 문제는 사실 다시 풀어볼 때 잘 못 풉니다. 그렇지만 자기가 모르는 문제가 나왔더라도 미리 그 문제에 대해서 생각해보고 발표해보고 질문해보았던 것은 여러 가지로 응용할 수 있죠. 그래서 고등학교에서도 그런 수업이 필요합니다.

곽노현 입시 성적이 너무 떨어지면 안 되는 건 맞잖아요.

김정빈 입시 성적이 목표는 아니지만 그렇게 떨어지면 안 된다고 봅니다.

일반고에 주어진 과제
— 다양한 학생들 특성에 맞추는, 전인교육과 진로교육

곽노현　일단 우리에게는 일반고 살리기가 전국적인 숙제로 대두되었잖아요. 특히나 자사고가 25개나 있는 서울의 경우에는 일반고 살리기가 더욱 절박한 과제입니다. 그래서 일반고 살리자는데 기준을 설정해야 합니다. 일반고 살린다는 것이 고등학교 교육을 정상화한다는 뜻일 텐데 그 기준이 뭔가요? 정상화 여부를 판별할 수 있는 기준을 먼저 설정해야 자사고든 혁신고든 어떤 것이 올바른지, 어떤 것이 모범인지 알 수 있잖아요.

김정빈　공교육의 표준을 정한다고 할 때 그 기준이 있을 텐데, 그것은 몇 십 년간 우리나라에서 문제 되었던 것을 해결하는 것입니다. 그렇다면 우리에게 가장 문제 되는 것이 뭐겠습니까? 입시 위주의 경쟁 교육이라고 볼 수 있습니다. 사실 딜레마인데요. 입시 위주로 해야 한다고 하면서도 그것을 문제로 삼는 것이 우리 사회입니다. 실제로 입시 위주 교육으로 해서 인성 발달이나 다른 어떤 활동에서 제한점이 있다면 우리 학생들은 아무리 대학을 한 단계 높이 올라가더라도 제대로 된 인간으로 성숙하지 못하는 교육을 받았다는 것을 뜻합니다. 그래서 기본적으로는 입시 위주의 경쟁 교육을 극복하는 것이 정상화입니다.

곽노현　그럼 입시 경쟁 교육을 고등학교 단계에서 극복해야 된다고 할 때 무엇을 해야 될까요? 일반고에 어떤 아이들이 오는지부터, 그 아이들이 갖고 있는 교육적 수요가 무엇인지를 한번 짚어보겠습니다.

김정빈 일반고가 고등학교 수의 80~90%를 점하고 있습니다. 공교육의 표준을 정한다면, 일반고에서 제대로 돼야 하는데, 그 일반고의 상황이 안 좋습니다. 고등학교 전기 모집과 후기 모집이 있습니다. 전기 모집에 특목고, 자율형사립고, 특성화고가 있습니다. 그리고 후기에 일반고가 있습니다. 그런데 특목고를 보면, 과학고, 외고, 국제고, 예체고, 마이스터고가 있습니다. 그러니까 전기에 지원했다 떨어졌거나 전기에 지원하지 않았던 학생들이 후기 일반고에 갑니다.

곽노현 그러면 일반고에는 전기에 지원했다 떨어진 학생들이 오는데, 공부 좀 하는 아이들부터 특성화고도 떨어진 아이들까지 참 다양한 학생들이 와 있는 거네요.

김정빈 현실적으로 보면 성적이 떨어진 아이들이 많습니다. 일단 진로 문제를 보면 이미 전기에서는 진로를 결정한 아이들이 많습니다. 예체고도 예체능으로 가겠다고 결정한 아이들이고, 특성화고를 지원했던 아이들도 성적과 관계없이 특성화 쪽으로 진로를 결정한 아이들입니다. 특목고, 외고, 국제고, 마이스터고도 마찬가지입니다. 그러면 결국 일반고에는 성적의 편차가 큰 아이들과 진로에서도 다양한 아이들이 다 모이게 됩니다.

곽노현 그러니까 일반고를 살린다는 것은 그 일반고라는 저수지 안에 다 모이게 된 다양한 아이들을 그룹별로 특성을 파악해서 각각에 대한 교육적 처방을 제대로 할 수 있을 때만 가능하겠네요.

김정빈 그렇죠. 그래서 진로별로 과정을 만드는 문제가 있습니다. 그리고 진학, 진로를 위해서 수업 혁신이 더 필요합니다. 성적 부진 학생에 대한 지도가 필요합니다. 공부 잘하는 학생에 대해서는 더욱더 발전시킬 수 있는 지도도 필요합니다. 이것이 일반고에 한꺼번에 몰아친 과제입니다.

태생부터 다른 혁신고와 자사고

곽노현 결국 일반고 살리기 내지는 일반고 정상화라는 말은, 일반고 아이들 중에 진로가 정해진 아이들에게는 진로교육, 직업교육을 더 강화하는 것입니다. 그것이 예체능 계열이건 특성화 계열이건 간에 몰두할 수 있는 기회를 주는 겁니다. 그리고 다른 한편으로 학습이 매우 떨어지는데 대학을 가야겠다고 맘먹은 아이들에게는 어떻게 해서든 학업 능력을 키워주는 것입니다. 그래서 일반고에 매우 다양한 요구가 주어집니다. 일반고에는 일단 대학 진학을 목표로 하는 아이들이 모여 있어요. 그럼 이 아이들 교육

을 자사고 방식으로 갈 것이냐, 아니면 수업과 생활지도를 혁신하
고 있는 혁신고 방식으로 갈 것이냐를 놓고 따져볼 때, 자사고 방
식은 왜 안 됩니까?

김정빈　자사고는 '공부 좀 한다'는 중상위권 학생들이 오기 때문
에 면학 분위기가 좋다는 것은 분명합니다. 지난 4~5년의 경험을
보면 자사고는 이미 대학 진학을 목표로 진로가 결정되어 있고 성
적도 중상위권 이상인 학생들을 따로 모아서 가르치는 겁니다. 그
렇다면 이것은 다른 일반고 학생들과 다르다는 것을 전제로 하고
출발하는 겁니다. 자사고는 그 학생들 일부에게 그 진로에 합당한
교육을 시키고 있다는 것은 사실이지만 결국 일반고의 모델로 될
수 없는 것이 태생적인 한계입니다. 반면 혁신고는 출발부터 일반
고였습니다. 공부 잘하는 아이, 못하는 아이가 섞여 있는, 다양한
진로가 섞여 있는 일반고를 혁신학교로 지정해서 운영했습니다.
특히 혁신학교는 교육청의 공모에 학교 교장과 교사들이 신청하
고 지원해서 지정된 것입니다. 자사고는 재단의 신청에 의해서 지
정되는 경우가 많았지만 혁신고는 일반고에서 교사들의 자발적인
의지와 의욕을 가지고 신청해서 지정되는 경우가 많았습니다.

곽노현　지금 말씀은 교사들의 자발적인 헌신을 이끌어냈다는 점
에서 혁신고가 좋다는 것으로 이해됩니다. 그런데 일반적으로 일
반고에서는 교사들의 헌신을 못 이끌어내고 있습니다. 혁신고는
어떻게 그러한 헌신을 이끌어낸 겁니까?

김정빈 아시다시피 초임 교사들은 의욕이 높습니다. '정말 잘해보겠다. 우리 애들 사랑하고 열심히 해보겠다.'는 의지가 있습니다. 그런데 10년쯤 지나면 선배들이 "너도 지칠 때가 됐다. 안된다."는 말을 합니다. 우리 학교 체제에 그런 적극적이고 능동적인 교사를 지원하는 체제가 없었습니다. 그런데 2009년, 2010년 이후에 민선 교육감, 직선 교육감, 특히 진보 교육감이 이런 교사들의 자발적인 노력들을 지원하는 기획을 했는데, 그것이 바로 '혁신학교'입니다. 어떻게 보면 그동안 수십 년간 우리 교사들 중에서 열심히 일하는 분들도 계셨지만 좌절하게 되는 경우가 많았는데, 그 노력과 땀을 그대로 혁신학교로 모았던 것입니다.

곽노현 그런데, 사람들은 이런 의문을 가지고 있습니다. "자사고에서는 입시 경쟁 교육을 한다. 입시 경쟁 교육이 자사고에는 맞고, 혁신학교에는 안 맞는다. 중학교까지는 아이들이 전인교육을 잘 받아야 한다는 것에 동의하지만, 일단 대학을 가기로 맘먹었으면 대학 입시 제도가 바뀌지 않는데 혁신 교육한다면서 느닷없이 익숙하지 않은 방식으로 협동 교육 하고 발표 토론 교육하고, 그러면서 진도 전혀 못 빼고 선행 학습은 꿈도 못 꾸고 이렇게 해서 무슨 경쟁력이 있겠냐?" 이렇게 말하는 분들에게 뭐라고 대답해야 하나요?

김정빈 자사고와 혁신고를 다시 비교하자는 말씀이신데요. 자사고의 경우는 방금 말씀하신 대로 효율적으로 보입니다. 그러면 예를 들어서 여쭤보겠습니다. 자사고는 늘어나는 것이 좋을까요? 줄어드는 것이 좋을까요?

곽노현 자사고는 일반화할 수 없는 형식이죠. 왜냐하면 성적 50% 이내에 있는 아이들만 뽑는다는 것이 전제되는 이상은 자사고는 보편화 가능성이 없잖아요.

김정빈 맞습니다. 그러니까 예외죠. 지금 서울에 25개 정도 자사고가 있는데 아마도 조금 인기 있는 자사고에서는 현재 자사고의 2/3 정도가 이번 기회에 취소되었으면 하는 마음도 가질 겁니다. 역시 희소성의 원칙이 있어야 더 실력 있는 아이들이 '우리 학교'에 많이 올 것이라는 기대가 있는 거죠. 여기서 알 수 있듯이 자사고는 태생부터 소수를 위한 학교입니다. 우리는 우리 공교육의 문제를 보면서 수십 년 동안 여러 노력을 해왔습니다. 아이들을 유학 보내거나 대안학교에 보내기도 했습니다. 그러나 소수만을 위한 학교를 만들어서는 해결이 안 됩니다. 오히려 정말 개혁 의지가 있는 교사들과 이것을 바라는 학부모들이 정말 성적 차이에 관계없이 다양한 진로를 모색하고 있는 아이들이 모여 있는 곳에서, 어떻게든 그런 학교 안에서 해결되어야 합니다. 이런 것이 결국 혁신학교의 정신이죠.

곽노현 드디어 '다들교육연구소' 연구소장다운 말씀을 하시네요. "소수가 아닌 '다들'을 위해서 모두 다를 위한 교육, 일반화 가능한 교육, 그러나 교육철학과 교육 취지에 맞는 그 교육을 고등학교까지 간단없이 계속하려면 일반고를 혁신하는 방법밖에 없다. 그리고 자사고는 태생적으로 보편적 표준으로 작동할 수 없다." 는 것을 개념적으로 설명해주셨습니다. 마지막으로 오늘 주제와 관련해서 말씀하실 것이 있으면 해주십시오.

김정빈 지금 자사고 폐지가 문제 되고 있습니다. 자사고가 실제로 제대로 운영되지 않았기 때문에 폐지하는 것 자체가 법적으로 어긋나는 행위는 아닙니다. 결국 자사고의 이해 당사자들, 이 정책을 밀어붙였던 교육부, 이러한 당사자들이 사실은 자기 정책의 오류를 인정하고 싶지 않기 때문에 이런 일이 벌어지는 것입니다. 그러나 진정 우리 공교육이 정상화되고 우리 일반고가 공교육의 표준으로서 정상화가 된다면 그것이 우리 사회에게 더욱더 발전된 모습이라고 봅니다. 그래서 자사고 문제와 관해서 자기 이해관계라든지 자기 정책의 정당성을 합리화하는 차원에서 접근하지 않고 정말 우리 사회를 위해 무엇이 중요한지를 고민하는 시점이 되었으면 좋겠습니다.

곽노현 들으신 것처럼 "혁신학교는 고등학교에도 예외 없이 관철되어야 한다. 그것이 한국 공교육 정상화의 최종 단계가 될 수 있다."는 말씀이셨습니다. 이것을 거꾸로 뒤집으면 "자사고라는, 태생적으로 특수한 학교는 특별하게 수행할 역할이 없다." 이렇게도 들립니다.

교장공모제, 법률에 채워진 시행령의 족쇄

곽노현　오늘 손님은 이용환 상원초등학교 교장 선생님이십니다. 오늘 주제도 지난 시간에 이어서 교장 승진 제도입니다. 진보 교육감 2기를 맞이해서 이것만은 고치자. 교원 승진 제도, 그중에서도 교장공모제 이대로 좋은가, 이대로는 안 된다는 취지로 어떻게 바뀌야 할지 말씀 듣도록 하겠습니다. 지난 시간에 우리가 교장 점수제, 승진명부제 이런 얘기를 나눴습니다. 승진명부제로 교장을 뽑다 보니까, 점수에 따라서 순위가 정해져 있고 결원이 생기면 그 순위에 따라서 그대로 교장 선생님이 되었잖아요. 이것의 폐해를 간단히 얘기해 주세요.

이용환　교장이 되려면 자격 연수를 받아야 되는데, 자격 연수를 받는 조건이 점수를 차곡차곡 쌓아서 일정한 점수에 도달하는 것입니다. 그 다음에 교장 자격 연수를 받게 되고 그 자격 연수가 끝나면 자격증을 받습니다. 그래서 교장이 되면 특권 의식을 갖고 제왕적으로 군림하면서 학교를 운영하는 문제가 발생합니다. 이렇게 교장이 되는 승진 제도를 바꿔야 되지 않겠느냐는 취지로 지난번에 말씀드렸습니다.

승진명부제의 폐해에 대한 대안

곽노현 교장 승진 명부에 의한 교장 승진 제도는 본인이 각자 점수 따는 거예요. 이 승진 명부가 작성이 되면 교육감도 손을 댈수 없고, 누구도 손을 댈수 없습니다. 학교의 공동체 누구도, 교사도, 학생도, 학부모도 건드릴 수 없습니다. 교장 점수에 따라서 순위가 정해지는데 그 순위에 따라서 교장을 배정받는 것 아닙니까. 그런데 이것이 문제가 많이 되자 결국은 개혁을 단행한 것이죠. 그 개혁이 교장공모제죠.

이용환 새로운 대안으로 훌륭한 교사 중에서 자질을 갖춘 교장을 뽑자. 그러한 방안의 하나로 교장을 공모하는 제도에 대해 말씀을 드렸습니다.

곽노현 그 교장공모제가 세 가지가 있다면서요?

이용환 크게 초빙형, 개방형, 내부형으로 되어 있습니다. 초중고 일반 학교를 대상으로 해서 교장자격증을 가진 분들 중에서 공모 자격을 주는 것을 초빙형이라고 말합니다.

곽노현　초빙형은 결국 교장 순위 명부의 후순위 분들이 조금 빨리 교장이 되려고 응할 것 같습니다.

이용환　주로 그렇게 하거나 아니면 임기 연장의 수단으로 공모에 응하는 경우도 있습니다.

곽노현　임기 연장이라 것은 교장 임기는 4년으로 중임까지 할 수 있는데 공모제는 중임에 포함되지 않기 때문에 중임을 한 번 하고 한 번 더 교장을 맡을 수 있다는 것이죠. 교장에 일찍 되신 분들이 한 번 더 할 수 있겠습니다.

이용환　두 번째가 개방형인데, 특성화나 예체능 학교, 쉽게 말하면 조리고나 애니메이션고 이런 특성화고등학교나 예고, 체고에 해당됩니다. 관련 분야에 3년 이상 종사한 경력이 있으면 누구나 응모할 수 있습니다.

곽노현　꼭 교직 경력이 아니어도 좋고 교장자격증이 없어도 될 수 있는 거군요. 전문가, 교수도 올 수 있고, 선수도 교장으로 올 수 있는 거군요.

이용환　말 그대로 개방한 겁니다. 그런데 특수한 경우이기 때문에 그렇게 흔하진 않습니다. 그 다음이 제가 공모한 경우인데 내부형이라는 것이 있습니다. 일반 학교 중에서 자율학교라고 있습니다. 교육감이 학교 교육과정에 자율권을 주어서 운영하는 학교를 말합니다. 혁신학교라든가, 자율형공립고가 자율학교에 해당되는데 그런 자율학교에 한해서는 15년 이상의 경력을 가진 교원이면 누구나 응모할 수 있게 한 것입니다. 교장자격증을 가진 사람도 응모할 수 있고, 교장자격증이 없는 평교사도 응모할 수 있는 제도를 내부형이라고 합니다. 현행 공모제는 이렇게 세 가지 방식으로 실시하고 있습니다.

곽노현 현행 공모제가 언제 시작된 겁니까?

이용환 참여정부, 즉 노무현 대통령에 의해 공약 사항으로 교장보직제를 내놓으면서 시작되었습니다.

곽노현 그거 전교조 요구 사항이었죠?

이용환 그렇기도 하고 교육계에서 교장 승진 체제에 문제점이 있으니까 교장선출보직제로 하자고 그랬는데, 노무현 후보께서는 선출은 합의가 안 됐으니 보직제라도 하자고 그래서 교장보직제를 공약으로 걸고 당선이 되셨어요.

곽노현 생각해 보니까 가장 개혁적인 공약이었네요.

이용환 그래서 취임을 하고 나서 당시 교육인적자원부에 그것과 관련된 안을 만들라고 지시를 한 것입니다. 그래서 그것이 교장 공모제라는 형태로 나오게 되었는데 처음에는 법적 근거가 없이 2007년 9월 시범 실시로 시작되었습니다.

곽노현　그러나 법적으로는 2011년부터 된 것이죠?

이용환　2009년에 시행령의 법적 근거를 마련해서 그 적용 시기는 2010년이기 때문에 2007년에서 2010년까지는 시범 실시 기간이었고, 2010년 이후부터는 법적 근거를 가지고 실시되고 있죠.

곽노현　중요한 것은 참여정부가 최초로 교장공모제를 정책 현안으로 밀었다는 거네요. 그동안 모든 교장은 100% 순위 명부에 의해서 그 순서대로 교장이 된 것이 아닙니까. 그 한 가지 방식이 반세기 이상 통용되다가 비로소 승진명부제도에 의한 교장 임용 제도에 보완이 생긴 거네요. 어느 정도 보완이 되었는지 가늠을 하려면 규모를 알아야 되거든요. 전국에 교장이 만 명쯤 되지 않습니까? 그러면 초빙형은 총 몇 사람이 되었나요?

이용환　공모제는 교육감 재량 사항인데, 교육부 지침에 의해 전체 학교 수의 1/3로 제한선을 두고 있습니다. 공모제를 실시하는 학교는 결원이 된 학교니까 주로 정년퇴임이나 명예퇴직하는 교장 선생님이 계시면 그 학교가 공모제를 실시할 수 있는 학교에 들어갑니다. 결원된 전체 학교의 33%에서 교육감이 공모제를 실시할 수 있습니다. 그러니까 만약에 잘 시행이 되었다면 그러한 학교들 중 33%가 교장공모제를 실시할 수 있는데, 현실은 그렇지 않습니다. 교육감이 공모제를 실시하기 위해서 지정을 하더라도 학교운영위원회에서 실시하겠다고 결정을 해야 하기 때문에 포기하는 학교도 많이 나옵니다. 그래서 공모제 교장은 서울의 경우 20% 정도 해당됩니다. 거기에는 초빙형 교장도 있고 내부형 교장도 있고 개방형도 있습니다.

곽노현 초빙형 교장이 압도적인 것 아닙니까? 그럼 공모제 교장 중에 내부형이 전국에 몇 분이나 있습니까?

이용환 전체 공모제 교장 중에 내부형 교장은 5% 미만입니다.

곽노현 그 내부형 교장은 평교사가 교장이 된 경우를 말하는 거예요. 아니면 평교사도 지원이 가능했던 학교를 말하는 거예요?

이용환 평교사도 지원이 가능한 학교를 의미하는 건데, 그중에서 평교사가 교장이 된 경우만 보면, 전국적으로 70개 정도 됩니다. 서울의 경우는 1300명 중에 2명밖에 없으니까 상당히 비중이 작다고 할 수 있습니다.

시행령이 교장공모제를 유명무실화

곽노현 제가 최대한 만들어 내려고 했는데도 2명이라는 것은 설명이 되어야 할 것 같아요. 왜 이렇게 적은 겁니까? '3중 족쇄'가 있죠?

이용환 네. 이게 제도적으로 문제가 있습니다. 공모제는 학교에 훌륭하고 유능한 교장을 임명하기 위해서 현행 승진제에 의해서 임명되는 제도를 보완하기 위해서 했으니까 되도록 공모제를 적절하게 섞어서 학교에 윤활유 역할을 하도록 해야 되는데, 제도적으로 전체 대상 학교, 즉 퇴임한 교장 선생님이 한 학기에 100명이 된다면, 그런 학교 중에서 33%만 하니까 33개 학교밖에 못하게 됩니다. 법적으로 시행령으로, 그중에서 내부형 공모제를 실시할 수 있는 학교는 먼저 '자율학교'로 지정되어 있어야만 합니다.

곽노현 전체 대상 학교의 33%를 계산 편의상 30%라고 하고요, 자율학교가 전체 학교에서 30%밖에 안되죠.

이용환 거기에 내부형 공모제를 실시할 수 있는 학교 수는 15%를 넘지 않는다고 시행령에 규정되어 있습니다.

곽노현 30%×30%×15%네요.

이용환   그렇죠. 그렇게 되면 100명이 자리가 있더라도 내부형을 실시할 수 있는 학교는 30%의 30%니까 9개 정도 되겠죠. 그중에 15%니까 한 명밖에 안됩니다.

곽노현   여러분 이해가 되십니까? 제가 교육감으로 있을 때 최대한 평교사 출신 교장 선생님을 등장시켜서 교장 문화를 바꾸고 교장 사회에 자극을 주고자 했습니다. 그럼에도 불구하고 딱 두 자리 만드는 데 성공했습니다. 그렇게 된 이유는 철저하게 제도적인 문제 때문이었습니다. 이 제도 바꿔야 된다는 여론이 높습니다. 특히 시행령으로, 대통령이 자율학교의 15%를 넘지 못하게 해놓은 것 아닙니까? 이것이 상위법 위반이라는 얘기가 있던데요.

이용환   예, 맞습니다. 국회에서 2011년에 교장공모제를 확대하기 위해서 법을 개정했습니다. 나머지 구체적인 시행에 대해서 시행령으로 위임을 하게 돼있죠. 그런데 시행령에서 과도하게 제한을 한 거예요. 3중 족쇄를 채운 겁니다. 법의 취지를 일탈했다고 하면 이 시행령 자체는 사실 무효거든요. 그래서 시행령을 개정해야 되는데 교육부가 안 하고 있습니다. 안 하면서 이유를 대고 있는데, 기존의 체제를 바꾸고 싶지 않은 속내를 드러내고 있어요. 이유를 들어보니까 크게 세 가지입니다. 하나는, 어쨌든 15% 이내로 제한하는 규정을 없앨 경우에 15년 이상의 교원은 누구나 다 교장에 응모할 수 있는 자격이 생기니까 학교가 교장 임용 경쟁의 장으로 전락할 우려가 있다며 이런 말도 안 되는 논리를 들고 있어요. 두 번째는 그동안 착실하게 승진을 준비해온, 점수를 잘 쌓아온 교감 선생님이나 부장 교사들이 기득권을 침해당하니까 반발할 수 있다. 그것도 교육부의 논리로서는 우습다고 생각합니다. 세 번째는 교장승진제가 유명무실해질 수 있다. 이게 가장 핵심적인 속내죠. 결국에는 현행 교장승진제를 유지하고 싶다. 그러기 위해서 이 제한 규정을 두었다는 건데, 사실상 법률에 위반되는 규정을 현 정부가 그대로 고수하고 있는 것이라고 볼 수 있습니다.

곽노현 얼마 전에 쇼킹한 소식이 전해졌습니다. 전국에 초등 교장 5700명을 회원으로 두고 있는 초등교장협의회에서 자체 공문으로 교육감 직선제 폐지 운동에 서명하라는 공고가 갔어요. 모든 교장님들은 여기에 협조해주길 바란다는 식으로. 이것은 그야말로 정치활동이고 집단행동 아니냐는 목소리가 나옵니다. 아마 전교조나 평교사가 이런 활동을 했으면 반드시 징계 대상이 되었을 거예요. 우리나라 교장 선생님들은 진보 교육감 내지는 직선 교육감을 아주 싫어하는 모양이에요. 왜 그럴까요? 일반 유권자들은 절대로 놓치고 싶지 않은 권리일 텐데. 교장 선생님들이 거꾸로 가는 것이 아닌가 하는 걱정이 들었어요. 마찬가지로 교장 승진을 위해서 노력하신 분들의 피와 땀을 그러니까 기득권을 존중해 드려야 하는 것이 맞습니다. 그럼에도 불구하고 한 가지 방식으로만 우리 교육계가 계속 갈 수 없어서 교장공모제 들여왔잖아요. 더군다나 실증조사 결과가 좋다고 나온다면서요? 어디가 제일 높나요?

학교 구성원들의 민주적 참여와 높은 만족도

이용환 교장공모제를 실시하고 있는 학교에서 실증적으로 나타나고 있습니다. 교장공모제를 실시하는 학교가 여러 가지 변화를 주도하고 있고, 여러 가지 면에서 순위명부제 학교보다 우수한 걸로 나타났습니다. 특히 교장의 직무 수행 능력도 뛰어나고 교장의 자질이나 특징적인 부분도 훨씬 뛰어납니다. 교사, 학부모, 학생의 만족도 모두 월등한 것으로 나옵니다.

곽노현 순위명부제 교장하고 공모제 교장하고의 차이죠. 공모제 교장에 세 유형이 있잖아요. 그중에 어떤 것이 더 좋은 것으로 나왔습니까?

이용환 세 유형 중에는 내부형 교장이 가장 뛰어난 것으로 나왔습니다.

곽노현 물론 예외적인 경우를 뻥튀기하면 안 됩니다. 그런데 교장을 바꿔야 학교가 바뀝니다. 교장이 바뀌어야 교사가 바뀝니다. 교사가 바뀌어야 아이들이 바뀝니다. 아이들이 바뀌어야 나라가 바뀝니다. 그런 차원에서 우리가 교장순위명부제도와 교장 공모제도를 비교하지 않을 수 없습니다. 선생님, 대안 간단하게 말씀해주세요.

이용환   사회 자체가 다양화되기 때문에 제도적으로도 그런 걸 수용해야 된다고 생각합니다. 교장 승진 체계가 문제가 있다는 것은 교육계에 거의 다 알려진 사실입니다. 그러나 그것을 단숨에 폐지할 수는 없기 때문에 점진적으로 폐지해가면서 다양한 교장들을 임용할 수 있는 그런 제도를 도입하자는 것이 바로 교장공모제입니다. 현행 실시되고 있는 교장공모제만 잘 활용해도 그러한 부분에서 일정하게 좋은 성과를 가져올 수 있다고 생각하기 때문에 제대로 된 교장공모제를 실시하자는 것입니다. 그중에서도 내부형에 족쇄를 채워놨는데, 그것을 과감하게 풀어서 훌륭한 교사 중에서 교장이 배출될 수 있는 그런 교육 환경을 만들어야 한다고 생각하고 있습니다.

곽노현   참고로 말씀 드리면, 교장공모제는 학교 구성원들, 특히 교사, 학부모들이 참여해서 심사를 하는 것 아니겠습니까. 그렇기 때문에 학부모, 교사 만족도가 높을 수밖에 없습니다. 보통의 경우는 누구도 심사하지 않고 오직 점수가 말해줘서 점수가 순위를 정해주고 그 순위대로 결원이 생김에 따라서 나가는 거니까요. 어떤 심사도 없고 점수 따기 경쟁만 있었습니다. 학교 구성원들한테 미리 심사를 받는 형식인 교장공모제가 합리적으로 운영

된다면, 지금처럼 3중 족쇄 속에서 신음하지 않는다면, 교장 문화
를 바꿀 수 있는 좋은 제도가 될 수 있습니다.

교육 30년 대계를 세우자

곽노현 오늘 인터뷰의 첫 주인공은 '교육을 바꾸는 사람들' 이찬승 대표십니다. 오늘 '교육 30년 대계를 세우자'라는 제목으로 이찬승 대표님과 대담을 나눠보도록 하겠습니다. 이찬승 대표님은 '교육을바꾸는사람들'의 대표로 알려져 있습니다만 몇 권 책을 저술하신 분이기도 하시잖아요? 능률영어사를 운영하셨으니까 영어책을 많이 쓰셨죠?

이찬승 영어책 많이 썼죠. 교과서도 많이 썼습니다.

아이들의 전인적 성장을 위한, 일관된 교육정책이 필요하다

곽노현 그렇지만 사실은 수학교육과 출신 아니세요. 굉장히 드문 경우인데요. 사람들이 부러워하겠어요. 수학과 영어를 동시에, 게다가 글 많이 쓰시는 걸로 봐서 국어까지 되시니 국영수를 통틀어서 통달하신 분이에요. 첫 번째 책 번역하신 것이 굉장히 인상적이었거든요. '빈곤을 염두에 두고 교육하기'라는 책 제목인데,

어떤 내용인가요? 아마 대표님의 가장 중요한 문제의식을 담은 것이 아닌가 싶습니다.

이찬승　제가 능률교육이라는 회사를 운영하다가 우리나라 교실 현장을 보게 되었는데 중상위권 애들 위주로 수업이 진행되니까 중하위권 아이들은 수업에서 배제되고 있었습니다. 그것이 저는 제일 마음이 아팠고 공정하지 못하다는 생각이 들었습니다. 그래서 빈곤 소외 계층 아이들도 학습에서 배제되지 않고 자기 성장을 계속 이룰 수 있는 교육 체제를 만들어보자는 생각 때문에 칼럼도 쓰고 토론회도 하고 그래왔습니다.

곽노현　교육을 바꾸는 사람들이라고 할 때, 바꿔야 할 것 중에 하나가 그런 중상위권에 치중하는 교육, 그리고 하위 30%를 거의 버리다시피 하는 교육, 이것을 바꾸자는 거겠네요. 이것을 위해서 교육 30년 대계를 세우자고 말씀하셨잖아요. 이번 칼럼을 보고 많은 분들이 감동했다고 할까요, 공감을 표시하고 있는데 반응이 어떻습니까?

이찬승　댓글도 상당히 많이 달렸습니다. 저는 5년에 한 번씩 정권이 바뀔 때마다 교육정책도 땜질하고 수선하듯이 바뀌는 것이 안타깝습니다. 이런 제도가 사실은 19세기에 뿌리를 두고 있는 것 아니겠습니까? 그것이 21세기에 맞을 리가 없죠. 집도 처음에 지을 때 잘 지어야 해요. 한번 지어 놓으면 고치기가 어렵듯이 교육정책도 뭔가 하나가 실행되고 나면 고치기가 어려워요. 그러니까 적어도 30년 후에는 모습을 갖추게 될 바람직한 교육을 만들자는 비전을 명확하게 제시하고 어떤 정권이 들어서든 그런 비전을 달성하는 정책을 펴서 결국 30년 후가 되면 모두가 바라는, 전인적 성장이 일어나는 그런 교육을 하자. 공정한 교육이 이뤄지게 하자! 그런 의미입니다. 그래서 그런 책을 썼습니다.

곽노현 '30년 대계'라고 하는 것은 그야말로 차세대를 생각하자는 것입니다. "정치꾼은 다음 선거를 생각하고, 국가를 생각하는 정치인은 다음 세대를 생각한다." 이런 유명한 말이 있는데 결국 5년짜리 교육정책에 갇혀서는 어떠한 지속가능한, 또 측정 가능한 진보도 이룰 수 없다, 교육에서의 변화를 확보할 수 없다, 이런 인식의 결과로 30년을 주장하시는 것으로 보입니다. 그 내용들을 우선 살펴볼까요? 보시기에 30년 대계를 위해서 첫 번째로 꼭 해야 될 것이 어떤 겁니까?

성적은 학력이 아니다

이찬승 우선 학력에 관한 인식의 문제입니다. 우리 사회에서는 너무나 오랫동안 경쟁 입시, 입시 위주의 교육을 해왔기 때문에 성적이 높으면 공부를 잘했다, 성적이 낮으면 너는 바보다, 공부를 못한다고 해요. 그것이 교육의 본질은 아니잖아요. 그런데도

불구하고 너무 오랫동안 아이들을 줄 세워서 성적이 좋으면 인격
도 좋은 것처럼 보는 것이 마음이 아팠습니다. 특히 "혁신학교가
잘하냐, 못하냐?" 논할 때, 혁신학교에 대해서 부정적인 분들은
"혁신학교 애들은 성적이 떨어지더라. 학력이 떨어지더라. 그러
니까 혁신학교에 돈 대주지 말고 혁신학교를 없애자." 이런 얘기
들을 하잖아요. 이렇게 말할 때 학력은 곧 성적을 의미해요. 그러
면서도 혁신학교가 잘하는 부분은 언급을 안 해요. 아이들의 인
성, 민주주의를 실천하면서 배우는 것들, 사회성, 감성, 사고력,
이웃을 생각하고 더불어 사는 삶, 이런 좋은, 본질적인 것들을 하
려면, 일시적으로 성적이 떨어질 수도 있는 겁니다. 특히 언론에
서 혁신학교를 비판할 때는 성적이 떨어졌다고 얘기하고 또 인성
을 얘기할 때는 혁신학교가 잘한다고 이야기해요. 그런 이중 잣
대를 가지고 왔다 갔다 하는 거예요. 우리 사회에서 학력을 말할
때, 적어도 21세기에는 사고력, 학습하는 능력, 어떤 변화 속에서
도 적응할 수 있는 능력, 창의적 문제 해결 능력, 이런 것들이 매
우 중요합니다. 그런 것이 학력의 중심이 되어야 한다고 생각합
니다. 그런 것들을 받아들이면 학습의 개념도 바뀌어야 합니다.
요즘 같이 문제 푸는 것은 학습이 아니지요. 교사가 교과서에 있
는 단편적인 지식을 전달하는 것도 교육이 아닙니다. 교육이란
것은 우리 삶의 문제를 놓고 고민하고 아이들이 학습의 주체가 되
고 교사는 곁에서 도와주는 사람이 되고 그런 것이 저는 진정한
교육이라고 보는 거죠.

곽노현　결국 교육을 재정의하고, 학습을 재정의하고, 학력을 재정의하지 않는 이상 희망이 없다. 이렇게 보시는 거네요. 그 가운데 가장 중심 주체라고 할 수 있는 교사의 역할도 재정의되어야 한다. 그런 말씀이시죠? 어떻게 재정의되어야 할까요?

이찬승　이제는 교사가 교단의 현재 자리에서 내려와야 한다고 생각합니다. 요즘은 아이들이 인터넷만 접속하면 교사가 알고 있는 것보다 수천 배나 더 많이 배울 수 있고 알 수 있기 때문에, 그 지식을 어떻게 활용할 것인지가 중요합니다. 그 지식을 가지고 자기 삶의 문제, 부모와의 갈등 문제, 동료와의 갈등 문제를 푸는 데 어떻게 활용하느냐가 더 중요합니다. 그러려면 교사도 아이들한테 배울 수도 있고, 아이들하고 같이 배우고, 아이들이 잘 배울 수 있도록 격려하는 조언자가 되어야 합니다. 그렇지 않고 교사가 늘 책에 있는 것을 전달만 하면 아이들은 다 엎어져 잡니다.

곽노현　네. 이걸 한마디로 말씀드리자면, 21세기 변화된 환경에 부합하도록 교사 스스로 교사관을 바꿔보자는 말씀이시죠. 두 번째로 표준화된 교육, 획일적인 교육과정, 표준화된 평가, 획일적인 일제고사, 점수 이런 걸로 책무성을 관리하자고 한 것이, 특히 이명박 정부의 교육정책 아니었습니까? 이런 것들을 어떻게 평가하세요? 왜 이런 것들을 최소화하자고 주장하시는 건가요?

표준화는 교육개혁이 아니다

이찬승　이것은 교사와 정부 간의 신뢰 문제이기도 하지만, 교사에게는 자율성을 주어야 합니다. 뭔가 일시적으로 실수를 하더라도 자율성을 통해서 책임감도 생기게 됩니다. 그런데 그것이 못미더우니까 중앙에서 교사들을 통제하면서, 교육과정, 교과서 통제하고, 여러 가지 평가까지 옥죄어서 교사들에게는 자율성이 하나도 없습니다. 그러니까 교사들이 그 지역 아이들에게 맞는 교육을 하려고 해도 할 수 없는 상황입니다. 이게 바로 표준화입니다. 핀란드의 한 교육정책 전문가 파시 살베리(Pasi Sahlberg)라는 분이, 전 세계의 교육을 병들게 하고 교육의 본질을 죽여 버리는 표준화 교육과정을 세균이라고 표현했어요. 재밌죠, 세균.

곽노현　세계적인 교육개혁운동(Global Education Reform Movement)의 머리말을 따면 GERM 아닙니까? 즉 세균(germ)이라는 뜻이 되는 셈이죠. 1980~1990년대에 이른바 신자유주의 열풍이 불면서 교육계를 강타한 것이 이 글로벌 교육개혁 운동, 약칭 GERM 아닙니까? 그런데 이것이 실제로 우습게도 세균적인 해독을 끼쳤다 이런 말씀이시죠?

이찬승　예, 맞습니다. 정말 이름 잘 지었죠. 어쩜 그 세균이, 그 독성 바이러스가 핀란드의 교육도 죽이고, 미국의 교육도 죽이고, 한국 교육도 죽이고, 일본의 교육도 죽이고 다 교육을 망가뜨리고 있습니다. 그래서 이제 해독제를 만들어야 해요. 교육에 있어서 개혁의 길이 있었는데 제1의 길, 제2의 길, 제3의 길, 제4의 길이 있습니다. 잘 아시겠지만, 제2의 길인 신자유주의에 바탕을 두고 아이들 성적으로 비교하고 학교 비교하고 그래서 아이들 경쟁시키고 이것이 효율이라고 생각하는 것이 바로 신자유주의에 뿌리를 두고 있는 세균의 원천입니다. 그래서 이제 그것을 중단하고 제4의 길, 즉 교사의 전문성을 인정하고, 지역사회, 학부모도 학교운영에 능동적으로 참여하고, 아이들도 주체적으로 참여해서 진정 학교 자체가 일어나야 합니다. 이것이 세균을 죽이는 길입니다. 그런데 우리 갈 길이 멉니다.

곽노현 우리는 표준화된 것을 굉장히 강조하면서 교사 간 경쟁, 학교 간 경쟁을 통해서 책무성을 확보하겠다면서 일제고사, 교원평가, 성과급 등을 도입했었습니다. 그런데 이것이 먹히지 않는다는 것이 사실은 드러났습니다. 그래서 혁신학교는 '경쟁'이 아니라 '협력'으로 가고 있는 모습을 보입니다. 그런데 세 번째로 단 하나의 교육과정, 단 하나의 교과서로 획일적으로 교육하는 걸 바꾸자고 그러셨습니다. 이것도 아마 두 번째와 연결이 되는 것 같은데 말씀을 해주시죠.

이찬승 옛날에는 아이들이 가정에서 부모한테 배우는 게 비슷비슷했어요. 지금은 부모가 어릴 때, 태교 때부터 어떻게 아이들을 지도하고 관심을 보이고 지원을 하느냐에 따라서 초등학교 1학년에 들어올 때 이미 아이들 간의 격차가 발생합니다. 과거에 격차가 5등급 정도였다면 지금은 15등급은 될 거예요. 그럼에도 나이가 같다는 이유로 한 교실에 다 모아놓고 똑같은 교과서로 똑같은 수준으로 똑같은 방식으로 가르친다는 거예요. 그럼 따라갈 수 있는 얘들은 소수밖에 안됩니다. 그러니까 학교라는 것이 낙오자를 만드는 공장 같다는 생각이 들어요. 그래서 이제는 다양성에 대비해서 크게는 개별화 교육이 되어야 하죠. 아이들 개개인의 흥미, 수준 모든 걸 감안해서 해야 되는데 그러려면 돈이 많이 들죠. 그래서 30년 정도를 보지 않고는 할 수가 없어요. 정부도 돈이 없고 그러니까 그래서 제가 30년 대계를 세우자는 것은 적어도 30년 후에 가면 아이들 개개인이 갖고 있는 잠재력을 다 실현시켜 주는 교육을 만들자는 겁니다. 가난한 집에서 태어났든, 부잣집에서 태어났든 자기 잠재력까지는 키워주는, 그래서 가치 있는 삶을 살 수 있는 그런 세상을 만들자는 것이 제 생각입니다. 그래서 최소한 30년이 필요하다는 겁니다.

곽노현 사실 표준화는 획일화죠. 이건 제품 생산에서는 적용될지 몰라도 인격 생산에서는 표준적인 인격이라는 것이 전체주의적이고 획일주의적인 인격, 다양성이 말살되고 개성이 거세된 인간사회를 의미하기 때문에 사실 교육계에 적용되기에 애초부터 무리가 있었다는 느낌이 듭니다. 그래서 "표준화, 획일화를 넘어서 개별화 맞춤형으로 가야 한다. 그것이 인격 대 인격의 만남으로서의 교육에서 마땅한 일이다. 그리고 이것이 굉장히 큰 변화이기 때문에 최소한도 30년의 중장기 계획을 갖고 차근차근히 지속적으로 나가지 않으면 안 된다." 이런 말씀으로 이해가 됩니다. 그럼 이렇게 될 경우에 한 가지 질문이 있습니다. 출발선에 차이가 있다는 것은 사람들이 다 수긍을 합니다. 그건 5세, 6세, 7세, 8세까지 수긍할 겁니다. 그런데 중학교, 고등학교에 가서도 계속 그럴까요?

아이들 특성에 따른 맞춤 교육으로 격차 줄여야

이찬승 출발선 문제가 한국 중학교, 고등학교 문제를 계속 끌고 올라갑니다. 중학교 선생님이 물어요. 애들이 책도 못 읽고 쓰지도 못해요. "너 초등학교에서 뭘 배웠니?" 읽기 쓰기 제대로 안 가르친 거죠. 고등학교에 와서 고2만 되면 2/3가 책 덮고 잡니다. 그럼 그 애들은 이해할 수도 없고 또 이해한다고 하더라도 '저것이 나한테 아무 의미도 없다. 내가 저거 한다고 해서 좋은 대학 들어갈 것도 아니고, 저것 한다고 해서 좋은 직장이 기다리고 있는 것도 아니니 나는 그냥 자겠다.'는 태도를 보입니다. 아니면 '나는 나가서 피시방에서 즐겁게 보내겠다.' 이것이 오늘날의 현상 아니겠습니까. 저는 그런 문제가 굉장히 가슴 아팠고 근본적으로 해결할 방법은 출발선에서부터 탄탄하게 가장 기본적인 것을 읽고 쓰고 생각하는, 그런 가장 기본적인 것을 초등학교에서부터 해서 일종의 완전학습을 지향하는 거죠. 그렇게 해서 중학교로 올려 보내야 하고 다시 중학교에서도 그렇게 해서 고등학교로 올려 보내지 않으면 고등학교 교실이 전부 다 잠자는 애들이고 문제투성이가 되는 거죠.

곽노현 어떻게 70점을 맞는데도 다시 말해서 30점을 모르는데도 진학시킬 수 있냐? 완전학습의 관점에서는 그런 얘기가 나오는 것을 본 적이 있었는데요. 그런데 출발선의 차이를 극복시키겠다는 것은 민주주의 공교육의 가장 큰 전제이고 책무 같습니다. 그렇다면 그것을 위해 어떤 것이 가장 필요할까요? 학습 부진 문제에 굉장히 관심이 많으시잖아요.

이찬승 한국은 사교육이 가장 잘 발달된 나라입니다. 그래서 빈곤 소외 계층 아이들과 부유층 아이들의 격차가 더 벌어지는 사회거든요. 그래서 학교에서 해법이 딱 한 가지가 있다고 봅니다. 공교육이 정상화되면 사교육이 줄어든다고 하는데 절대 사교육은 안 줄어요. '사교육 총액 불변의 법칙'이 적용됩니다. 왜냐하면 상위권 대학이 여전히 경쟁이 치열하니까요. 학습이라는 것은 교사가 심어 넣어주거나 설명해주는 것이 아니고 스스로 고민하고 스스로 깨우치는 것입니다. 우리나라 옛날에 다 서당에서 스스로 자기주도로 배웠습니다. 자기주도로 배우면 학원에 가서 앉아 있을 이유가 없습니다. 왜냐하면 학습은 수학 문제를 풀든, 내용을 이해하고 머리를 써서 자기가 끙끙거리면서 하는 것입니다. 그래서 최선의 해결 방법은 진정한 자기주도학습입니다. 스스로 노력하는 학습을 통해 학습자는 자기 책임감도 생기고 학습에 희열도 느끼는 것입니다. 교사가 주도하면 '저거 내가 배우고 싶지 않은 내용이야. 선생님이 너무 빨리 얘기를 해. 내용 중에 내가 모르는 단어가 너무 많아.' 아이들이 이렇게 생각해요. 각자 자기 수준에 맞출 수가 없습니다. 그래서 결국은 학습을 자기가 스스로 책임지고 하는 자기주도학습이 해결책입니다. 스웨덴이 그렇게 하지 않습니까? 아이와 교사와 부모가 셋이 만나서 이번 학기에 수학, 영어는 어디까지 도전하겠냐고 묻고 정해서 자기가 결정하면 책임감이 생기면서 열심히 하게 됩니다. 자기가 목표를 세우면 동기도 생기고 주의집중도 하게 되고 그것이 근본적인 해법이라고 봅니다.

곽노현 맞춤형 목표를 아이가 직접 참여하는 가운데 이뤄 나가는 방법이 좋겠다는 말씀으로 들립니다. 그러면 현재 문제는 고교 체제입니다. 고교 체제를 어떻게 하면 좋을 것 같습니까? 지금 대학 입시 경쟁은 학벌 사회나 서열화된 대학 체제, 분절된 노동시장, 대기업 위주의 경제구조 이런 것들의 영향 밑에 있잖아요. 그런데 교육 내적으로만 접근해서는 될 일이 아니겠습니다만 그럼에도 불구하고 고교 체제 개편을 손 놓고 있을 수는 없단 말이죠.

이찬승 고교 현장을 들여다보면 아이들이 왜 자는지, 왜 일주일마다 한 명씩 자퇴를 하는지 우리가 잘 알 수 있습니다. 결국은 국가가 제시하는 필요와 아이들의 필요가 일치하지 않는 겁니다.

일치하지 않으면 아이들은 자거나 거기서 도망가려고 하는 거죠. 그래서 아이들이 무엇을 공부할 것이냐, 어느 수준으로 공부할 것이냐의 선택권을 아이들에게 줘야 합니다. 그러려면 현재 같이 특성화고, 일반계고 이렇게 분리하지 말고, 저는 30년 후에는 캠퍼스형으로 통합해서 이 안에서 빵 굽는 걸 배우고 싶은 아이, 미용을 배우고 싶은 아이 등이 자기가 원하는 것을 배울 수 있도록 다양한 과정을 학교에 두는 겁니다. 거기에는 회사도 몇 개 지어놓고서, 아이들이 배우면서 일하고, 일하면서 배우고, 이러면 깽판 치고 문제 되는 애들 없어질 것이라고 생각합니다.

곽노현 물론 공교육 재정 투자가 굉장히 늘어나야겠네요.

이찬승 그렇겠죠. 세금 많이 걷어야죠.

교사의 자율성을 억누르는 국가 관리 사라져야

곽노현 거기에 따른 사회적 합의 과정이 물론 따라야겠죠. 그렇기 때문에 30년을 꼽고 계시는 것 같습니다. 그러면 누가 뭐라 그래도 30년 대계를 세움에 있어 교사 대책이 없을 수가 없지 않습니까? 교사가 교실에서 진정한 교육을 할 수 있는 여건을 만드는 것을 최우선시하자 이렇게 말씀하셨어요. 구체적인 내용을 말씀해 주세요.

이찬승 교사들을 보면 자기가 각자 섬이라고 그래요. 교사들끼리도 따로따로 움직입니다. 이래서 스스로를 단말기라고 부르는 사람도 있고 너무나 관료주의에 길들여져 있는 겁니다. 그러니까 이제는 거기에 저항할 수도 없고 그 힘이 너무 크고 거기에 오랫동안 길들여지니까 아예 딱 손을 놓고 포기한 것 같아요. 이래서 저는 희망이 없다고 이야기합니다. 교사가 집단 책임감, 집단 유능감이 있어야 학교를 살릴 수 있습니다. 섬으로 존재하지 말고 공동체를 형성해야 합니다. 그러려면 교사한테 자율성을 줘야지요. 성적 가지고 옥죄는 것이 아니라 실패해도 좋으니 책무성을 가지고 해보라고 하며 참아줘야죠. 저는 이것이 없다면 희망이 없다고 봅니다.

곽노현 섬과 섬을 연결하려면 다리가 필요한데 그렇게 해서 섬을 공동체로, 학습공동체로, 집단지성 발현 공동체로 만들어야 될 거 아닙니까? 거기에 핵심은 어떤 것이라고 보세요?

이찬승 저는 그것이 결국 교사의 자율성으로부터 시작이 되어야 한다고 봅니다. 그런데 정부가 표준화 시험을 가지고 학교를 측정하고 비교해 버리고 그걸 가지고 인센티브를 주잖아요. 거기에서 자유로울 사람은 없는 거예요. 그러니까 일단은 국가가 표준화 시험, 일제고사에서 손을 놔야 해요. 그래서 진정하게 아이들 수준에 맞게 교육하고 교사는 가르치는 것을 평가해야 합니다. 지금은 어떻습니까. 하반, 중반, 상반 나눠놓고 평가는 똑같이 해요. 그러니까 이건 난센스입니다. 선생님마다 다른 교과서를 채택할 수 있고 다른 평가를 하는 것이 당연히 필요합니다. 그랬을 때 아이들도 자기가 배우고 싶은 것을 배우는 건데, '강원도 산간이나 서울 어디나 똑같은 교과서로 똑같이 배워라.' 이것은 그것을 따라가는 소수들이나 따라가고, 좋은 대학이나 좋은 직장 바라는 아이들에게나 먹히는 것이지요. 대부분의 아이들에게는 학교는 감옥 같기도 하고 지옥 같기도 하고 가고 싶지 않은 곳입니다. 자기가 배우고 싶은 것을 배워야 하는데, 그런 것이 없으니 재미도 없을 수밖에 없습니다.

곽노현 학교가 시설 같네요. 공장, 학교, 병원 이런 것들이 다 푸코 식의 감시와 처벌 기제라고 합니다. 사실은 우리가 맞춤형, 개별화, 인격화를 향해 갈 때는 탈시설화해야 되는데, 학교에서 획일적인 교육과정, 표준적인 시험 평가를 벗어나지 못하고 있습니다. 그러면 교권도 살 수 없고 아이들도 '루저' 양산 공장으로 기능할 수밖에 없다는 문제의식을 지금 매우 강하게 말씀해주시는 것 같습니다. 그런데 사실 고등학교를 생각하면 기가 막힌 현상이 있어요. "EBS 교재에서 70% 이상 수능을 출제해라." 이러다 보니까 고등학교가 EBS '방송청취반', '문제풀이반'으로 바뀌었습니다.

이찬승 청취반으로 바뀐 것보다 더 심한 것은, 예를 들어서 영어 같으면 지문이 있잖아요, 뒤에 두 줄만 빼고 그대로 쓴다는 겁니다. 애들이 영어 지문 읽겠습니까? 뒤에 해석 읽지. 해석 쫙 읽어 보면 시험에 그대로 나오니까. 이건 영어 공부도 아니고 기가 막히는 거예요. 이건 해외 토픽감이에요. 이것을 지지하는 사람은 이런 얘기를 해요. "농산어촌은?" 농산어촌은 학교 공부든 대입시 준비든 그건 EBS에서 하면 되는 거지. 반드시 시험 문제를 EBS 문제집에서 낼 필요는 없는 거잖아요. 아이들이 전부다 영어 공부는 안 하고 전부 다 뒤에 나온 답만 외우게 하고 지문만 읽게 하고 영어하고는 아주 멀어지게 됩니다. 이런 해괴망측한 것을 국가가 유지한다는 것은, 외신에서 몰라서 그렇지, 이건 무조건 중단되어야 합니다.

대학 선발 50%를 계층 비율에 따라 배정하자

곽노현 지금 대입 전형 이야기를 하셨는데, 대입 전형을 근본적으로 변화시키자, 그것도 사회통합 목적으로 하자 그러셨단 말예요. 대표님 머릿속에는 빈곤한 아이, 하위권 아이, 약간 방기된 아이들이 떠나지 않잖아요. 그런 관점에서 대입 전형 방식을 전면 개혁하자 이렇게 말씀하시는데 어떻게 하자는 겁니까?

이찬승 지금은 어떻게 해왔습니까? 수능의 영향을 조금 줄이자. 내신 반영률을 좀 높이자. 대학 전형에서 복잡한 것을 좀 줄이자. 이렇게 아무리 해봐야 똑같습니다. 오히려 옛날의 학력고사 시절이 더 좋았던 때가 있었죠. 그래서 그런 방식으로는 근본적인 해결 방법이 나오지 않습니다. 그냥 예를 들어서 국립대학, 일류 대학의 반을 딱 잘라서 거기는 지역 안배를 하는 겁니다. 농산어촌 출신 얼마, 빈곤 계층 얼마, 중산 계층 얼마를 선발하도록 배정을 하는 것입니다.

곽노현 최소한 인구 비율에 맞게요?

이찬승 네. 그런 식으로 한다면, 50%는 대학도 살아야 하고 세계 서열에도 들어야 하니까 그 정도는 단계적으로 해라. 자진해서 100% 다 하자면 좋은데 그런 대학은 없을 거 같습니다. 그래서 50%라도 그렇게 되면 학교에서 일단은 이런 치열한 성적 경쟁은 안 일어나는 거죠. 거기다가 약간은 비교과 측면, 즉 사회성, 감성, 인성, 사회봉사 활동 이런 거까지 본다고 하면 대학이 좋아질 수 있는 겁니다. 저는 그런 정도의 대학 입시 변화를 꿈꿔 보자는 겁니다.

곽노현 그런데 이 방향으로 가기 위해서는 단기적으로 사회적 합의가 이뤄질 가능성은 희박하니까 점진적, 단계적으로 나아가서 설득 과정을 거치고 토론 과정을 거쳐서 나아가자, 그러려면 30년 정도 걸릴 것이다. 이런 말씀 같습니다. 물론 30년이 아니라 10년 안으로 당겨지면 더 좋은 것이겠죠.

이찬승 네, 핵심은 공정입니다. 수능 성적에 학부모의 경제력이 포함되고 있는 상황에서 수능 성적 측정으로 대학 입시를 하는 것은 부당하다는 겁니다.

곽노현 할아버지의 경제력, 어머니의 학력, 아버지의 무관심 이런 것까지 다 측정되면 곤란한 것이죠. 부모를 누굴 만나도 어느 지역에서 태어나도 공교육을 통해서 본인의 잠재력을 다 발현할 수 있는 공정한 교육, 실질적 기회균등, 이것이 반드시 확보되어야 한다는 말씀으로 이해됩니다. 되풀이되는 얘기 같습니다만, 출발점 차이를 줄인다는 것은 거대한 민주주의 프로젝트입니다. 이걸 위해서 교육계에만 맡겨서도 안 될 일입니다. 지역사회, 지방정부만 할 수도 없는 일 아닌가요? 어떻게 해야만 출발선 차이를 줄일 수 있는 조기 교육 시스템을 완성시켜 나갈 수 있을까요?

중앙정부 권한 줄이고 교육자치 확대해야

이찬승 한 번에 확 달라지는 것은 어렵습니다. 어느 나라나 점진적으로 나아지는데 우리나라의 경우에는 아직 비전이 없다는 것이 문제입니다. 출발선의 차이가 굉장히 큰데, 그것을 줄이자, 매년 어느 정도 줄이자, 수치로 줄이자 등의 관리를 안 하고 있습니다. 격차가 어느 정도 벌어져 있으니 매년 어떻게 줄이자는 사회적 논의가 있어야 하고 그러려면 상당한 투자가 있어야 합니다.

그 성공 사례들은 캐나다 온타리오, 핀란드 등에서 찾아볼 수 있습니다. 의지만 있으면 할 수 있다는 겁니다. 저는 30년이 아니라 40년도 좋은데, 그 출발선을 줄이자는 강력한 의지를 정부부터 시작해서 우리 사회 모든 곳이 추구해야 된다는 겁니다. 그래서 저는 30년 비전을 만들자 하는 것입니다.

곽노현 공정 교육이라고 말씀하셨던 것은 우리 헌법의 토대입니다. 이것을 위해서 우리가 분명한 비전을 가지고 측정 가능한 목표를 세우고 측정 가능한 진보를 이뤄야 된다는 말씀이시잖아요. 저는 이런 식의 정치 풍토가 없는 것을 개선하는 것이 정치 개혁이라고 봅니다. 지금까지 중앙정부들은 5년마다 주기로 바뀌면서 땜빵식의 개량에 몰두하다가 이도저도 못했다, 현상만 유지시키고 복잡하게만 만들었다, 이런 비판을 하고 계십니다. 확실히 중앙정부가 거기에 큰 몫을 하고 있습니다. 사실 가장 큰 몫을 했죠. 지방자치단체 선거를 통해서 교육감이 직선된 지는 불과 4~5년밖에 안 되니까요. 그러면서도 중앙정부가 교육감들을 강력히 통제하려고 하고 있지 않습니까. 중앙정부가 중앙집권적으로 교육을 통제하는 시스템을 근본적으로 바꾸자는 주장을 하셨잖아요. 구체적으로 어떻게 하자는 겁니까?

이찬승 제 발상이 어디서 나왔냐면, 미국을 보면 거기는 지방자치가 먼저 잘 발달된 나라입니다. 주별로 들쭉날쭉합니다. 그래서 중앙정부가 조금씩 개입하기 시작합니다. 그것은 완충을 하는 겁니다. 그것과 정반대로 보면 한국은 중앙정부 집권이 굉장히 강한 나라지요. 이제는 조금씩 풀어줘야 됩니다. 어떤 혁신학교, 어떤 혁신 시도교육청이 잘하면 자율성을 꽉 주어야 합니다. 그러면 거기서 상당한 혁신이 일어날 수가 있어요. 그러면 그 혁신이 다른 시교육청으로 다시 복제가 될 수 있고 퍼져나갈 수 있습니다. 어떻게 중앙정부가 한 가지 획일적인 방법으로 모든 사람을 만족시킬 수 있겠습니까? 강원도 다르고 서울 다르고 강남 다르고 강북 다른데, 그러니까 중앙정부가 쥐고 있다는 것은 획일성이라는 거예요. '획일성으로는 해결 방법 없다.' 그러면 어떻게 해서 중앙정부가 힘을 빼고 진정한 자치로 가느냐 그 논의를 해야 된다는 거죠. 논의 정도로는 안 되고 명확한 비전을 5년씩 만들자는 거죠. 핀란드도 30년 걸렸습니다.

곽노현 네, 그 과정에서 국가교육위원회 같은 독립된 기구를 만들자는 것에 대해서는 어떻게 생각하세요?

이찬승 저는 그것에 대해서 개인적으로 반대입니다. 왜냐하면 그것도 해결이 안되기는 마찬가지라는 거죠. 그 안에 학생, 학부모, 진보, 보수가 다 들어오면, 한번 해보셨지만, 서로 얘기나 됩니까? 아무것도 못하고 안됩니다. 그리고 그렇게 한다면, 교육부를 반으로 뚝 잘라야 되는데, 그렇게 반으로 자르기가 쉽지 않습니다. 또한 우리 사회가 개인의 성공이나 영달만 추구하면 사회통합은 멀어집니다. 그렇기 때문에 우리가 사회통합을 하려면 학부모도 정부도 각자 자기 이익을 조금씩 내려 놔야합니다. 그런 기구를 만드는 것은 지금 정부가 너무 많은 권한을 쥐고 있다는 불만에서 나온 것 같습니다. 그것을 하면 현재의 정부보다 더 못할 수도 있습니다. 굉장히 신중해야 합니다.

곽노현 굉장히 논쟁적인 주제에 대해서 명확한 입장을 표명하신 것으로 들립니다. 그런데 시청자 여러분 어떠셨습니까? '100년 대계는 꿈도 꿀 수 없지만 30년 대계는 최소한 해야 되지 않겠느냐, 그러려면 5년 단위로 바뀌는 중앙정부 의존도를 낮춰야 한다. 교육은 더 이상 중앙정부의 일이 아니라 지역의 일이다. 이것이 지방자치를 살리는 길이고 이것이 교육의 전문성과 학생들의 학습 역량을 키우고 민주 시민성을 살리는 길이다.' 이렇게 아주 열변을 토해주셨습니다.

이찬승 가능성은 낮다고 봅니다. 그렇지만 꿈은 꿔야죠. 계속 이 이야기를 높여야죠. 여러 사람이 목소리를 높여야죠. 그러면 정부도 무시하지 못합니다.

곽노현 이찬승 대표 혼자 꾸는 꿈이 아니라 함께 꿈꾸면 현실의 길이 됩니다. 그런 희망을 갖고 오늘 '꽉 찬 인터뷰' 여기서 마치겠습니다.

유치원교사에게 듣는
유아교육의 현주소 :
누리과정의 문제점과 전망

곽노현 오늘 인터뷰의 주인공은 서울 잠일초등학교 병설 유치원 교사이신 박정화 선생님이십니다. 지난 시간에는 박정화 선생님 모시고 현직 유아교육 교사가 바라본 유아교육의 현주소 중에서 주로 유아교육 전체의 성격을 이야기했습니다. 오늘은 유아교육 정책, 특히 누리과정 정책을 중심으로 이야기를 풀어보도록 하겠습니다.

곽노현 지난 시간에 선생님 말씀 중에 제일 인상 깊었던 것이, 아마도 유아교육에서는 평범한 얘기일 수도 있겠는데요, 유아교육의 특징은 놀이로 하는 교육이라는 거였습니다. 저에게는 그 말씀이 상당히 인상적이었고, 유아교육을 잘 정의한 것 같았습니다. 그런데 여전히 여쭤봐야 돼요. 우리가 오늘 정책을 중심으로 누리과정의 문제점이나 전망을 갖고 얘기할 텐데 영아교육과 유아교육 또는 0~2세까지의 교육과 3~5세까지의 교육을 보는 데 용어 혼란이 있습니다. 이러한 것들을 어떤 이는 '교육'이라고 하고 어떤 이는 '보육'이라고 하고 어떤 이는 '유아교육'이라고 합니다. 어떤 차이가 있는 겁니까?

보육과 교육은 분리될 수 없다

박정화 보육은 보호와 양육이 합쳐진 말인 것 같습니다. 아이들이 자라는 데 가정과 기관에서 아이들이 안전하게 생활할 수 있도록 보호하고 양육하는 것을 보육이라고 생각합니다. 교육이라고 하면 가르치는 사람이 있고 가르치는 대상이 있어서 의도를 가지고 사회적인 기술이나 지식을 구조적으로 조직한 활동입니다. 사실 보육과 교육이라는 것이 딱 분리되어 있는 것 같지는 않아요. 어린아이들, 영아의 경우에는 보육의 비중이 훨씬 크지만 보호를 한다고 해서 교육이 빠지는 것은 아닙니다. 취학 전 아이들인 4세, 5세의 경우는 교육을 중심으로 하지만 연령이 어리기 때문에 보육을 빼놓을 수도 없어요. 그래서 이 두 가지에 선을 긋듯이 여기까지는 보육, 여기서부터는 교육이라고 나눌 수 있는 것이 아닙니다. 취학 전 아이들의 경우는 연령 특성상 보육과 교육이 같이 가는데, 연령이 낮을수록 보육이 조금 더 필요하고, 연령이 높을수록 교육이 조금 더 필요한 것이 아닐까 생각합니다.

곽노현 '결국 보호와 사랑과 가르침이 통합되어야 한다. 특히 영유아 발달단계에서는 보호 활동이든 교육 활동이든 사랑과 놀이

로 통합되어야 한다.' 이렇게 이해하면 될까요. 그런데 우리는 지
금 보육과 교육이 굉장히 다른 것처럼 일도양단, 칼로 무 썰듯이
다른 것으로 생각하는 경향이 있습니다. 어디서 비롯되었을까요?
보육교사, 유치원교사, 어린이집, 유치원 이런 식의 구분이 있잖
아요. 어디까지는 진실이고, 어디까지 혼용이 되고 있을까요?

박정화　일단 학부모님들께서는 어린이집은 돌보는 곳이라는 생
각을 하세요. 장시간 돌보는 곳이라고 많이 생각하십니다. 취학
전에는 유치원을 보내야 한다는 생각을 많이 하세요. 그렇게 보
면 유치원은 학부모님들도 교육기관이라고 생각을 하시고 어린
이집은 보육을 중심으로 하는 곳이라고 생각을 하시는 것 같습니
다. 혼용이 되는 이유는 실제로 어린이집과 유치원은 초등학교처
럼 처음부터 의무교육으로 시작한 것이 아니기 때문이라고 생각
합니다. 그렇기 때문에 보건복지부 관장 아래 있는 어린이집, 교
육부 관장 아래 있는 유치원들이 서로 다른 성격을 가진 것으로
생각하는 것 같습니다.

곽정화　처음부터 설계는 물론이고 관장 기관이 달랐군요.

박정화　네, 치밀하게 설계를 했다기보다는 취학 전 나이의 어린
이를 돌보다 보니까 어떤 기관에서는 짧은 시간에 교육적인 효과
를 높이는 교육을 하게 되고, 어떤 기관에서는 장시간 어린이들을
보육하는 것을 목적으로 하다 보니까 서로 다르게 발전된 개념이

라고 생각합니다. 20년 동안 다르게 발전해오다 보니까 두 개의
기관이 성격도 다르고, 교사도 다르고, 기관을 운영하는 방법도
다르고 이렇게 된 것이 아닐까 싶습니다.

곽정화　그럼 조금 더 구체적으로, 어린이집에도 보육교사라는
분들이 있고 유치원에는 유치원교사가 있지요. 그 두 그룹이 서
로 법적 자격 요건이 다릅니까?

박정화　유치원교사에 대해 말씀드리면 대학에서 유아교육과를
졸업하거나 3년제, 4년제 대학에서 아동학과 같은 관련 학과에서
교직 이수를 하면 유치원 2급 정교사 자격증을 받을 수 있습니다.
현장에는 2급 정교사 자격증을 가지고 나와서 3년 이상 교육 경
력을 가지면 1급 정교사로 승급할 수 있는 보수교육 기회를 갖게
됩니다. 제가 알기로는, 보육교사의 경우에는 유아교육과나 아동
학과 등 관련 학과를 나오면 일정한 경험을 쌓은 후 똑같이 보육
교사 1급 자격증을 받고, 1년 정도의 양성 기관이나 이런 데를 거
치면 보육교사 2급을 받게 됩니다. 사실 저는 유치원교사다 보니
까 거기까지만 알고 있어요.

곽노현　일반적으로 유치원교사는 조금 더 교사스럽고 어린이집
교사는 조금 덜 교사스러워서 자격 요건도 '가방끈이 짧다'라고
이해하는 경향이 있습니다.

박정화 그렇게 설명할 수는 없을 것 같아요. 제가 보기에는 엄격하게 전문성의 차이는 분명히 있다는 생각이 들어요. 국립 유치원 같은 경우에 서울은 '에듀케어'라고 하는 종일제 프로그램이 있습니다. 거기는 유치원교사 자격증을 가진 사람을 첫 번째로 뽑게 되어있는데 예전에 보육교사 자격증을 가진 선생님과 같이 근무를 했던 적이 있었습니다. 그분이 근무하시는 것을 보면서 '유치원교사와 보육교사는 전문성이 다르구나!'라는 것을 현격하게 느꼈습니다. 그때 그분은 아이들의 생활에 굉장히 밀착한 느낌을 주었습니다. 저는 똑같은 시간에 아이를 보면서 분 단위로 수업을 계획하고 빠듯하게 수업을 짜는 반면에 그분은 수업을 하시면서도 아이들의 생활에 밀착되어 있다는 느낌을 많이 주었고 마음가짐이나 교육 활동을 수행하는 데도 많이 달랐어요. 확연하게 전문성의 차이라는 것을 느꼈습니다.

곽정화 오해하지 않도록 제가 토를 좀 달게요. 전문성의 방향이 조금 다를 뿐이지 전문적인 직업 맞죠? 보육교사도 유치원교사도? 얼핏 생각하면 '그것 뭐 아무나 몇 시간 가르쳐서 하면 되는 거 아냐?', '전문성이 아무래도 약할 수밖에 없지.' 이렇게 생각하는 경향이 있지만, 다른 한편에서는 '정말 어디로 튈지 모르는 아이들이고 비정형적이고 유연성이 가장 큰 아이들이기 때문에 이 아이들을 돌보는 것이야말로 고도의 전문성이 필요하다. 교사 중의 교사다.' 이런 입장이 있습니다. 어느 쪽이 맞는 겁니까?

박정화 둘 다 고도의 전문성을 갖고 있는 것이 맞습니다. 전에 인터뷰에서 말씀드린 것과 같이 같은 반에 이름도 못 쓰는 아이와 동화책을 술술 읽는 아이가 있습니다. 같은 연령인데도 발달 수준이 모두 다른 아이들을 한 교실에서 돌보는 것은 고도의 전문성을 갖지 않으면 할 수 없는 일입니다. 그래서 보육교사이든 유치원교사이든 각각 다른 전문성을 가지고 있는 것이지 누가 조금 덜하고 누가 조금 더 교육을 잘하느냐의 차이는 아니라고 생각합니다.

곽노현 점점 교육이라는 것이 강조되다 보면 아까 선생님 말씀에 유치원교사는 1분 단위로 수업을 계획한다고 그랬잖아요. 그러다 보면 유치원에서 노는 건 노는 것이 아닐 수 있어요. 고도로 계획된 교육 아닌가요? 아이들이 그것을 놀이로 생각할까요? 교육이라고 생각할까요?

유아교육을 획일적으로 통제하려는 누리과정의 부작용

박정화 아이들은 교육으로 생각하는 것 같아요.

곽노현 소외된다는 뜻인가요?

박정화 아니오. 소외된다는 것보다 본인의 의지가 얼마나 들어

가느냐의 문제인 것 같아요. 이게 누리과정을 얘기하면서도 계속 나오는 문제인데 실제로 혁신학교 얘기하면서 학교 현장에서는 교육과정 편성의 자율권 내지는 개방형 교육과정 이런 얘기를 많이 하잖아요. 그런데 유치원 교육 같은 경우에는 옛날에는 국가 수준의 교육과정이 있었다고 해도 최소한의 도달해야 할 목표치만 제시할 뿐이지 유치원 현장에서 기관이나 교사가 자율적으로 편성할 수 있도록 해줬어요. 그랬기 때문에 몬테소리라든가 발도로프라든가 여러 가지 교육과정들을 내세우는 유치원들이 많았습니다. 그런데 누리과정에 들어가게 되면 누리과정을 적용받는 아이들은 모두 똑같은 수준의 교육적인 목표들을 달성해야 하는 교육을 받게 됩니다. 왜냐하면 누리과정을 시작하게 된 것 자체가 취학 전 유아에게 동일한 준비 교육을 시켜서 초등학교에 잘 적응하게 하는 목표가 있기 때문입니다. 그러다 보니까 목표도 굉장히 구조적으로 되어 있고 교사가 그 시간 동안 해야 하는 교육 활동의 예시들이 지도서를 통해서 매우 구조화된 형태로 제시되고 있습니다. 그래서 교사가 그것을 하다 보면 이게 놀이 중심이고 유아 중심이어야 되는데 교사의 활동 중심으로 수업이 흘러가는 경우가 많은 겁니다. 저는 수업을 열심히 준비해서 애들하고 실컷 놀아줬는데 딱 끝나고 나면 애들이 "선생님, 저 이제 가서 놀아도 돼요?" 하고 물어보는 경우가 있어요. 그래서 교육부가 누리과정을 내려주면서 '애들의 놀이 시간을 충분히 확보하기 위해서 운영 시간도 늘려야 한다. 바깥 놀이도 한 시간 이상 해야 한다.'고 말하지만 실제로 누리과정을 적용하다 보면 아이들한테서

"선생님, 이거 해도 돼요? 이젠 놀아도 돼요?" 이런 질문을 많이 받게 됩니다. 놀이 중심 교육이 무엇인가, 유치원 교육이 무엇인가라는 본질적인 질문에 대해서, 저는 솔직히 누리과정이 답이라고는 생각하지 않습니다.

곽노현 자연스럽게 현재 유아교육 정책의 문제점까지 이야기가 나왔습니다. 그런데 지금 살짝 언급하신 것 외에, 교육과정이 너무 획일화되는 것 아닌가 하는 우려가 있다, 이런 말씀을 하신 거고, 교육과정이 더 상세하게 작성되는 바람에 교사들의 자율성을 많이 제약받게 되었다 이런 말씀이시잖아요. 이것에 찬반이 있고 장단점이 있겠죠? 그것 말고 지금 유아교육의 가장 큰 문제점이 뭐라고 파악하세요?

박정화 사실 '유아 정책'이라고 하면 교육정책이어야 하잖아요. 그런데 실제로는 유아 정책이 지금 복지 정책으로서의 성격을 많이 갖고 있는 것 같습니다. 물론 교육과 복지를 떨어트려 놓고 생각할 수 있는 것은 아니지만 유아 정책이 국가가 국민에게 주는 대국민 복지 정책 정도에 머무르고 있는 겁니다. 사회 기초 단위인 가정에서부터 돌봄이 시작되어야 하고 그것이 기관으로 연결되어야 합니다. 엄마와 아빠에게 안정된 일자리를 주고 육아 시간을 보장해서 가정이 아이를 돌보고 키우는 데 제 기능을 발휘해서 인성을 잘 갖춘 아이로 키워내야 합니다. 그런데 지금의 복지 정책은 거기에 초점을 두는 것이 아니라 얼마나 기관에서 오랫동안 봐주는가에 초점을 맞추고 있습니다.

곽노현 엄마, 아빠의 경제활동 지원에 너무 초점이 맞춰져 있다는 말씀인가요?

박정화 네. 실제로 그 경제활동이 정규직을 보장하는 건 아닙니다. 사실 시간제 일자리와 같은 비정규직으로 갈 수밖에 없고, 장시간 아이들을 돌보는 교사도 사실 자기 아이를 다른 기관에 맡겨야 하는 구조를 보면, 복지 정책의 방향이 잘못되었다는 생각이 들고, 그런 잘못된 방향이 가장 두드러지는 것이 유치원, 유아교육 쪽이 아닌가 생각합니다.

곽노현 유아교육이 급격히 확장되는 단계 아닙니까? 무상 유아교육을 기치로 내걸면서 또 누리과정을 갖고 와서 질 관리를 좀 더 엄격하게 하고, 이런 과정에 대해서 현직 유치원교사들은 편안하지만은 않다 이런 말씀으로 이해를 할게요. 어차피 복지 정책은 무상성 같은 것이 강조되어서 그런데 기본적으로 유아교육으로서의 내실은 갖추어야 되잖아요. 그런 부분에서 걱정되는 부분이 있다는 얘기는 누리과정을 얘기하면서 하나하나 짚어보겠습니다. 지금 이 정부는 아무튼 '영아교육과 유아교육을 통합하겠다. 보육과 유치원 교육을 통합하겠다. 어린이집과 유치원을 통합하겠다.'고 했습니다. 그것을 전문 용어로 '유보통합'이라고 한다고 들었습니다. 유아교육과 보육의 통합인가요? 그럼 이 유보통합의 목적은 뭡니까? 이 목적과 방향은 바람직한 겁니까?

박정화 내세우는 목적은 굉장히 바람직합니다. 아이가 있는 가정의 소득 수준이나 지역, 다니는 기관에 상관없이 출발점이 평등한 교육을 실현한다. 이것을 목적으로 이야기합니다.

곽노현 거기에 0세~5세까지를 다 포괄하겠다는 건가요?

박정화 현재 0세~5세까지 모두 다 통합하겠다는 말은 나오지 않았습니다. 유치원은 유아교육법상 만 3세~5세까지의 아이들만을 교육하게 되어 있는 기관입니다. 그런데 실제 현장에 배포된 공문에는 0세~2세까지 아동을 유치원에서 교육하는 것에 대한 원장님들의 수요를 조사하는 설문이 들어있었습니다.

곽노현 원래 전통적으로 0세~2세까지는 어린이집의 고유 영역이었죠.

박정화 네, 그렇죠. 이런 것들을 보면 정부가 유아교육과 보육을 통합하는 데 있어서 큰 그림이 그렇다고 말은 하지 않았지만, 유치원과 어린이집에서 모두 0세~5세까지를 보육하고 교육하는 통합을 그리고 있는 것이 아닌가 생각을 하게 되었습니다.

곽노현 정부 입장에서는 골치 아플 거예요. 복지부는 어린이집 0

세~2세를 고유영역으로 삼으면서 3세~5세도 다루는 곳으로 본다는 말이에요. 그런가 하면 교육부는 유치원을 관장하는데, 유치원은 3세~5세를 다뤘던 거 아닙니까. 그리고 우리나라 구조상 사립이 80%를 넘게 공급하고 있단 말입니다. 이런 구조에서 과연 '출발선의 평등'이 요구하는 양질의 균질적인 교육, 보육 서비스를 제공할 수 있을 것이냐 문제입니다. 그리고 이 문제가 특히 아동 학대라든가 이런 스캔들과 함께 아주 강하게 대두된 거잖아요. 또 저출산 사회의 공포를 우리가 안고 있는데, 이것을 극복하려면 반드시 애 낳기 쉽고 애 키우기 쉬운 사회를 만들어줘야 합니다. 그래서 심지어는 '국가완전책임제'까지 거론되고 있는데 이런 구조 안에서 균질적으로 최상의 교육을 제공하려면 쉽지만은 않을 거란 말이에요. 그러니까 이걸 빨리 하면 할수록 여러 가지 문제가 있을 것 같습니다. 그런데 빨리 해달라는 것이 시민들의 요구란 말이에요. 그 와중에 잘못하면 교사들이나 기관 운영자들이 터질 수가 있어요. 그래서 한번 짚어봅시다. 지금 유보통합의 과정이 누리과정을 적극적으로 밀면서 진행 중인 것 아닙니까. 어떤 문제들이 드러나고 있어요?

박정화 말씀하신 것처럼 20년 넘게 관계 부처도 다르고 교육의 내용이나 형식이나 기관도 모두 다 달랐어요. 이걸 통합하는 것 자체는 쉬운 일이 아닌데, 대통령이 본인의 임기 안에 유보통합을 이루어내겠다고 하면서 추진한 첫 번째가 누리과정 교육과정 통합이었습니다. 누리과정 지원금을 기관에 주게 되어 있는 것이었는데, 가장 큰 문제는 그 목적인 평등한 출발점 교육을 아이들에게 제공하려면 일단은 교육하는 기관의 질적 수준도 고르게 만들어야 하고 그 기관에서 교육과정을 운영하는 교사의 질적 수준도 고르게 만들어야 합니다. 현재 유보통합의 단계로 우리에게 알려진 것들은 행정적인 통합까지만 진척이 되어 있는 상황입니다. 예를 들면, 국민의 알 권리를 제공하기 위해서 유치원과 어린이집의 현황을 공개하는 정보 공시를 올 하반기에 통합하겠다고 얘기했습니다. 그리고 누리과정 지원금은 주고 있고, '어린이집과 유치원의 평가도 통합하겠다. 그리고 운영 시간도 동일하게 만들겠다.'고 말하고 있습니다. 사실 이런 것들은 행정적인 통합이잖아요. 그래서 이런 부분들은 어려운 것이 아니에요. 그런데 아까 말씀하신 관계 부처의 통합이라든가 어린이집 같은 경우에도 국공립 어린이집부터 민간 어린이집까지, 거기서 일하고 있는 교사의 질도 다르고 수준도 다르고 자격도 다르고 환경도 다릅니다. 유치원도 국공립 유치원 있고 사립 유치원 있습니다. 국공립 유치원도 두 학급 있는 유치원, 세 학급 있는 유치원, 단설 유치원이 다릅니다. 사립 유치원도 교육 환경이 다 다른데 이런 여러 가지 기관들을 어떻게 비슷한 수준으로 끌어올려서 똑같은 출발점 평등 교육을 실현할 건지 그리고 그 기관에서 일하고 있는 그 많은 교사들의 자격을 어떻게 끌어올릴 것인지에 대해서는 한 번도 들어본 적이 없습니다.

유치원도 서열화하는 정부 정책

곽노현 네, 방향은 맞는 것 같은데 옳은 방향이라고 할지라도 이 것을 실현하는 과정에서 당사자 참여가 관철될 때만이 올바른 결과가 나올 거 아녜요. 그런 면에서 미진하다는 말씀으로 듣겠습니다. 평가등급제가 논의되는 걸로 알고 있거든요. 지금 학교는 평가 등급을 안 매겨요. 그런데 유치원은 평가 등급을 하겠다, 어린이집을 포함해서 누리과정을 실시하는 모든 기관에 대해서 평가 등급을 하겠다, 이런 것이 안으로 나와 있죠. 이건 어떤 배경이에요?

박정화 일단 평가등급제를 하겠다는 가장 큰 이유는 학부모들의 알 권리를 보장하고 기관의 선택권을 보장하겠다는 거예요. 유치원에 알리미 시스템이라고 정보 공시하는 시스템이 있거든요. 거기에 지금 유치원과 어린이집이 다른 평가를 받고 있어요. 제가 어린이집은 솔직히 어떻게 받고 있는지 모르겠지만 유치원은 유치원 평가라고 해서 3주기를 맞고 있는데 평가를 처음 시작할 때에는 "서열화하지 않겠다. 그냥 평가의 과정을 통해서 유치원이 본연의 교육과정의 질적 수준을 높이겠다."고 했지만, 실제로 3주기 평가를 맞이하면서부터는 평가 결과 상위 11%의 유치원을 알리미 시스템에 공개하겠다고 합니다.

곽노현 사립이 워낙 많다 보니까 불가피하게 이런 일을 하는 건가요?

박정화 그런데 이해가 안되는 점은 뭐냐면 사립의 교육의 질적
수준을 끌어올리려고 한다면 평가 결과에 맞는 피드백이 있어야
하잖아요. 재정이 투명하지 않다든가 교육과정을 파행적으로 운
영한다면 벌칙을 적용하든가 행정적인 제재를 해야 되는데, 그런
것은 전혀 없습니다.

곽노현 명예를 주고 평판을 높여서 사람들을 거기로 쏠리게 하고
시장 원리가 작동하게 한다는 뜻이겠죠.

박정화 그래서 사립 유치원을 견인하기 위해서 평가를 한다는 것
도 맞지 않는 부분입니다. 어린이집과 통합하고 등급화해서, 정
보 공개해서 학부모들의 알 권리를 보장한다는 부분도 사실 등급
을 매긴다고 해서 1등 하는 유치원이 정말 좋은 유치원이고 꼴등
하는 유치원이 정말 나쁜 유치원이라는 보장은 없거든요. 평가의
기준도 그렇고 처한 환경들이 굉장히 상이하기 때문에 민간 어린
이집, 국공립 어린이집, 공립 유치원, 사립 유치원 환경이 다 다르
기 때문에 이렇게 서로 다른 유치원들을 어떻게 하나의 기준으로
1등부터 100등까지 줄을 세울 것인가라는 우려가 있습니다.

곽노현 네, 알겠습니다. 이것과 연장선에 있는 "어린이집 또는 누
리과정 실시 기관에 대해서 CCTV를 의무화하겠다, 그래서 교사

의 교육 활동을 CCTV로 담아내겠다."는 정책은 어떻게 생각하세요?

박정화 저는 반대하는 입장이에요. CCTV 의무화 법안이 추진된 계기가 교사가 아이를 학대하는 동영상이 공개된 이후잖아요. 그러면서 CCTV를 설치하면 교사가 아이를 체벌하거나 학대하는 것에 대한 예방적인 효과가 있을 것이다 내지는 교사가 아이를 어떻게 대하는지 사전에 감시할 수 있을 거라는 의도가 들어 있잖아요. 사실 그것은 CCTV가 있다고 해서 나아지는 부분들이 아니거든요. 교사 1인당 아이의 수라든가 교사의 근무시간과 관계가 있는 것이고, 이 CCTV를 설치함으로 인해서 교사들이 수업을 하면서 겪는 위축감이 생기죠. 사실 이게 제기되면서 유치원교사들이 어떤 얘기를 하냐면 예뻐해주면서 만져주거나 안아주거나 머리를 쓰다듬어주기가 어렵게 됩니다. CCTV라는 것 자체가, 보는 사람 입장에서 장면을 해석하기 때문에 그 당시의 실제 상황을 왜곡하는 경우도 있습니다.

곽노현 아무튼 교육 활동에 CCTV를 단다는 발상은 반교육적입니다. 어떤 교사도 용납하기 어려울 것 같아요. 문제의식은 알겠지만 방법을 달리해야겠다는 말씀으로 이해해도 되겠습니다. 유치원, 유아 교육정책의 문제점을 박정화 선생님 모시고 들어봤던 인터뷰 마치도록 하겠습니다.

교육 백년지계 훼손하는
중앙정부의 월권과 무책임

    교육은 최소한 3세대에 영향을 미친다. 당연히 3세대, 즉 100년을 내다보며 구상하고 실천해야 한다. 그러나 현실에서는 교육 백년지계는커녕 교육 5년지계가 고작이다. 그것도 정권에 따라 5년마다 갈팡질팡 바뀐다. 옛말에 맞게 100년, 아니 차세대 30년, 아니 눈앞의 10년만이라도 지속가능한 교육 비전과 목표를 사회적 합의를 통해 마련할 수는 없을까? 정권이 바뀌어도 변함없이 유지해서 모든 아이들이 출발선의 차이를 극복하고 자신의 잠재력을 남김없이 발휘하게 하는 그런 공교육을 해볼 수는 없을까? 21세기 사회경제 조건이 요구하고 국민을 위한, 국민에 의한, 국민의 민주주의가 요구하는 창의성과 집단지성을 길러주며 다 함께 행복해질 수 있는 민주 시민교육을 아이들 모두에게 제공할 수는 없을까?

    교육을바꾸는사람들 이찬승 대표는 이런 질문으로 시작한다. 교육 30년 대계는 철저하게 개별화된 맞춤형 교육과 자기 주도적 학습, 기초 완전학습과 프로젝트형 협력 수업, 생태 친화적 민주 시민교육과 창의성 교육, 실질적인 문예체 교육과 노작교육을 핵심으로 한다. 그 토대는 출발선의 차이를 최소화하려는 정부와 사회의 의지다. 이것에 기초해서 최대한의 중장기 목표와 정책을 내놓고 측정 가능한 진보를 이뤄야 한다. 어쩌면 30년은 지금처럼 급변하는 사회에서는 너무 긴 기간일 수 있다. 현실적으로는 5년 안에, 10년 안에, 20년 안에 반드시 도달해야 할 목표를 사회적으로 합의해내는 것이 필요하다. 그렇지 않고 5년의 정권 주기에 따라 혹은 4년의 교육감 임기에 따라 오락가락하는 교육개혁은 지속가능하지도 않고 바람직하지도 않다.

30년 계획이건 10년 계획이건 모든 교육개혁과 혁신은 학교에서 교사와 학생, 학부모가 체감할 수 있어야 한다. 학교는 누구보다도 교장하기 나름이다. 교장을 바꾸면 학교가 바뀐다. 서울 최초의 평교사 출신 교장이었던 이용환은 교육을 바꾸기 위해서는 교장 제도를 바꿔야 한다고 말한다. 지금처럼 20년 이상 열심히 점수를 따야만, 그것도 고과권자인 교장한테 매년 최고 점수를 받아야만 교장 자격을 취득할 수 있는 교원 승진 시스템 아래서는 좋은 교장이 나오는 게 몹시 어렵다. 현행 교장 승진 제도는 고과 권한을 가진 눈앞의 교장에 대한 무조건적 충성과 교무 행정 처리 능력을 제일 높게 쳐준다. 리더십을 평가하는 것도, 덕성을 평가하는 것도, 지성을 평가하는 것도, 감성을 평가하는 것도 아니다. 교장 자격 취득에 소요되는 20년도 넘는 기나긴 과정에서 평가권자는 오직 눈앞의 교장 하나다. 동료 교사나 학생, 학부모의 평가 과정은 형식에 불과하다. 나머지는 연구시범 프로젝트, 벽지 근무, 대학원 학위 취득 등 가산점 요건을 따라다니며 형식적으로 채우기만 하면 된다. 일정 점수 이상이 차면 승진 대상자 명부에 이름이 올라가고 그 점수에 따른 순서로 발령이 난다. 현행 교장 제도의 핵심은 교장 1인의 교사 평가 권한 독점 보유, 형식적 점수 누적에 따른 교장 자격 취득, 누적 점수 순위에 따른 기계적 교장 발령 순서라고 정리될 수 있다.

교장공모제는 교장 결원 학교의 1/3에 대해 위의 세 가지 특징 중에서 세 번째를 바꿔보는 데 지나지 않는다. 아주 제한적인 내부형 공모제에서는 두 번째 특징에도 예외가 설정된다. 경력 15년 이상의 교사는 누구든지 내부형 교장 공모에 응할 수 있게 허용했기 때문이다. 교장공모제 아래서 교장 후보들은 처음으로 공모 학교 교사와 학부모 대표의 면접 평가를 받게 된다. 선진국들과 달리 아직도 학생 대표는 교장 후보 면접 평가에서 제외된다.

교육계에 새 바람을 몰고 온 교장공모제를 입안한 것은 참여정부 교육부였다. 교장자격증 소지자를 대상으로 경쟁형 교장공모제를 실시하는 한편 교장자격증 소지자가 아니더라도 응모할 수 있는 내부형 교장공모제를 도입했다. 교장자격증 소지자나 교장자격증 취득을 위해 오랫동안 스펙을 관리해온 교장 지망 교사군의 기득권을 최대한 지켜주는 선에서 약간의 파열구를 낸 타협안을 선보였던 셈이다. 이명박 정부의 이주호 교육부는 막상 서울과 경기 등에서 진보 교육감이 출범하자 대통령령과 교육부령으로 교장공모제에 다양한 제약을 가한다. 첫째, 공모 교장의 수를 결원 교장의 총 33%를 넘지 못하게 제한한다. 둘째, 내부형 공모 교장의 경우 자공고나 혁신학교 등 자율학교에 국한한다. 셋째,

내부형 공모는 자율학교의 15%를 넘지 못하게 양적 제한을 둔다. 자율학교 역시 전체의 30%를 넘지 않기 때문에 결과적으로 내부형 공모제는 100개의 교장 결원이 나야 간신히 1개가 가능할 만큼 허울뿐인 제도가 되고 말았다. 법률로 교장공모제, 특히 내부형 공모제를 도입한 취지를 대통령령과 부령으로 무색하게 만든 '시행령 공화국'의 한 단면인 셈이다.

현행 교장 승진 제도를 믿고 스펙 관리를 십 년 넘게 해온 교사들이 많은 상황에서 섣불리 교장 승진 제도 개혁에 나설 경우 교총을 중심으로 기득권자들의 반발이 만만치 않을 것이다. 따라서 교장 승진 제도 개혁은 몹시 신중하게 추진해야 한다. 교장 승진 제도처럼 이해관계에 따라 찬반이 갈리지 않기 때문에 개혁 추진이 상대적으로 용이하면서도 학교 혁신 효과는 교장 승진 제도 개혁 못지않은 게 교원 업무 정상화다. 평교사, 특히 담임교사를 교무 행정에서 해방시켜서 온전히 수업과 생활교육이라는 교육 활동에만 전념하게 만들어주는 교원 업무 정상화는 모든 교사들의 숙원 1호라 할 수 있다. 교원 업무 정상화 개혁은 당장 모든 교사들에게 체감될 수 있을 뿐 아니라 많은 선순환 효과를 낳는 마법의 황금 열쇠다.

서울시교육청이 2012년에 실시한 교원 업무 정상화 만족도 조사에서 1등을 차지한 북서울중에서 교원 업무 정상화에 앞장섰던 혁신부장 강민정은 교원 업무 정상화는 교무실의 학년부 체제 전환이 선행 조건이라고 역설한다. 교무 행정에서 벗어난 담임 선생님들이 학년부 교무실에 모여서 동일 학년의 교육과정과 수업 방식, 생활교육을 함께 고민하고 협의하는 풍토가 자연스레 조성되면서 교육 전문가로서 교사들의 집단 책임감과 효능감이 살아나고, 학생들의 교사에 대한 신뢰가 높아지면서 교권이 살아나더라는, 강민정의 체험담은 모든 교사와 학부모, 학교운영위원들이 귀담아 들을 만하다. 교원 업무를 정상화하여 담임교사들의 부담을 덜어주고 교무실을 학년부 체제로 개편하면 교육 전문가의 책임 있는 협력이 시작되면서, 전문성과 효과성이 높아진다는 뜻이다. 이것은 학교 차원의 개혁과 혁신이 어디부터 시작되어야 하는지 명확히 알려준다.

학교 혁신과 학교 민주주의가 정착되어도 학교 차원의 노력만으로는 상대적으로 열악한 지역 학교의 부정적인 가정 효과를 상쇄하거나 극복하기란 정말 어렵다. 민주주의의 토대인 출발선의 평등을 위해서는 무엇보다 양질의 보육과 유아교육이 국민 세금으로 무상 제공되어야 한다. 부모와 지역은 달라도 모든 아이가 최고의 공보육과 공교육을 어려서부터 받을 수 있어야 한다. 아이는 언제나 특정 부모의 아이를 넘어 공동체의 아이이기 때문에 이것은 상대적으로 열악한 형편에서 태어나는 아이가 한 인간이자 시민으로서 마땅히 누려야 하는 인권이라고 할 수 있다.

유아교육을 언제부터 해야 할지, 어떤 내용으로 해야 할지는 논쟁적인 주제다. 유아교육과 보육의 경계선을 어떻게 칠 것이며 어디까지 통합 가능한지도 마찬가지다. 우리나라 법 체계는 보육과 유아교육을 엄격하게 구별한다. 보육은 보건복지부(시도지사에 위임) 소관 어린이집 담당이고, 유아교육은 교육부(교육감에 위임) 소관 유치원 담당으로 이원화돼 있다. 박근혜 정부는 유아 교육과 보육의 통합(유보통합)을 주장하면서 그 첫 단계로 누리 과정의 이름으로 어린이집이건 유치원이건 3~5세용 보육과 교 육의 통합 과정을 제공하도록 했다. 그러나 유보통합교육과정의 타당성 여부를 따져보기도 전에 누리과정 예산 문제로 인해 어린 이집도 유치원도, 교육청도 일대 홍역을 치르고 있다. 박정화는 유치원 교사의 눈으로 누리과정의 문제를 읽어주고 있다.

고등학교쯤 되면 학교 간에 바람직한 경쟁과 자극이 일어나고 그것을 통해 상향 평준화를 도모하며 국가 전체의 경쟁력도 올릴 수 있는 것 아닌가. MB정부는 이런 생각으로 자사고 설립에 열을 올렸고 명문 사학으로 발돋움할 자신이 있는 일부 사립고들이 정 부 지원을 받지 않는 자사고로 변신한다. 교육학 박사인 김정빈 은 현행 고교체제의 폐해를 잘 분석해주고 있다. 자사고는 태생 부터 소수를 위한 수월성교육을 내건 특권 학교다. 무엇보다 성 적 상위 50% 아이들만 받는다. 그리고 정부 지원 대신 자율성을 선택한 대가로 일반고 대비 3배쯤 되는 등록금을 받을 수밖에 없 다. 당연히 이 부담을 감당할 수 있는 중상류층 집안 아이들만 온 다.

반면 일반고는 모든 성적군의 아이들이 온다. 특목고와 자사고 가 성적 상위권 아이들을 싹쓸이하기 때문에 실제로 일반고, 특히 자사고가 몰려있는 서울의 일반고에는 성적 중하위권이 압도적 으로 많다. 더러는 예체능 진로를 원했으나 예고나 체고 전형에 서 합격 못한 아이들도 오고 더러는 특성화고 입학을 원했으나 전형에서 떨어진 아이들도 온다. 이와 같이 자사고와 일반고는 여건과 환경, 학생 구성이 달라도 너무 다르다. 자사고는 일반고에 어떠한 자극도 주기 어렵다. 현재 일반고의 모델이 될 수 있는 것은 일반고로서 혁신학교로 지정 운영되고 있는 혁신고가 될 수 밖에 없다. 고교 서열화를 고착화시키고 일반고 교육을 황폐화시키는 자사고는 교육 정상화의 관점에서 근본적인 검토가 이루어져야 한다.

6장

혁―신―학―교

전 문 갑

이 부 영

강 명 희

오 세 리

김 정 안

혁신 교육 *
나비게이터
곽노현입니다

서울형 혁신학교의
성과와 과제

곽노현 사람에게는 교육이 중요합니다. 교육 없이 사람 되지 않습니다. 시청자 여러분께 오늘 같이 진행하실 분을 소개해 드리겠습니다. 옆집 아빠 개념으로 같이 프로그램을 진행하실 분입니다. 프리랜서 피디로 불러달라는 전문갑 씨입니다.

전문갑 곽노현 교육감님 재직 시절에 얼굴을 알았습니다. 저도 교육에 관심도 많고 대한민국이 정말 좋은 세상이 되었으면 좋겠다는 생각으로 평소에 살고 있습니다. 중학교 2학년과 초등학교 5학년의 딸 둘을 가진 아빠입니다.

'왜?'라고 고민할 시간도 없이 바쁘기만 한 일반 학교

곽노현 오늘 첫 손님은 서울강명초등학교의 이부영 선생님이십니다. 혁신학교가 우리나라에 생긴 지, 경기도는 6년 차이고, 서울은 4년 차입니다. 선생님이 계신 강명초등학교가 서울에서 가장 먼저 혁신학교로 된 건가요? 그러면 4년 차인데요. 아시겠지만 혁신학교가 칭송을 받기도 하지만 이른바 보수 진영에서는 혁신학교가 공격의 대상, 비판의 대상이 되곤 합니다. 이번 교육감 선거를 앞두고 서울에서는 특히 혁신학교가 가장 뜨거운 정책적 전선이 되지 않을까 싶습니다. 그래서 혁신학교 전도사로 유명한 이부영 선생님 모시고 혁신학교의 성과와 한계에 대해서 차근차근 이야기를 풀어나갈 생각입니다. 우선 혁신학교, 좀 이상한 이름이잖아요. 혁신학교가 도대체 뭡니까?

이부영 2011년 3월에 지정이 되었으니까 서울에선 처음이었지요. 저희도 4년 전에 혁신학교라는 말을 들었을 때 생소했습니다. 그런데 4년 차를 맞고 나니 이제야 혁신학교에 대한 이미지가 와 닿고 있어요. 첫 번째로 혁신학교는 교사와 아이들이 주인이 되는 학교입니다. 이전에는 사실 교장 선생님이 주인인 줄 알았어요. 물론 교장 선생님도 같이 주인인 학교를 만들어 가야죠. 그리고 그동안 교육은 알맹이가 뭔지 모르게 알맹이를 둘러싸고 온갖 향신료와 양념 덩어리로 뒤범벅이 되어 있었는데 혁신학교에서는 '교육의 기본으로 다시 돌아가자.'는 것입니다. 그래서 교사들은 교사들대로 우리가 하는 일을 성찰하고 고민하는 학교, 또 "교육이 뭐냐?", "왜?"를 자꾸 얘기해보는 곳이 학교입니다. 그동안 전례대로 해왔던 일들이 '과연 우리에게 필요한 일인가?', '이게 과연 아이들을 위한 일인가?'를 다시 한 번 생각해서 바꿔보는 곳이 혁신학교라고 할 수 있습니다.

곽노현   혁신학교는 물론 뭔가를 바꾸는 학교인데, 이게 참 이상하네요. 지금까지 학교는 "왜?"라고 묻지 않았다! 그럼 보통 학교는 "왜?"라고 묻지 않는 학교라는 뜻도 되는데 혁신학교는 "왜?"라고 묻는 학교다. 교육 내용, 교육과정, 교육 방식, 학생 지도에 대해 "왜?" 이렇게 묻는다는 것이고, 그러면서 과거의 학교가 교장 선생님 중심의 학교였다면, 혁신학교는 교장 선생님을 포함해서 학교 선생님들과 아이들의 학교다, 이렇게 말씀하시는 건데요. 그런데 딱 듣는 순간 무슨 생각이 드느냐 하면 선생님과 아이들의 학교라고 할 때 선생님의 학교가 되기 쉽지 아이들의 학교가 될 것 같지는 않거든요.

이부영   사실은 그동안 "왜?"라고 물을 시간이 없었어요. "왜?" 하고 물을 시간이 없이 학교가 돌아가니까요. 대한민국 교사들에게 여쭤보시면 대한민국 교사들은 다 대답할 거예요. "너무 바쁘다." "정신이 없다." "1년 내내 정신이 없다". 정신없이 사는 교사들한테 배우는 아이들은 어떻겠어요?

곽노현   그렇게 바빠요? 그런데 일반 시민들은 이렇게 여쭤보고 싶을 거 같아요. "도대체 학교 선생님들이 뭐가 바쁘냐? 주말 확실히 쉬고, 방학 확실히 쉬고, 퇴근 시간 4시 반인데 바쁜 이유가 뭐냐? 바쁘다니 도대체 알 수 없다." 이러실 것 같은데, 진짜 바빠요?

이부영　사실 바쁜 것이 교사만은 아닐 거예요. 그런데 저도 교사들이 왜 유난히 바쁘고 정신없다는 말을 입에 붙이고 사느냐를 생각해 보니까 학교에서 하는 일들을 보면 교사들이 정작 해야 할 일이 수업인데 수업을 못하게 하는 그 외의 일이 많은 거죠.

전문갑　그 외의 일들이 구체적으로 뭐가 있죠?

이부영　그 외의 일이 뭐냐면, 왜 해야 하는지 모르는 일들이 있어요. 교육청에서 공문으로 계속해서 수없이 내려옵니다. 그것을 보고하고 또 보고하고 1년 넘게 반복을 하는 거죠.

전문갑　그걸 안 할 순 없지 않습니까?

이부영　안 할 수는 없죠. 우리 교사들끼리 하는 말이 있어요. 수업하는 틈틈이 업무 처리를 하는 것이 아니라 업무 처리하는 틈틈이 수업을 한다는 우스갯소리가 있을 정도예요. 학교에서 교사들에게 주어진 행정 업무가 굉장히 많아서 수업을 못하게 하는 원인이 되고 있죠.

전문갑　학생도 바쁘고 선생님도 바쁘고 대한민국이 바쁘고⋯⋯, 교육이 좀 고쳐졌으면 좋겠다는 생각이 많이 듭니다.

곽노현　그런데 일반 시민들이 이해할 수 없는 부분은 여전히 4

시 반에 '칼 퇴근'을 하면서 어떻게 바쁘다는 말을 입에 달고 사느냐 하는 것인데요. 실제로는 노동 강도가 높다는 점을 말씀하시고 싶은 거지요? 사실 아이들 한두 명 건사하기도 힘든데, 아이들 30~35명과 함께 수업하는 것이 보통 일이 아니잖아요. 제가 보니까 학교 선생님들이 학교 안에서 일하는 동안은 굉장히 바빠요. 4시 반까지 있는 동안 정신 못 차릴 정도로. 저도 몇 해를 지내다 보니까 선생님들이 "바쁘다", "바쁘다" 하는 것이 무슨 뜻인지는 알겠습니다. 그런데 이부영 선생님의 지적은 바쁘다는 큰 이유가 학생들을 가르치거나 생활지도를 하거나 하는 업무가 아니라 행정 업무에 있다는 것 아닌가요?

이부영 교사들이 아이들을 가르치기 힘들어서 "힘들다"고 하는 것은 아닌 것 같아요. 이번에 보면 신규 선생님들도 그렇고 일이 많다는 것은 모두 공통적인 얘기거든요. 그런데 의미 있는 일들이 많으면 사실 그렇게 바쁘단 소리를 안 해요. 저희 학교 선생님들도 보면 수업연구를 할 때는 바쁘단 얘기를 안 하시는데, 행정 업무 할 때 유독 바쁘단 얘기를 많이 하시죠. 외부에서는 혁신학교에 가면 일이 엄청 많을 거라고 생각해요. 예전에 연구시범학교를 경험해보신 선생님들 중에서 '혁신학교에 가면 힘들 것 같아서 안 간다.'는 분들이 계세요. 그런데 우리 학교의 경우는 선생님들이 행정 업무를 전혀 안 하세요. 처음에 선생님들과 같이 회의를 하면서 수업에 방해되는 것이 뭐냐, 방해되는 것부터 없애자고 했더니 선생님들이 바로 공문 처리를 안 하게 해줬으면 좋겠다고 했어요. 그래서 저희는 행정 업무 전담 팀을 꾸려서 일반 선생님들은 공문을 안 만지고 전담 팀에서 다 처리를 해요. 이것을 이야기하면 전국의 선생님들이 저희 학교를 모두 부러워하세요.

곽노현 행정 업무를 안 하고 교육 활동에 전념하는 것, 이것이야말로 교원 업무의 정상화라고 할 만한 것이거든요. 우리가 '비정상의 정상화'라고 할 때 교사들이 가르치는 업무에 주안점을 놓지 않고 행정 업무와 공문 처리에 휘둘리는 것. 이것이 비정상의 구조란 말이죠. 그러면 혁신학교는 그런 비정상을 정상화한 학교다 이렇게 이해해도 될 것 같아요. 그러면 좀 더 구체적으로 아이들이 어떻게 바뀌었어요?

이부영 제가 일반 학교에서 29년을 근무하다가 혁신학교에서 4년 차를 근무하니까 예전 학교와 현재 학교를 비교할 수밖에 없는데요. 벌써 우리 학교 아이들이 표정에서 보여주는 것 같아요. 사람들이 물어봐요. "혁신학교가 도대체 뭐야? 애들 성적이 높아졌어? 성과를 보여줘 봐!" 하고 그러는데, 저는 아이들 표정에 나타난다고 봅니다. 저희 학교 아이들의 얼굴 표정이 굉장히 밝아요. 그리고 인사를 잘하자는 구호를 안 써 붙여도 달려와서 인사를 잘합니다. 그리고 저희 학교에 시간 강사나 협력 강사로 외부에서 오시는 분들이 많아요. 그분들 말씀이 "강명초등학교에 오면 아이들 표정이 다르다. 특히 6학년 아이들, 다른 학교에 가면 나쁜 기운이 뿜어져 나온다"고 해요. 그래서 6학년 병이라고도 하잖아요.

전문갑 그러니까 선생님이 29년 동안 하셨던 것과 3년을 하신 것을 비교하면 진짜 개혁과 혁신이 이루어진 겁니까?

교육적으로 불필요한 일을 없애는 혁신학교

이부영 3년까지 갈 것도 없이 저희 학교가 2011년 3월에 개교했을 때 한 달, 두 달 지나고 나니까 아이들 표정이 달라졌습니다. 저는 그때부터 벌써 느꼈어요. 요새는 학교에서 6학년 담임을 배정하기가 굉장히 힘들어요. 6학년은 아무도 담임 안 하려고 해요. 그래서 어떤 학교는 남자 선생님들을 전부 6학년에 배정하기도 하고, 아니면 새로 오시는 분들을 전부 6학년에 배정하는 학교도 있어요. 그런데 우리 학교 6학년 아이들은 다른 학교 아이들하고 달라요. 학부모님 말씀을 들어보면 먼저 다니던 학교에서는 학교 가라고 해도 아이들이 안 간다고 그랬는데, 지금은 아이들이 새벽부터 일어나자마자 학교에 가겠다고 한대요. 이런 얘기들을 많이 하세요.

곽노현 정말요? 아이들에게 다니고 싶은 학교가 됐다는 거네요. 굉장히 기분 좋은 얘기죠. 아이들이 다니고 싶어 하는 학교는 학부모가 보내고 싶은 학교가 되니까요. 이부영 선생님이 사실 명예퇴직하려다가 실패해서 강명초로 왔다는 말도 있던데요. 그럼 이런 학교가 선생님들께는 일하고 싶은 학교, 가르치고 싶은 학교인가요?

이부영 바로 그것도 달라진 거죠. 명예퇴직하려고 했다가 안되었죠. 사실 학생들 사이에만 부적응 학생이 있는 것이 아니에요. 제가 29년 동안 부적응 교사였어요. 학교에 가기 싫었고 학교에 있는 것도 힘들고 학교에 가면 머리가 아프고 그랬어요. 저만 그런 것이 아니에요. 일반 학교에서 4시 반 퇴근 시간이 되면 더 이상 학교에 계신 분이 없을 정도로 학교가 칼 퇴근으로 엄청 썰렁해요. 그런데 지금은 눈 뜨면 학교에 가고 싶은 것이 아이들뿐만 아니라 저도 이상하게 학교에 일찍 가고 싶어요. 저녁에 퇴근 시간이 되어도 선생님들이 퇴근할 생각들을 안 하세요. 교장 선생님이 빨리 퇴근하라고 하세요. 재밌게도 선생님들은 "교장 선생님, 저 일 좀 하겠습니다." 하고 말해요. 거꾸로 된 거죠. 절대 교장 선생님이 시켜서 하는 것이 아니에요.

곽노현 자발성. 자기 발로 뛰는 사람이 된 거에요. 자기 발로 가면 천 리를 가도 지치지 않고 남이 끌어가면 십 리를 가도 뻗는 겁니다. 혁신학교에서는 자발성이 교사들 사이에 살아 움직이고 있다?

이부영 그렇죠. 그러니까 우리 학교는 뭐든지 자발성으로 되는 학교에요. 하다못해 저희 학교는 부장도 교사들의 자발성에 의해 결정돼요. 다른 학교는 부장도 교장 선생님이 임명하시거든요.

곽노현　지금 선순환이 일어나고 있는 거죠? 아이들과 선생님들 사이에 이른바 교학상장이 일어나고 있는 거죠?

이부영　저희가 혁신학교 하면서 많이 쓰는 말이 "배움이 일어난다.", "함께 성장한다."예요. 그전에는 저도 "아이들을 가르치고 있어" 이런 말을 많이 했어요. 그런데 요즘에는 함께 배운다는 말을 해요. 선생님도 아이들을 통해 성장하고 학부모도 아이들을 통해 성장하고, 교육을 통해 성장하고 아이들도 같이 성장하는 거죠. 혁신학교 3년을 겪고 보니까 그 전의 29년보다 이 3년 동안 저도 제 인생에서 많이 성장했다는 걸 느낄 수 있어요.

곽노현　혁신학교 말씀하시면서 굉장히 좋은 얘기를 하셨어요. "우리 학교는 뭘 없앨까를 생각했다"는 이야기가 귀에 탁 들어왔거든요. 다른 학교에서는 무슨 연구학교, 시범학교, 거점 학교, 중점 학교 한다고 하면서 이른바 정책 사업 하나 떠맡으면 뭘 내세울까 뭘 할까를 생각하는데 뭘 뺄까를 생각했단 말이에요. 그런데 그것이 행정 업무였어요. 그렇게 해서 모든 선생님들이 교육 활동에 전념하면서 교육 활동을 더 하고 싶어 하세요. 자발적으로! 놀라운 일이 발생했는데, 그것 외에 혁신학교에서 없애기 시작한 것, 예를 좀 들어주세요. 어떤 걸 없앤 건가요?

이부영　교사들이 '수업을 제대로 하기 위해서 무엇을 없애야 되느냐?'부터 회의를 했는데, 저희가 제일 처음 없앤 것이 직원 종례

367

였어요. 그동안의 직원 종례는 지시 전달로 이루어져왔어요. 부장 회의에서 교장, 교감 선생님들이 먼저 정해 놓은 후에 직원 종례에서 부장 선생님들이 무슨 일을 하겠다고 일어나서 말하면 선생님들은 반대도 없고 의견을 제시하는 것도 없이 그냥 듣는 거죠. 그렇게 지시 전달로 끝나는 그런 직원 종례를 저희는 없앤 거죠.

곽노현 토론도 반대도 없는, 지시 전달형 회의를 없애셨다?

이부영 지시 전달 회의를 없앴을 뿐만 아니라 지시 전달 자체를 없앴어요. 저희 학교에서는 누구도 지시 전달을 할 수가 없어요.

곽노현 교육청에서 공문이 내려오면 교장 선생님의 지도 아래 교사들이 함께 힘을 모아서 민주적으로 토론하고 가장 학교에 적합한 방침들을 정해서 공문으로 보고한다는 말씀이시군요.

이부영 교육청에서 내려오는 지시 전달이 많습니다. 그건 혁신 학교뿐만 아니라 일반 학교에서도 가장 힘든 것입니다. 그러니까 저희는 공문이 내려오면 어떤 것이 더 교육적인가 의논하고 협의해요.

전문갑 교육청 관계자 여러분, 공문을 좀 줄여주시기 바랍니다. 우리 선생님들이 수업에 죽고 수업에 살 수 있도록 공문을 줄여주시기 바랍니다. 뭐 이 정도면 괜찮습니까?

곽노현 너무 중요한데, 우리가 사실은 군살을 **빼야** 해요. 다이어트가 필요한 겁니다. 아까 재밌는 말씀해주셨거든요. 음식으로 비유하시면서 학교나 교육이 첨가물 덩어리가 되었다고 했어요. 본질을 다 가리고 너무 장식 위주가 되었어요. 화장 덕지덕지 바르고 다니는 꼴이 된 거 아녜요. 그래서 지금 없앤 것을 말씀해 주셨는데 지시, 전달을 없애셨어요. 그런데 이건 교장 선생님이나 교육청과 선생님들의 관계에 해당되는 것 같습니다. 그밖에도 강명초에서는 교사와 학생들 사이에서, 학생 활동, 교육 활동 중에서 없앤 것이 많다고 소문이 났거든요. 뭘 없애셨는지 하나하나 이야기를 해주시죠.

이부영 저희가 혁신학교를 시작하면서 선생님들에게 미리 다 물어봤어요. 학교에서 무엇을 없애면 수업을 잘할까? 이것을 다 물어봤어요. 그랬더니 선생님들 말이 상을 너무 많이 준다는 거예요. 학교에 온갖 대회가 많아요. 그 대회를 치른다고 수업을 못하는 거예요. 오히려 대회를 열어서 상을 주는 데 선생님들이 시간을 너무 많이 **뺏기고** 수업 시간이 파행 운영되는 거예요. 그래서 그런 대회를 없애는 것이 좋겠다고 했어요.

곽노현 그래도 칭찬이 보약인데 대회를 열고 상을 주는 것은 칭찬을 제도적으로 주려는 것 아닌가요?

이부영 그렇죠. 그런데 그 칭찬이 물질적인 보상이 되면 내적 동기를 상실하게 만들어요. 우리가 조금 오해하는 것이 있어요. 상이라는 것이 좋은가? 물론 좋은 점도 있지만 연구 결과에 의하면, 아이들에게 이것을 하면 무엇을 준다, 상을 준다 하는 것이 결국 아이들에게서 내적 동기를 잃게 만든다고 합니다.

곽노현 묘하게도 상을 주게 되면, 사람이 '안전 빵'으로 가게 돼요. 규격에 갇힙니다. 창의고 뭐고 없어지는 겁니다. 대부분 쉬운 것을 해서 상 받는 것을 택해요. 고난도 일을 해서 실패도 해가면서 다시 일어나는 길은 상이 따르지 않는 길이잖아요. 그러다 보니까 애들이 벽돌 같이 규격화됩니다. 굉장히 중요한 지적이십니다.

이부영 첫해에는 학부모들이 왜 상을 안 주냐고 불만이 많았어요. 그런데 3년째 되니까 상을 안 주니까 교육 활동이 더 잘 일어나는 거죠. 저희가 상을 안 준다고 아이들에게 칭찬을 안 하는 것이 아닙니다. 저희는 아이들한테 "너 정말 잘했어!" 이렇게 말합니다. 이것만 해도 아이들에게는 굉장한 동기부여가 됩니다. 스티커 제도도 없앴어요. 스티커를 통해서 개인별, 모둠별로 경쟁을 시키거든요. 이렇게 말씀하시는 분도 있어요. 경쟁이 있어야 성장이 되는 것 아니냐? 그렇지만 스티커를 나눠주는 방식이 아이들에게는 굉장한 폭력이라고 합니다. 스티커 제도를 없애는 것 가지고 선생님들끼리 하루 종일 의논을 했어요. 어떤 선생님은 15년 동안 편하게 스티커로 교육을 해왔는데 "왜 내 교육 방법을 이래라 저래라 하느냐"며 처음엔 화를 내셨어요. 그래서 제가 하루 종일 이야기를 나누었습니다. 그랬더니 그분이 "저는 스티커가 그렇게 나쁜 줄 몰랐습니다. 오늘부터 당장 없애겠습니다." 그렇게 말씀하셨어요.

전문갑 그러면 상장과 행사를 줄이고 스티커를 없애서 지나친 경쟁을 줄였는데 그것을 시도하신 결과가 좋았다는 것은 저희 학부모 입장에서는 대단히 놀라운 건데요.

이부영 상을 주게 되면 결국 상 타는 애만 상을 타요. 상을 못 타는 애들은 늘 들러리 역할을 하거든요. 저희가 3년간 지내보니까 상 제도가 있을 때는 상을 타는 애들만 보이는 학교였어요. 그런데 상이 없어지니까 모든 아이들의 특징이 낱낱이 보였습니다. 그래서 우리 학교 아이들은 다 기가 살아있어요. 혁신학교가 생기면 가장 먼저 전학 오는 학생들이 다른 학교에서 적응하지 못하는 아이들이에요. 산만하다고 교사들한테 혼나기 일쑤였던 이런 아이들은 사실 인정받고 싶었던 거죠.

교육부까지도 혁신학교에서 배우고 있는 것들

곽노현 인정 욕구가 전혀 충족되지 않는 아이들이 많거든요. 그런데 그 아이들이 없어지더란 말이죠. 참 놀라운 일입니다. 29년 동안 학교를 열심히 다녔지만 교무실에서 하루 종일은커녕 한 가지 교육 주제를 놓고, 예를 들면 스티커 제도나 상벌 제도를 두고 한두 시간 토론하기도 어려웠는데, 그것을 가지고 하루 종일 논의했다, 이런 말씀이시잖아요.

이부영 우리 학교 선생님들은 아이들을 전부 따뜻하게 바라보는 시간적인 여유를 가지고 있고, 그런 교육철학을 공유하고 있기 때문에 가능한 것이라 생각합니다. 저희는 예를 들면 창문에 '선팅(sunting)'을 할까 말까 어디까지 할까, 학년 초에 교실 배치를 가지고도 논의해요. 예전 같으면 행정실에서 "교실이 이렇게 배치되었습니다!" 하고 일방적으로 정해서 알려주는 것이었지만, 저희는 교실을 어떻게 배치할 것인가, 어느 학년이 음지 교실을 갈 것인가를 계속 논의해서 결정합니다.

곽노현 아, 그것도 공정해야 되니까 그렇게 해야겠네요. 그런 모든 측면이, 지금까지 간과되었던, 보더라도 보이지 않았던 사물들을 빛 가운데 끌어내서 합리적인 토론을 거쳐서 결정하는 것 같습니다. 그러니까 공정해지고요. 그런데 제가 듣고 깜짝 놀란 것이 있어요. 제가 학생 자치 굉장히 강조하는 거 아시죠? "학생 인권은 학생 자치다." 이렇게까지 얘기하거든요. 그런데 강명초등학교에는 어린이회 임원도 안 뽑는다는 거예요. 학급 임원도 없죠. '이것은 학생 자치에 역행하는 처사다. 내 도끼로 내 발등 찍었다.'는 생각도 들었습니다.

이부영 그런데 임원이 있다고 자치가 되는 것은 아니라는 것을 알았습니다. 오히려 임원이 있어서 자치가 안되는 것을 많이 보았습니다. 가만히 보면 요즘 초등학교 대부분 전교 어린이 임원 선거가 엄청 요란해졌어요. 선거 유세 가르치는 학원도 있다고 합니다. 부모님들이 온갖 피켓도 다 만들어주면서 그것과 관련된 학원도 있다고 해요. 그런데 가만히 보면 학교마다 뽑을 때만 민주주의를 외쳐요. 기표소도 빌리고 민주적인 방식으로 한다고 하는데 뽑고 나서 전교 어린이회 임원이 어디에서 무엇을 하는지, 실제적인 자치가 없습니다. 지금 어린이회 임원 모습을 보면 저희 초등학교 때 모습하고 똑같아요. 예를 들면 교사가 이미 주제를 정해주는 거예요. '실내 정숙', '부모님께 효도하자', '복도에서 우측 통행하자', 6월이 되면 '나라를 사랑하자' 이렇게 교사들이 이미 주제를 정해주고 실천 사항을 만들거든요. 그런데 실천 사항을 정하지만 아이들은 모르는 겁니다. 아이들도 모르고 그렇게 형식적으로 지금까지 운영을 해온 거죠. 그래서 임원을 안 뽑고, 그 대신에 아이들이 돌아가면서 사회자를 맡게 합니다.

곽노현 아~! 이거 참 굉장히 멋지고 기억할 만한 말씀입니다. 임원이 없는 것이 아니라 돌아가면서 한다. 선출직이 아니다.

이부영 저희가 임원을 안 뽑는다고 하니까, 많은 학부모들이 "그러면 아이들 리더십(leadership) 교육은 어떻게 합니까?" 이렇게 물어보세요. 전교 어린이회 임원을 뽑으면, 그 아이만 리더 역할을 합니다. 그런데 저희 학교에서는 아이들이 돌아가면서 사회자도 되고 심부름꾼이 되는 거죠.

곽노현 모두가 리더가 되는 것이군요. 아! 잘 알았습니다. 제가 착각했어요. 아나키즘으로 갔나 생각했는데 그것이 아니고 모든 사람이 리더가 되는 거군요. 그런데 시간이 없어서 다 여쭤보진 못하겠습니다. 여하간 강명초등학교는 '이상한' 학교입니다. 청소년 단체 활동도 없앴고, 각종 경시대회도 없앴고, 인증 제도도 없앴고, 1학년에서 6학년까지 꼬박꼬박 하는 생활본 제도도 없앴어요. 이유는 뭐냐면 이것이 다 형식화되거나 아니면 소수의 것이 되기 때문이죠. 하나하나 궁금하신 분은, 이부영 선생님이 《서울형 혁신학교 이야기》 저자이신데, 그 책을 보시면 자세한 내용을 아실 수 있습니다. 강명초에서 이제 새로 만든 것도 얘기해야겠어요. 새로 만든 것 중에 제일 대표적인 것이 계절별 4학기제, 블록 수업, 30분 쉬는 시간. 이 세 가지에 대해서 설명해주세요.

이부영 4학기제를 저희가 처음 시도한 것은 아닙니다. 지방에 있는 작은 학교들이 먼저 시도했던 것을 저희가 벤치마킹해서 시행했어요. 4학기제는 봄, 여름, 가을, 겨울 학기로 나눠집니다.

곽노현 간단히 얘기하면 기존의 1학기를 반으로 자른 거죠? '브레이크'가 있는 거죠? 열흘? 7일이나 9일 정도? 미국식 '브레이크'처럼 4학기제 하는 것 아주 좋다고 생각합니다. 이것 지금 교육부가 벤치마킹하고 있죠?

이부영 중간에 쉬어주는 거죠. 예, 교육부에서 '방학 분산제'라고 해서 시범학교를 지정해서 운영하고 있어요.

곽노현 그 다음 블록 수업은 뭐예요? 80분 동안 애들이 지겨워서 어떻게 앉아 있어요? 애들이 10분도 못 있을 것 같은데요. 아이들이 안 졸아요?

이부영 보통 초등학교는 원래 40분 수업하고 10분 쉬는데 저희는 80분 블록 수업을 해요. 그리고 30분을 쉬어요. 80분 수업을 하면 1학년 아이들도 다 해요. 이렇게 하기 위해서는 수업을 바꿔야 되죠. 기존의 수업처럼 교사가 계속 강의하는 수업으로는 절대로 안 됩니다. 아이들 활동 중심으로 수업을 바꿔야 해요. 제가 1블록 시간에 복도를 지나가 보면 전교가 너무 조용해요. 몰입도와 집중력이 굉장해요.

곽노현 이상하네요. 보통은 엎드려 자야 되는데, 그러면 블록 수업의 본질은 40분을 모아서 80분으로 길게 한다는 것이 아니고 아이들 중심, 배움 중심, 활동 중심으로 수업을 바꿔서 아이들이 누구 하나 소외되지 않는 수업을 만들어 내는 것으로 이해할 수 있군요. 그러면 학교 선생님들이 보통 고생하는 것이 아닐 텐데요. 연구 안 하면 못하죠. 완전히 새로운 건데요. 과거에는 그냥 일방적으로 수업한 거잖아요.

이부영 그렇죠. 수업연구를 안 하면 할 수 없죠. 저희는 80분 수업하고 30분을 노니까 아이들이 충분히 놀고 오는 거예요.

곽노현 선생님들도 충분히 쉬시고요.

이부영 물론 선생님들은 아이들과 함께 계시지요. 쉬는 시간이 길기 때문에 아이들은 땀 흘리고 충분히 놀았다는 생각이 드는 거예요.

곽노현 너무 좋습니다. 이제 혁신학교에 대한 비판에 대해 얘기해 보죠. 교장 선생님들 중에는 "혁신학교가 교장 선생님의 권위를 무시한다." 또는 "교장 선생님의 역할을 너무 축소한다. 그래서 오히려 바람직하지 못하다." 이런 분들이 많아요. 어떻게 생각하세요?

이부영 리더십과 권위를 다시 생각해봐야 할 것 같아요. 물론 권위는 있어야 하지만 권위적이지는 말아야 되거든요. 권위주의는 없어져야 합니다. 그동안 교장 선생님들이, 물론 모든 분들이 그런 것은 아니지만, 지시하고 전달하고, 교장 선생님의 생각으로 학교를 이끌어 가는 것을 리더십이나 권위라고 생각하셨는데, 사실은 그것이 리더십은 아닙니다. 요즘에 중요한 것은 민주적인 리더십이라는 거죠. 그래서 모든 구성원들, 학부모나 교사들의 의견을 수렴해서 정말 교사가 원하고 아이들이 원하는 방향으로 학교를 이끌어가는 그런 리더십이 필요합니다.

곽노현　혁신학교에서도 교장 선생님의 리더십은 절대적으로 중요한 거죠.

이부영　그럼요. 우리 학교에서 가장 중요한 것은 교장 선생님이거든요. 우리 학교 교장 선생님은 교사회의에 늘 참여하시면서 의견을 통합하는 데 중심에 서 계시죠.

곽노현　마지막 질문입니다. 학부모님들이 걱정하는 것은 이런 거예요. "아이들 너무 놀게 하는 것 아니냐?", "애들 이러다 공부 안하면 어떻게 하냐?", "애들 실력 없으면 어떻게 하냐?" 어떻게 말씀하시겠어요?

이부영　그런 말씀을 들으면, 아직도 공부라는 것을 옛날 국어, 영어, 수학 중심 지필고사를 준비하는 것으로 알고 있는 것 같아요. 저는 공부라는 개념, 학력이라는 개념을 빨리 바꿔야 한다고 생각합니다.

곽노현　21세기에 학력은 창의와 인성으로 뒷받침되는 것입니다. '왜?'라고 묻는 능력이 학력입니다. 혁신학교가 그 길을 앞장서고 있습니다. 그리고 들어 보니까 교육부와 교육청에서 블록 수업, 30분 휴식, 4계절 학기제 등, 혁신학교의 많은 혁신들을 벤치마킹하고 있습니다. 그런데도 불구하고 혁신학교 없애자는 분들, 한번 답변해 보십시오. 왜 없애야 합니까?

혁신학교와
대학 입시의 관계

곽노현　입시 교육과 혁신 교육, 혁신학교와 입시 교육의 관계를 주제로 인터뷰 진행하고 있습니다. 두 번째 인터뷰에는 혁신 고등학교인 선사고등학교 강명희 선생님을 모셨습니다. 영어 선생님이시죠? 고등학교쯤 되면 영어 실력 많이 떨어지는 아이들이 생기잖아요. '영포자'(영어를 포기한 학생)가 많이 나오지 않습니까? 어떻게 하세요?

강명희　저 같은 경우는 주로 모둠 수업을 하면서 학생들이 서로 배우게 해요. 그 안에서 영어를 못하는 아이들은 사전을 찾는 식으로 자기 역할이 주어지면 어떻게든 합니다.

교학상장으로 활동적인 수업을 만들다

곽노현　그 시간에는 적어도 엎드려 자지는 않는단 말씀이죠?

강명희 엎드려 자는 학생들은 없죠. 다 깨워요.

곽노현 혁신학교 오신 다음부터 그런 변화가 있었습니까? 아니면 그 전에도 선생님 수업은 늘 그랬습니까?

강명희 예전에는 일반적으로 교과서 위주로 수업을 했기 때문에 제 나름대로 특색 있는 수업은 하지 못했습니다.

곽노현 그러면 선생님도 혁신 선사고등학교에서 교사로서 새로운 시도를 하셨다고 봐도 됩니까? 그것을 통해 많이 성장하셨다고 생각하시나요?

강명희 네. 그럼요.

곽노현 구체적으로, 어떻게 성장하셨어요? 교학상장의 한 예로 말씀해 주세요.

강명희 예를 들면, 예전에는 대학 입시가 제 수업에서 중요했습니다. 물론 그것이 중요하다고 제가 생각한 것은 아니었지만 대세가 그랬기 때문에 그렇게 갈 수밖에 없었습니다. 지금은 혁신학교에서 '아이들이 필요로 하는 것이 뭘까? 왜 그럴까?' 생각을 많이 하게 되고 저도 스스로 많이 배우는 기회가 됩니다.

곽노현 소위 말해서 '교사 중심에서 학생 중심으로, 교수 중심에서 학습 중심, 배움 중심으로 변화를 만들어 냈다. 혹은 만들고 있는 중이다.' 이렇게 이해해도 될까요?

강명희 네. 제가 스스로 성찰하면서 하는 거겠죠. 혁신학교 선생님들이 대부분 많이들 그러시거든요.

곽노현 근데 혹시 교사 중심에서 학생 중심으로, 가르치는 것 중심에서 배우는 것 중심으로 바뀌었기 때문에 교사의 중요성이 떨어진다든가 그런 건 없나요?

강명희 그렇진 않아요. 예전에는 한 시간 수업 준비에 5분이 걸렸다면, 지금은 한 시간 수업을 위해 2시간을 준비하고 있습니다. 학생 중심 수업을 하기 위해서 선생님들이 그만큼의 많은 노력을 하기 때문에 애들이 뭔가를 할 수 있게 된다고 생각합니다.

곽노현 그러니까 선생님 학급을 포함해서 적어도 선사고등학교의 수업 시간에는 엎드려 자는 아이들은 거의 사라졌다라고 이해해도 되겠습니까?

강명희 아이들은 자는 것이 도와주는 거라고 생각하지만 선생님들은 절대로 그렇게 생각하지 않는다는 걸 스승의 날에 함께 얘기했던 적이 있어요.

곽노현 아니, 세상에! 자는 것이 도와준다는 건 교권의 포기 선언이나 마찬가지입니다. 엎드려 자는 아이들을 깨워서 어떻게 해서든지 아이들 눈높이에 맞는 실력을 올려주기 위해서 활동하는 수업을 만들어 낸 건 모든 혁신학교들이 만들어 낸 최고의 성과 같아요. 적어도 교권이 선다는 생각이 안 드세요?

강명희 그렇죠. "교권이 먼저다. 학생 인권이 되면 교권이 무너진다."는 말이 있는데, 사실은 그렇지 않습니다. 어른인 저희가 학생들을 먼저 존중해주고 아이들을 위해 문을 열어줬을 때 아이들이 그 문에 들어서면 저희들을 이해하게 돼요. 오히려 저희가 교권을 인정받는다는 생각이 드는 거죠.

곽노현 아이들을 '변화시키고 있다. 성장시키고 있다. 아이들을 방치하지 않는다.' 특히 성적 하위 30%, 인성 하위 30%를 보다 나은 방향으로 변화시키는 데 가시적 성과를 거두고 있습니까?

강명희 네, 성과가 드러나고 있습니다.

곽노현 그럼, 그 비결은 천천히 여쭤보도록 하겠습니다.

불리한 교육 환경을 헤쳐 나가다

곽노현　혁신학교는 교권이 서는 학교다. 이야기가 조금 빗나갔을지 모르겠지만 듣는 시청자들께서는 금세 이런 의문이 떠오를 것 같습니다. '선사고등학교가 특출 난 학교 아닐까?' 말하자면 공부 잘하는 아이들이 모여 있는 학교라서 그런 것 아닐까 생각할 텐데 선사고등학교 소개 부탁드립니다.

강명희　한 학년이 250명 조금 못됩니다. 전교 학생 수는 670명 정도입니다. 그리고 남녀공학입니다.

곽노현　선사고등학교는 이른바 서울 강남 4구 중 하나로 꼽히는 강동구에 있지요? 그러면 비교적 잘사는 집안 아이들이 몰리는 학교가 아닌가? 이렇게 생각될 수도 있을 것 같은데요.

강명희　학교는 강동구 암사동에 있습니다. 그런데 중식 지원 비율이 상당히 높습니다. 21.3%로 굉장히 많은 학생들이 중식 지원을 받고 있습니다.

곽노현　네, 높은 편입니다. 그러니까 중식 지원을 근거로 해서 저소득층 학부모 집안이 21%를 차지한다는 것은 굉장히 높은 편입니다. 그러면 특출 난 학교가 아니네요. 아이들 중학교 졸업 성적 내신 상위 10%가 몇 명쯤 됩니까?

강명희　10명이 겨우 넘습니다.

곽노현　총 250명 중에 10명?

강명희　네. 게다가 중학교에서 상위 70% 밖에 있던 아이들이 재학생의 40%를 넘습니다.

곽노현　성적 하위 30%에 해당하는 아이들이 40%를 넘는다. 그러니까 결코 특출 난 학교가 아니라는 말씀이시죠?

강명희　어려운 지역에, 어려운 아이들, 학습부진도 많은 아이들이지요.

곽노현　특별한 사고는 없습니까?

강명희　특별한 사고가 오히려 더 없지요. 폭력 사고 같은 것은 없습니다. 물론 아이들이 나이가 들어서 철이 든 것도 있지만 저희 학교에 들어오는 아이들이 변화할 수 있도록 학교 교사들이 많은 노력을 합니다.

곽노현　그러면 혁신학교 한 지는 몇 년 됐습니까?

강명희　저희는 올해 4년째입니다. 그리고 올해에 혁신학교 재지정 확정을 받았습니다.

곽노현 그렇군요. 이미 재지정 확정됐다니 축하드립니다. 그러면 이번에 재지정 건에 투표하셨잖아요. 구체적으로 학교 선생님들의 몇 %가 재지정에 찬성하셨나요?

강명희 93% 선생님들이 찬성하셨습니다.

곽노현 놀랍습니다! 많은 학교에서 재지정에 실패했습니다. 50% 찬성을 못 얻은 것입니다. 아예 재지정 신청을 안 한 혁신학교도 3곳이 있습니다. 뿐만 아니라 혁신학교에 새로 신청한 학교에서도 찬성률이 50%~60%에 머무르는 경우가 많습니다. 그런데 93%의 교사들이 혁신학교 재지정에 찬성했다는 건 거의 모든 교사들이 찬성했다는 것 아닙니까?

강명희 그렇죠. 물론 학교에 작은 불만들이 있지만 대체로 행복하다는 생각을 하고 있는 거죠. 그리고 아이들이 변했다는 것도 믿고 계신 것 같습니다.

곽노현 실례지만 거기 전교조 교사 '투성이'입니까?

강명희 '투성이'라기보다는 일반 학교에 비해서 비율이 높은 편입니다. 첫해는 전교조 선생님들로 많이 이루어졌지만 그 이후에는 교총 선생님들 비중이 계속 늘어났습니다.

곽노현　공립학교라서 매년 20%씩 바뀌기 때문에 당연한 것 같습니다. 그럼에도 불구하고 93%의 선생님들이 혁신학교를 다시 신청하자고 찬성했다는 것은 진짜 놀라운 성과입니다.

강명희　저도 그렇게 생각합니다. 사실 100%가 나올까봐 겁이 났습니다.

토론, 발표, 체험 중심 수업은 입시에도 좋은 결과

곽노현　혁신학교는 아이들한테만 좋은 학교로 흔히 알고 있는데, 결국 교사한테도 매우 만족스러운 학교라는 것이 선사고등학교 93% 찬성률로 드러난 셈입니다. 혁신학교가 아니라 혁신학교 '할애비'라도 우리나라 고등학교이니 대학 입시라는 것에 굉장한 영향을 받을 수밖에 없는데, 혁신학교로서 선사고등학교는 학교 목표를 어떻게 잡고 있습니까?

강명희　저희도 대학 입시를 무시할 순 없습니다. 저희는 진로나 인성에 대해 아이들이 많이 생각하게 하고, 우리의 작은 공동체 안에서 학생과 교사가 서로 소통하고 배우고 참여하면서 나중에 행복한 민주 시민으로 자랄 수 있도록 목표를 두고 있습니다.

곽노현 입시 성과를 많은 분들이 궁금해합니다. 선사고등학교가 서울의 거의 첫 번째 혁신 고등학교나 마찬가지인데, 4년을 지나고 있습니다. 같은 해에 혁신학교를 시작한 곳이 서울에 3개쯤 있는데, 그 학교들이 드디어 입시 성과를 보여주고 있습니다.

강명희 작년에 첫해 졸업생이 나왔는데 성과가 생각보다 너무 좋았습니다. 인근 학교에 비해서 성과가 아주 좋은 편이었습니다.

곽노현 '인서울'을 많이 했다고 이해하면 됩니까? 최상층은 별로 없으니까 중간층이 두터워졌다고 이해해도 될까요?

강명희 네. 특히 서울에 있는 4년제 대학을 많이 들어갔습니다. 중간층이 두텁다고 봐도 되겠습니다. 저희 학교에서는 정시보다는 수시나 입학사정관제로 많이 갔습니다. 학교에서 성실한 아이들은 자신들의 그런 학교생활을 가지고 대학 입학 전형 자료로 썼습니다.

곽노현 이범 선생님 말씀처럼 혁신학교는 따지고 보면 수능에서도 크게 불리할 것이 없고, 발표 토론 교육 위주로 가니까 또 논술도 크게 불리할 것이 없습니다. 글쓰기 교육을 계속 시키시나요?

강명희 저희는 배움의 공동체를 지향하는 수업을 합니다. 토론을 중심으로 하고 발표하는 수업을 참 많이 합니다. 선사고등학교를 졸업할 때쯤이면 적어도 '나의 이야기', '나의 의견'을 충분히 말할 수 있는 아이들로 성장하기 때문에 그런 것을 잘하는 것 같습니다.

곽노현 공부 못하는 아이들도요?

강명희 아, 그럼요.

곽노현 공부 못한다고 다른 것도 못하면 그것이 제일 원통한 것이 됩니다. 지금의 공부는 어차피 서열이 정해지기 때문에 누군가는 등수가 낮을 수밖에 없잖아요. 반면에 공부를 못해도 발표력이라든가 친화력이라든가 서비스 정신이라든가 민주 시민의 책임감이라든가 형제애라든가 이런 것들은 누구든지 최상급이 될 수 있는 거잖아요. 그런데 우리나라 고등학교 교육 내지는 우리나라 교육에서 문제가 되는 것은 공부를 못하는 아이들이 다른 것에 접근할 기회를 안 주니까 자신을 계발하지 못한 채로 공부 못하는 주눅만 안고 살게 만드는 것입니다. 상처만 안고 사는 것이 너무 딱합니다. 그런데 적어도 혁신 선사고등학교에서는 그런 일은 없다는 말씀이시죠?

강명희 네, 그렇습니다. 아이들이 공부를 못하더라도 자신에게 맞는 자기 진로에 대해서 고민할 기회를 많이 갖도록 마련해주고 있습니다. 저희 학교에는 '작은 학급'이라는 것이 있습니다. '작은 학급'은 학생 16명에 담임교사 1명인 학급입니다.

곽노현 어떻게 그것이 가능한가요?

강명희 한 반에 두 명의 정담임을 두는데, 두 명의 정교사가 반반 씩 나눠서 16명으로 구성된 한 학급을 만들어줍니다. 1학년만 실시하고 있습니다.

곽노현 아! 좋은 제도입니다. 왜냐하면 학교 선생님 숫자가 그렇게 안 나오니까 1학년만 실시하는 것은 당연합니다. 저는 모든 것이 선택과 집중에 있다고 생각합니다. 조건이 충분치 않을 경우에는 그렇게 해야 합니다. 그리고 고1 때가 가장 어렵잖아요. 교육과정이 더 어려워지고, 이때 아이들 진로도 고민해야 하는데, 그 시기에 '작은 학급'을 하는군요.

강명희 아이들이 관계 맺기를 시작하는 것도 '작은 학급'에서 주로 이루어집니다. 많은 변화의 가장 중요한 계기가 작은 학급인 것 같습니다.

곽노현 16명이 한 학급이면, 아이들 서로 굉장히 친해지겠는데요.

강명희 그리고 첫 수업 시작 전에는 30분 동안 창의적 체험활동을 합니다. 저도 1학년 담임을 맡았습니다. 진로 상담이나 생활교육 상담도 많이 하고 〈지식채널e〉를 본다거나 차를 나눠 마시거나 학급 회의도 많이 합니다. 독서를 하거나 플래너를 쓰기도 합니다. 이것은 학급마다 다 달라요. 담임교사들이 나름대로 개성 있게 학급운영을 하고 계세요.

곽노현 연 200일쯤 되는데, 날마다 30분씩 아침 시간에 한단 말씀이죠? 그것이 효과가 좋겠군요.

강명희 그 효과가 가장 큰 것 같습니다. 그 시간에 아이들이 담임과 좀 더 깊이 있게 만나게 됩니다. 요즘 아이들은 부모님과 대화를 많이 못하잖아요. 어른들과 대화하는 시간이 부족한데 아이들은 어른이라는 사람을 학급에서 만나고, 교사는 아이들을 친구처럼 대해주기 때문에 아이들은 그 속에서 오히려 밀도 있게 선생님과 라포르(rapport)를 형성하는 것 같습니다.

곽노현 그것이 아이들한테 안정감을 주겠네요. 또 16명이 한 학급이다 보니까 너무 친밀해져서 그 안에서 왕따 같은 것 하기는 쉽지 않겠는데요.

강명희 '왕따' 하기는 그렇게 쉽진 않습니다. 다만 좁은 테두리 안에 있기 때문에 학기 초에는 친구를 찾는 것이 어려운 경우가 있긴 합니다. 그것이 조금 단점이라 할 수 있습니다.

곽노현　그런 아이들이 있겠죠. 그러나 1년쯤 지나면 굉장히 결속이 강할 것 같습니다.

강명희　학급 활동이나 수업은 같이하기 때문에 한 5월 되면 아이들이 자기가 A반인지 B반인지 헷갈리지 시작해요.

곽노현　종례, 조례, 창의적 체험활동만 따로 하고 보통 다른 수업은 30명이 같이하게 되니까 그렇겠군요.

강명희　저희는 우리나라 교육에서 학급당 학생 수를 줄이자는데 취지를 두고 '작은 학급'을 시작했습니다. 그 효과가 컸던 것 같습니다.

민주적인 참여와 자발적인 책임 의식

곽노현　왜냐하면 선생님과 아이 하나하나의 관계가 아무래도 긴밀해지니까요. 그리고 아이와 아이들 관계도 더 긴밀해질 것 같습니다. 그런데 선사고 하면 가장 유명한 것이 이른바 3주체 생활공동체협약이거든요. 어떤 거예요?

강명희　3주체는 학생, 학부모, 교사를 말하고 이들이 모여서 모두 각자의 약속을 한 것입니다. 교사는 교사의 약속, 학생은 학생

대로 학생의 약속……. 그러나 내 약속만 하는 것이 아니라 다른 상대방에게 바라는 것도 약속에 포함될 수 있습니다. 그래서 그 약속을 지키는데요. 매달 체크리스트를 해서 학생들이 얼마나 약속을 지키는지 확인합니다. 학부모, 교사도 마찬가지로 한 학기에 한 번은 자기 성찰하는 시간을 갖게 됩니다.

곽노현　이런 것을 첫해에 할 때는 많은 사람들이 회의를 해서 목소리를 내고 그런 가운데 학생, 학부모, 교사 각각 10개 항을 만든 것으로 알고 있습니다. 그런데 둘째 해에서는 이미 10개 항이 만들어져 있는 상태라서 10개 항을 만드는 과정이 생략되기 때문에 별 재미가 없을 것 같습니다.

강명희　그렇지 않습니다. 일단 모든 법이 만들어지면 그대로 적용되는 것이 아니라 필요에 의해서 바꿔갈 수가 있잖아요. 그래서 저희는 자기 성찰을 통해서 이것을 계속 바꾸고 있습니다. 학년 초에는 특히 1학년들 오리엔테이션을 할 때에 아이들의 의견을 받아서 프로젝트 수업으로 만들어가기도 했습니다. 학부모, 교사, 학생이 모여서 매해 포럼을 하기도 합니다. 그래서 조금씩 바꿔가고 있습니다. 그러니까 살아있는 법이죠.

곽노현　적어도 아이들이 창의적 체험활동 시간이나 학급 회의나 학년 회의 시간을 통해서 충분히 자기 애기를 할 때만 그것을 자기 규범화할 수 있잖아요. 규범의 내면화가 가능할 텐데 그 과정이 아무튼 진행되고 있단 말씀이시죠? 그렇게 해서 여전히 살아 있는 규범이다, 실효성을 확보하기 위해서 노력을 한다, 그것 때문에 3주체 모두 매 학기 최소한 한 번씩은 점검하는 시간을 갖는 다는 말씀이시죠?

강명희　네.

곽노현　학부모 역할에서도 변화가 있습니까?

강명희　학부모님들이 처음에는 선사고 혁신학교에 와서 불안해 하시고 학교에 대한 만족도가 낮았습니다. 그런데 시간이 가면서 만족도 조사를 해보니 점차 높아지는 것을 볼 수 있었습니다. 그리고 전학 간다고 했던 아이들 중에서 "학교가 좋아서 전학을 가지 않겠다."는 아이들이 늘어나기 시작했습니다. 학부모님들이 모여서 만든 계간지가 벌써 18회 나왔습니다. '선사나루'라는 학부모 소식지를 만들기도 했습니다. 자체적으로 많이 움직이시는데 아직도 학교의 문턱은 조금 높은 듯합니다. 저희가 아직도 깨지 못하고 있는 것 같습니다.

곽노현　하루아침에 되지 않고 4년간 집단적인 노력, 집단지성의 발휘에도 불구하고 아직 부족한 건 당연히 있겠죠. 사실 이 모든 원동력은 교사한테서 나오는 거잖아요.

강명희 그렇죠. 교사의 자발성에서 나온다고 봐야죠.

곽노현 그런데 기본적으로 교권을 회복해야겠다는 의지도 있으실 테고 교육을 정상화시키겠다는 의지도 있으실 텐데 결국 교사의 전문 역량과 헌신성이 늘어난 것 아닙니까? 교사의 전문성과 헌신성을 일반 학교에 비해서 더 끌어올리기 위해서 어떤 과정이 진행되었습니까?

강명희 우선 교사의 자발성은 '내가 할 수 있다. 이게 나의 일이다. 내가 주체가 되어야 한다.'는 것입니다. 저희 학교는 교장 선생님의 일방적인 학교운영이 아니라 민주적인 의사결정 구조가 잘돼있다고 생각합니다. 전체 교직원 회의에서 토론을 통해서 중요한 일들을 결정하게 돼있어요. 그것이 바로 '나의 일이다.'라고 생각하게 만드는 것입니다.

곽노현 주인 의식, 이른바 주체 의식. 그럼 강명희 선생님이 과거에 계시던 학교에서는 그런 것이 없었습니까?

강명희 주로 전달 사항을 전하는 교무 회의였지, 제가 주체적으로 의견을 내고 이렇게 하고 싶다고 말한 적이 없습니다. 있으면 싸움이 일어나거나 갈등이 생기기 시작하는 거죠.

곽노현 여전히 일반 학교에서는 그 모습이 더 지배적인가 보죠?

강명희   아직은 그렇습니다.

곽노현   교사들의 협력은 어떤 식으로 이루어집니까? 학년별 교사들, 교과별 교사들끼리 협력과 토론이 이루어지고 있습니까?

강명희   저희 업무 구조 체제가 학년별로 되어 있기 때문에 주로 학년에서 학생 연구를 같이합니다. 만약에 한 반에서 어떤 일들이 일어나면 "우리 반에서 이런 아이는 이런 특징이 있으니까 수업 시간마다 이렇게 보살펴 주세요. 이렇게 대응해 주세요." 이런 말을 할 수 있는 상태가 돼있습니다. 매주는 아니고 한 달에 두 번 정도 그런 논의를 하고 있습니다.

곽노현   학년 선생님들이 다 모여서 한 아이 한 아이를 놓고 당신이 경험하고 관찰한 바를 털어놓는 거잖아요. 그래서 그것이 모든 선생님의 공통 지식이 되고, 그렇게 해서 아이에 따라 맞춤형 지도를 할 수 있는 것이죠?

강명희   그렇다 보니 아이들 지도를 같이합니다. 이 선생님 다르고 저 선생님 다른 것이 아니라. 그렇지 않으면 어떤 문제에 봉착했을 때 이 선생님은 이렇게 보이고 저 선생님은 저렇게 보여서 다르게 대응할 수 있는데 선생님들이 같은 식으로 대응하고 있어요. 아이들도 마찬가지로 그런 것들을 깨닫기 때문에 선생님한테 개기겠다는 생각을 안 하게 되죠.

곽노현 '나는 혼자'라고 생각할지 몰라도 교사들이 집단으로 지성을 발휘하고 대응하면서 이른바 집단 효능감이 교사들 사이에서 높아진 거잖아요.

강명희 가장 중요한 것은 아이들과의 갈등을 조장하는 것이 아니라 이해하고 수용하는 거예요. 근본적으로 가정환경에 문제가 있거나 인성에 문제가 있는 아이가 있다면, "이 아이에게 이런 고민이나 이런 문제점들이 현재 있으니까 혹 이런 행동을 보일 때는 선생님들이 많이 이해해 주세요." 하고 얘기해요. 그러면 그런 부분들을 넘어가는 거죠.

곽노현 마지막으로 혁신 고등학교 5년 차를 바라보고 계신데 "이것만은 꼭 한번 극복해야 할 과제다!"라는 것이 있다면 어떤 걸까요?

강명희 저희가 수업을 잘해보자는 의미에서 수업연구회 모임도 하고 수업 공개 주간도 만들었습니다. 그런데 바쁘다는 핑계로 제대로 하지 못한 점이 아쉬워요. 모든 교사가 다 들어가기가 쉽지 않았다는 이유도 있었습니다. 또 한 가지는 혁신학교를 하면서 교육철학을 깊이 있게 공부하지 못했던 점이에요. 그러다 보니 새로운 선생님이 오실 때마다 결국 일로 설득을 하게 돼요. 일이 아니라 철학으로 설득해야 하는데 그런 것이 부족했습니다.

곽노현 그런 것은 다 있을 것 같습니다. 그 부분을 앞으로 더 깊이 있게 해나가시겠다는 뜻 같습니다. 그래도 시청자들께서는 강명희 선생님께서 직접 소개해주신 혁신학교 선사고등학교의 사례를 들으면서 '역시 혁신학교!' 이런 생각 하셨을 것 같아요. 선생님도 앞으로 4년 동안 계속 혁신부장으로 더 좋은 혁신학교 만들어주시면 고맙겠습니다.

난 혁신학교가 이래서 좋았다: 삼각산고등학교 졸업생에게 듣는 혁신학교

곽노현 아직도 혁신학교에 대해서 우려의 시선을 거두지 못하는 분들이 계십니다. 특히 초등학교 때에는 몹시 좋고, 중학교 때도 견딜 만한데 고등학교에 가면 공부를 안 시켜서 걱정이다. 이렇게 말씀하시는 학부모들이 적지 않습니다. 과연 그런지 혁신학교를 졸업하고 현재 대학교 1학년에 재학 중인 오세리 양 모셨습니다. 혁신 고등학교 어디 나오셨어요?

오세리 서울에 있는 삼각산고등학교 나왔습니다. 2014년 2월에 졸업했습니다.

곽노현 혹시 어느 대학 다니는지 물어봐도 될까요?

오세리 저는 숙명여자대학교 한국어문학부 다니고 있습니다.

곽노현 글쓰기를 좋아하시는 모양이네요?

오세리　네. 읽기도 좋아하고요.

곽노현　혁신 고등학교 졸업생으로서 혁신 고등학교가 뭐가 다른지 학생의 관점에서 3년을 겪었잖아요. 어떤 것이 다른지 보려고 하는데, 일단 먼저 본인이 생각하는 혁신학교는 이렇더라 하는 것을 대강 한번 말씀해 주세요.

등수로 학생을 평가하지 않는 학교

오세리　제가 생각하는 혁신학교는 아무래도 학생이 행복한 학교였어요. 추상적으로 들릴 수도 있지만 무엇보다 학생이 학교에서 어떻게 생활해야 행복한지 또 학생이 학교에서 어떻게 생활해야 이후에 가장 행복한 길을 갈 수 있는지 학생, 학부모, 교사가 항상 고민하는 학교였습니다.

곽노현　첫 번째가 '학생의 행복을 학생, 학부모, 교사 3자가 같이 늘 고민하고 협력했다.' 그 다음에는 어떤 것이 있나요?

오세리　학생이 최대한 할 수 있고, 학생이 해야 하는 것을 학생이 알고 있다면, 그것에 대해서 학교가 전적으로 지원해주는 학교였습니다.

곽노현 보통 학교는 어떤 학생을 규격에 따라 정형화해서 좋은 대학 가야 할 사람, 무조건 수능 1점이라도 더 맞아야 될 사람 이 렇게 해서 학생 본인이 무엇을 원하는지 묻지 않고 밀어붙이잖아 요. 그러지 않았다는 뜻인가요?

오세리 네. 몇 가지 예를 말씀드리자면, 저 같은 경우만 하더라도 고등학교 3학년 때 독서 클럽을 만들어서 친구들끼리 활동을 했 어요. 다른 학교에서 보기에는 3학년 학생이 대학 입시를 코앞에 둔 상태에서 격주마다 만나서 3시간 동안 토론을 한다는 것이 꽤 씸해 보일 수 있는 정도의 활동이거든요. 그런데 저희 학교에서 는 그 어떤 선생님도 저희를 말리시는 분이 없었습니다. 또 저희 가 이것을 좋아하고 이것이 저희 인생에 도움이 될 거라고 확신을 가지고 계셨기 때문에 항상 응원해 주셨습니다.

곽노현 쉽지 않은 일입니다. 학교가 공부 안 하는 사람 그냥 방임 합니까?

오세리 아니요. 전혀 그렇지 않습니다.

곽노현 공부에 흥미를 잃은 아이들 있잖아요. 공부가 적성이 아 니라고 믿는 아이들 있잖아요. 어떻게 해줘요?

오세리 일단 '선생님들이 정말 노력하시는구나!' 저희가 느낄 정도로 선생님들이 학생들을 지도하기 위해 노력을 많이 하세요. 학생들의 교육을 책임지기 위해서 회의를 정말 많이 하시고 수업에 그것을 어떻게 반영해야 하는지 항상 저희에게 여쭤보시거든요. 어떤 선생님은 수업이 끝날 때마다 "오늘 수업은 어땠니?" 물어보셨어요. "듣기에 어렵지 않았니? 지루하진 않았니?" 최대한 모든 학생들을 포용할 수 있는 교육을 하시려고 했어요. 아무래도 한 학급에 30명이 넘는 학생이 있고, 학생마다 학업 성취 능력이 다르다 보니까 중간층이나 하위층 학생들이 공부에 관심이 없어지는 경우가 발생하게 되면, 선생님께서 그 학생을 따로 불러서 상담하시고 그런 학생들을 모아서 교무실 옆 작은 방에서 공부를 함께하는 추가 수업도 많이 하셨거든요. 저희는 그런 걸 보면서 선생님들이 정말 우리를 '한 명이라도 놓치지 않고 싶으시구나!'라는 것을 늘 느꼈습니다.

곽노현 그런데 보통은 학교생활을 떠올리면 언제나 경쟁, 점수 경쟁 또는 성적 경쟁이 떠오르잖아요. 그러니까 성적을 아이들의 평가 기준으로 삼는 것이 확립된 관행 아니에요. 학교문화잖아요. 삼각산고등학교는 달랐나요?

오세리 그럼요. 저희 학교는 단적으로 말씀드리자면, 저나 제 졸업생 친구들이 고등학교로 돌아가고 싶다는 얘기를 많이 해요. 대학교에서 공부하는 것도 좋지만 고등학교 때 선생님들이 저희에게 주셨던 가치관이 그립고 또 학생들이 차별받지 않았던 그 사회가 그리워지기 시작하는 거예요. 아무래도 대학이라는 사회는 저희가 다녔던 고등학교보다는 사람을 평가하는 기준이 조금 더 정해져 있는 사회이기 때문이죠. 저희가 다녔던 삼각산고등학교에서는 선생님들이 저희 학생들 성적이 얼마가 나오든 그걸로 결코 평가하지 않으셨거든요. 저희 학교 주변에 있는 소위 공부 잘한다는 여고 같은 경우에는 야자실 책상을 가장 좋은 자리부터 1등, 2등, 3등, 4등 순으로 학생들에게 배치했어요. 그것 때문에 제 친구가 오늘은 50등에서 밀려나서 야자실을 옮겼다고 하면서 굉장히 스트레스 받는 걸 봤었습니다. 그런데 삼각산고에서는 결코 학생을 성적으로 재단하지 않고 그것이 올바른 거라고 주입하지 않았기 때문에 저희가 더 행복한 학교생활을 할 수 있었습니다.

곽노현 학생들 사이에 성적이 처지는 아이들을 약간 멀리하고 가볍게 보는 분위기는 없었나요?

오세리 네. 없었어요. 당연히 "네!" 하는 것처럼 들리실 수 있는데 저희는 어떤 학생이든 "쟤는 공부 못하잖아."라고 얘기하는 걸 꺼렸거든요. 왜냐하면 저희 선생님들께서 저희를 그렇게 대하지 않으셨기 때문에 저희는 그렇게 보고 배우지 않았어요. 그래서 저희는 개개인을 평가할 수 있는 능력으로 친구들한테 "저 친구는 그림을 정말 잘 그리더라."라는 말로 서로 소통했습니다. '나는 5등이고 너는 10등이니까 내가 더 공부를 잘하고 내가 더 우월한 사람이야'라는 생각은 학생들 사이에서도 없던 것 같습니다.

곽노현 와! 이거 참 놀랍네요. "우리는 그렇게 보고 배우지 않았습니다." 이 말이 아주 좋게 들립니다. 그리고 그 '지긋지긋한' "고등학교 시절로 돌아가고 싶다."는 말도 매우 놀랍게 들립니다. 보통 학생들은 고등학교에 다닐 때 입시 경쟁 교육에 매여서 그 시기가 빨리 지나가고 그곳을 빨리 벗어나길 바랄 뿐이잖아요. 다시는 거기에서 매일 문제 풀이 수업 듣고 야자하면서 앉아있는 것을 원하지 않잖아요. 그런데 놀랍게도 고등학교로 돌아가고 싶다는 생각이 난다고 합니다. 세리 양만 그런 것은 아닌가요?

오세리 저만 그런 것은 아닙니다.

곽노현 참 놀라운 학교예요. 그러면 이 놀라운 비밀이 어디서 시작되었는지 어디서 길러지기 시작했는지 따져봐야 될 것 같습니다. 결국은 수업 시간이었을 것 같습니다. 왜냐하면 일주일에 30~40시간씩 수업을 받으니까. 처음에 고등학교 1학년 때 뭣도 모르고 동네 학교라서 혁신학교에 들어왔잖아요. 딱 들어와서 보니까 수업 시간이 어떻든가요?

협력하며 문제를 풀어가는 모둠 수업

오세리 일반계 고등학교를 들어왔는데, 1학년 모든 수업이 조별 수업, 모둠 수업이었습니다. 이것은 정말 충격적인 일이거든요.

다른 학교는 결코 그렇지 않거든요.

곽노현 이런 조별 수업, 모둠 수업을 중학교 때 경험했어요?

오세리 정말 가끔 했어요. 그래서 고등학교 입학해서 1학년 때 수많은 조별 수업과 모둠 수업이 저희 앞에 닥쳤을 때는 굉장히 난감했어요. 처음 해보는 거였고 친구들의 협조가 별로 없었기 때문에 굉장히 힘들었습니다.

곽노현 모든 수업을 모둠으로 했어요? 국어, 영어, 수학, 기술, 사회, 과학 모두?

오세리 네. 거의 모든 수업을 모둠으로 했어요.

곽노현 야, 놀랍네요! 음악, 미술, 체육도 모둠 수업을 했나요?

오세리 음악, 미술, 체육은 당연히 모둠 수업으로 많이 했어요.

곽노현 그런데 모둠 수업을 했다는 것은 4~5명 정도로 팀별로 나눠서 했다는 거잖아요. 그러면 팀 간에는 어떻게 하는 거예요?

오세리 일단 선생님께서 각 팀에서 해야 하는 과제를 내주시는 경우가 많죠. 그 과제를 어떤 방식으로든 좋으니 효과적이고 알

기 쉬운 방법으로 찾아가는 것이 목표였어요. 예를 들어서 말씀
드리자면, 저희 학교 주변, 저희가 살고 있는 동네 주변의 과거 모
습은 어땠는지 공부하는 지리 수업 조별 과제가 있었어요. 저희
는 이걸 하기 위해서 여러 친구들이 함께 옛날 사진을 인터넷에서
찾은 다음에 그곳에 직접 가서 사진을 다시 찍고 지금은 어떻게
달라졌는지 얘기하면서 수다를 떨었습니다. 친구들이랑 어떻게
협동해서 과제를 풀어나가야 되는지 공부하고 가장 효과적인 방
법을 도출해내는 것이 고등학교 때 조별 수업이었어요.

곽노현 그런데 조별 수업을 할 때 보면 사실 네댓 명도 많거든요.
꼭 한두 명만 열심히 하고 나머지는 무임승차하려는 애들이 있을
수 있잖아요. 이게 극복이 되던가요?

오세리 지금 대학 다니면서도 친구들끼리 '팀플' 무임승차 얘기
가 많거든요. 저는 고등학교 1학년 때 이걸 많이 느꼈어요. 아무
래도 공부를 해서 대학 진학에 희망을 두고 있는 학생들은 성적이
잘 나와야 하기 때문에 조별 과제를 정말 잘하고 싶어 해요. 그런
데 학교 공부에 크게 관심이 없는 학생들 같은 경우는 따라주지를
않으니까 제 친구의 경우도 정말 스트레스 많이 받아서 우는 경우
도 있었거든요. 그런데 그런 과제가 계속 나오니까 저희 입장에
서는 포기할 수가 없죠. 저희가 항상 힘들어하는 걸 보고 선생님
들께서도 어떻게 해야 아이들의 참여율을 더 높일 수 있을지 고민
을 많이 하셨어요. 저희가 고등학교 2학년 올라가서도 비슷한 수

업 과정을 겪었었는데 저희가 생각하기에도 정말 신기하게 친구들이 바뀌는 거예요.

곽노현 뺀질이가 없어져요?

오세리 네, 없어져요. 그 친구들에게 선생님들과 학교가 동기부여를 해줬고, 그 친구들은 어떻게 공부하는 것이 자기한테도 더 좋은지 배우면서 자기가 바뀌기도 해요. 또 평소에 조별 수업을 이끌어가던 친구들로부터 어떻게 해야 다른 친구들과 함께할 수 있는지 배우면서 바뀌기도 하고요. 더 놀라웠던 건, 그 친구들이 참여를 하니까 공부하던 친구들만 하던 것보다 훨씬 더 좋은 결과가 나오기 시작하는 거예요.

곽노현 아, 그래요? 전체적으로 늦어지는 것이 아니고요?

오세리 하나의 예가 있는데, 아무래도 중학교 때부터 열심히 공부한 소위 모범생들은 어떤 과제를 받으면, 그걸 어떻게 해야 되는지가 머릿속에 떠올라요. '그래 이것은 인터넷으로 이렇게 찾아서 이렇게 해서 이 정도의 과제를 내면 50점 정도 받겠네.'라는 생각이 들어요. 그런데 공부에 별 뜻이 없었던 학생들은 새로운 아이디어를 추가하기 시작해요. "우리 이러지 말고 밖에 나가서 사진을 찍자."라고 얘기하는 친구들이 생기는 거예요. 그러면 저희는 생각하지 못했던 거니까 '아, 그래 그것이 낫겠다.' 싶어서 과

제를 하고 나면 저희가 생각했던 50점짜리 이상의 결과가 나오는
거예요.

곽노현 이런 과정을 거치다 보면 아이들끼리 굉장히 친해질 것
같은데요. 그러니까 공부 잘하는 아이들만 친해지는 것이 아니라
매일 매시간 수업을 그렇게 하다 보면 조가 자꾸 바뀌잖아요. 그
러니까 반 아이들 모두하고 친해질 것 같아요. 실제로 그래요?

오세리 저희가 재학 중에 재밌었던 건데, 친구들끼리 지나가는데
삼각산고등학교 교복을 입은 아이가 지나가면 저 아이가 몇 학년
인지 알아요. 저희가 2학년이었을 때 저희가 1기니까 1학년 후배
밖에 없는데 쟤를 우리가 모르면, 쟤는 1학년인 거예요. 저희는 반
별로 워낙 모둠 활동을 많이 했고, 그 모둠 활동을 하면서 친구를
통해서 친구를 알게 되는 경우도 많아졌고, 각 반 학생들끼리 교
류도 많아졌어요. 그래서 저희는 "그 친구 지금 뭐하지?" 그러면
무엇을 한다고 서로 이야기를 주고받을 정도로 서로 많이 가까웠
고, 교류가 많아서 같은 학년끼리는 다 알고 있는 수준이었어요.

곽노현 참, 놀랍네요! 반 아이들은 다 알 수 있지만 어떻게 같은
학년 친구들까지 다 알 수 있을까요? 모둠 수업을 반끼리 바꿔 가
면서 했나요?

오세리 네. 한 반만으로는 같은 과목을 하고 싶어 하는 학생들이

충분히 모이지 않기 때문에 여러 반을 섞어서 했어요.

서로 격려하며 진로, 진학의 꿈을 이루다

곽노현 그런 식으로 섞일 수 있는 기회가 있군요. 아무튼 그 정도로 아이들끼리 수업 시간을 통해서 흉허물 없이 '토끼와 거북이가' 함께하는 거잖아요. 빠른 아이와 늦은 아이, 앞선 아이와 조금 처진 아이, 또 다른 것에 능력이 있는 아이와 공부에 능력이 있는 아이 이렇게 다 같이 섞이잖아요. 그렇게 되면 학교에서 폭력, 왕따 이런 문제가 거의 없을 것 같은데요.

오세리 저희 학교에서도 물론 감정이 격해져서 학생들끼리 한 번씩 싸우는 일이 없을 수는 없지만……

곽노현 그건 폭력이라고 안 해요.

오세리 '일방적으로 폭력이 있었다.' 또는 '어떤 학생에게 금품 갈취가 있었다.'는 얘기는 한 번도 들어본 적이 없어요.

곽노현 그래요? 그러면 '학교폭력대책위원회' 이런 거 들어봤어요?

오세리 아니오. '학교폭력대책위원회'는 학교에서 열린 적이, 제 기억에는 없네요.

곽노현 누구든지 약간 떨어져 있을 때는 이상한 아이로 보이지만 가까이 가서 자세히 들여다보면, 예쁘잖아요. 오래 보면 이해가 가잖아요. 그러면서 서로 친해지잖아요. 공부 시간을 통해서 같은 조가 됨으로써 그 경험을 다 하고 있는 것 같아요. 그래서 수업 시간을 통해 사회성이 저절로 생기는 거네요. 서로 존중하고 배려하고 협력하는 관계가 수업 시간을 통해서 저절로 이루어지는 걸 경험한 거예요.

오세리 저도 모범생 축에 속하는 학생이었기 때문에 생활지도 면에서 불량 학생 같이 보이는 학생들을 보면, 중학교 때까지는 '저런 아이들과는 친해지고 싶지 않아.'라는 생각을 많이 했어요. 그런데 고등학교에 올라와서는 이 아이들이 전혀 그런 기준으로 평가될 수 있는 사람이 아니라는 걸 많이 깨달았어요. 모둠 수업으로 친구들의 가능성을 보고 함께 활동해서 좋은 결과가 나오는 걸 보니까 아무래도 친구들 간의 그 어떤 평가 기준도 작용할 수가 없죠.

곽노현 "성적 가지고 차별하는 것을 선생님들도 안 하셨기 때문에 우리들도 그렇게 배웠다. 그래서 우리도 성적이 차별하는 기준이 될 수 없다는 것을 깨달았다." 이렇게 말씀하셨잖아요. 그래도 실제로 운명의 시간이 와요. 고등학교 3학년 졸업할 때쯤 되면 1학기 끝날 때쯤 수시 원서를 집어넣고 정시 치고 그러잖아요. 그러면 당락이 갈리잖아요. 그때 보통 싸늘해지는 것 아니에요? 어땠어요?

오세리 저는 몰랐는데 다른 학교 학생들 얘기를 들어보니까 제가 붙으면 저는 학교를 조용히 다녀야 된다고 해요. 원하는 대학에 붙어서 기쁜 티를 내면, 옆에서 다른 여자 애가 "난 못 붙었는데" 이러면서 울고 그러는 경우가 많다고 해요. 그런데 저희는 수시 원서는 워낙 결과가 나오는 기간이 다르기 때문에 이 주에는 어느 대학을 쓴 어느 학생이 결과가 나오는지 학생들이 다 알아요. 저희는 워낙 다 아니까. 그런데 그 학생이 붙었다는 이야기가 쫙 퍼지면 그 학생이 복도를 지나가면 애들이 다 축하를 해줘요. "너 대단하다." 이렇게요. 학교 교실 문을 열고 들어오면 막 박수 치고 "어느 대학 14학번 들어오셨네!" 이러면서 박수를 쳐줬어요.

곽노현 친한 친구들끼리는 같이 서로 껴안기도 하고……

오세리 네. 이게 물론 당락이 결정되지 않는 학생들한테는 서운한 일일 수 있고, 초조한 일일 수 있는데, 저희는 대학을 붙고 자기가 원하는 공부를 할 수 있게 되었다는 것이 기쁜 일인 것을 아니까 학생들끼리 경쟁자로 보지 않고 같이 나아가는 친구로 보는 것 같아요.

곽노현 참 좋은 일인데요. 4년제 대학까지는 그렇고, 2년제 전문대학 가는 아이들도 적지 않을 거 아네요. 그럼 그 아이들도 별로 주눅 들지 않습니까?

오세리 네.

곽노현 그래요? 그러면 마찬가지로 "○○전문대학교 합격자 들어오시네." 그래요?

오세리 아, 전문대학교의 경우에는 수시 일정이 너무 달라서요.

곽노현 그거는 뒤에 하는구나.

오세리 네. 친구들끼리 교류하기는 힘들지만 서로 "너는 대학 어디 갈 거냐?"라고 얘기했을 때 서로 허물이라고 생각하지 않고 얘기하는 경우가 많아요. "나는 간호를 하고 싶으니까 이 대학 갈 거야"라고 얘기를 하면 "멋있다"고 얘기하는 학생이 굉장히 많았거든요. 자기 꿈을 찾아서 자기가 원하는 가장 현명한 방향으로 나가는 걸 아무도 허물이라고 생각하지 않았어요.

곽노현 그랬어요? 그러면 그렇게 만드는 데 특별한 진로교육이 있었나요?

오세리 1학년 때 정규 교육과정으로 편성된 진로교육도 있었지만, 선생님들이 개인적으로 학생 한 명씩 데려다가 말씀하시는 진로교육이 저희한테는 가장 크게 와 닿았어요. 교무실을 열고 들어가면 담임 선생님들이 앉아 계시는데 절대 혼자 안 계세요. 옆에 학생들이 붙어 앉아서 선생님과 얘기를 하고 있거나 얘기하면서 울고 있는 경우가 많은데 자기 얘기를 하고 선생님께 고민을 털어놓으면 자기가 가장 하고 싶은 일을 어떻게 할 수 있는지 함께 얘기해 주시는 거예요. 저도 많이 겪었는데, 아무래도 저희보다 진로에 대해서 많이 알고 계시고 또 어떻게 하면 저희가 효율적인 방법으로 나아갈 수 있는지 아시는 선생님들이시니까 저희한테 그런 조언을 많이 해주시는 것이 저희한테는 가장 큰 진로교육이 되었습니다.

곽노현 아까 그런 차별을 진짜 안 하고 있다고 그랬는데 대학 안 가는 아이들도 있죠. 그 아이들은 어떤 시선을 받을까요?

오세리 저희 학교 학생들이나 선생님들께는 어떠한 특별한 시선도 받지 않죠.

곽노현 차별의 시선이 없다? 그래요?

오세리 같은 학년 친구 중에서 시골에 내려가서 농사짓고 있는 친구가 있거든요. 저희가 그 얘기를 나중에 들었을 때 '걔는 그럼 대학 다 떨어져서 내려간 거야?' 이런 생각 전혀 하지 않았어요.

'멋지다'라든지 자기가 하고 싶은 일 찾아서 벌써 길을 개척해서 나갔다는 것이 대단하다는 이야기를 많이 했어요.

곽노현 그 학생은 고등학교 다닐 때 처음부터 "귀농할 거다. 농사 지을 거다." 얘기 했나요? 아니면 대학 들어와서 알게 된 거예요?

오세리 저는 대학에 들어와서 그 얘기를 알게 됐어요.

곽노현 그런데 그 학생은 처음부터 농사짓겠다고 진로를 설정했다고 그래요?

오세리 그건 잘 모르겠습니다.

곽노현 졸업생으로서 해주고 싶은 얘기가 있다면, 공부 안 할까 봐 걱정하고 망설이는 학부모님들께 한 말씀 해주세요.

오세리 저는 지금 고등학교로 돌아간다고 했을 때, 민사고 같이 아주 공부 잘하고 대학에 잘 간다는 고등학교 들여보내준다고 해도 가고 싶지 않아요. 제가 다녔던 혁신 고등학교는 정말 공부하는 학교였어요. 물론 좋은 대학 가기를 원하시는 학부모님들이 생각하시는 공부가 아닐 수 있지만 저희는 모여서 함께 이야기를 나누고, 하고 싶은 공부를 하고, 저희가 하고 싶은 일에 대해 더 배워나가는 진짜 좋은 시간이었거든요. 한 가지 더 말씀드리면,

저희가 학교 공부에 소홀히 하거나 공부에 뒤쳐질 것 같으면 선생님들이 100% 돌봐주시기 때문에 저희가 공부를 소홀히 할 일은 결코 없습니다. 저희는 저희 학교에서, 살면서 좋은 밑거름이 되겠다 싶은 가치관을 많이 얻었어요. 그리고 '내가 이후에 어떻게 살아야 하는지' 뒷받침해줄 수 있는 공부를 할 수 있는 곳이었기 때문에 꿈이 있는 학생이든 확실한 목표가 없는 학생이든, 학생들이 혁신학교에 진학하게 되면서 얻을 수 있는 장점들은 다른 학교와는 비교할 수 없다고 생각합니다.

곽노현 이거, 학부모님들이 완전 설득당하겠는데요! 중요한 포인트가 있었습니다. 혁신학교, 공부 안 하는 학교 아니다. 정말 공부하는 학교다. 그것도 의미 있게 공부하는 학교다. 자기 주도적으로 하는 학교다. 그것을 지원해준다. 이런 말씀했잖아요. 그러면 대학교에 들어와서 대학 생활 적응하는 데 좋겠습니다.

오세리 그럼요. 단적으로 수업만 보더라도 토론 수업, 발표 수업이 많았는데, 저희 대학에 입학할 때 저희 선생님들이 너희는 대학 수업 아무것도 아니겠다고 말씀하셨거든요. 너희 어차피 하던 대로만 하면 대학에서 너희 학점은 그냥 잘 나오겠다 말씀을 많이 하셨어요. 뿐만 아니라 수업 이외에 동아리라든지 자기 주도적으로 일을 만들어서 할 수 있는 활동들도 저희 고등학교와 크게 다르지 않기 때문에 저는 대학에 와서 너무 달라서 어렵다는 생각은 한 번도 해본 적이 없어요.

곽노현 어쩔 수 없이 하나 부탁해야겠습니다. 약간 촌스럽긴 한데 학교 선생님들한테 인사 한 번 해봐요. 고마운 인사, 감사의 인사 한 번 해줘요.

오세리 선생님, 저는 고등학교 다니면서 제가 살면서 이보다 좋은 멘토를 만날 수 있나 생각할 정도로 좋은 분들을 많이 만난 것에 감사합니다. 제가 사실 중학교 때만 하더라도 '국어 교사를 하는 것이 좋지 않을까? 남들 말하는 대로 철밥통이라고 하니까.' 생각하기도 했어요. 그런데 저는 선생님들이 하시는 일을 보고 '아, 저렇게 사람을 하나 완벽하게 만들어가는 일에 종사하기 위해서는 정말 많은 각오와 노력이 필요하구나!' 하는 생각을 하게 됐어요. 저는 그래서 고등학교 선생님들께 항상 감사하다고 말씀드리고 싶어요.

곽노현 혁신학교인 삼각산고등학교 선생님들 뿌듯하시겠습니다. 힘내셔도 되겠어요. 삼각산고등학교 오세리 양이 회고하는 삼각산고등학교야말로 학교 민주주의 프로젝트로서 혁신학교가 살아 움직이는 모습이 아닐까, 권위주의가 없고, 성적주의, 능력주의가 판치지 않는, 그래서 모든 아이들을 평등하게 대우한 교육 경험이 오세리 양과 오세리 양의 친구들로 하여금 고등학교에 다시 돌아가고 싶다는 '미션 임파서블(Mission Impossible)'에 해당하는 얘기를 나오게 하는 힘이 아니었을까 생각합니다.

일반고 살리기,
혁신고가 대안이다

곽노현　특목고와 자사고의 전성시대였던 이명박 정부 시대를 지나면서 일반고에 광범위한 위기가 왔다는 공감대가 형성됐습니다. 당연히 일반고를 살리자고 외치기 시작했고 정부의 호응이 있었습니다. 서울시교육청에서는 아예 일반고 전성시대를 만들어보자고 팔을 걷어 부치고 있는 형국입니다. 그래서 삼각산고등학교 김정안 선생님을 모시고 '일반고 살리기, 이제부터'라는 제목으로 인터뷰를 진행하도록 하겠습니다. 김정안 선생님 학교가 일반고죠?

김정안　네, 일반고이고 혁신 고등학교입니다. 2011년부터 혁신고등학교로 지정되어서 5년째 혁신학교를 하고 있습니다.

곽노현　그래서 일반고를 살리는 데 혁신 고등학교의 경험이 어떤 빛을 던져줄 것인지 오늘 말씀해주실 것 같습니다. 어떻습니까? 일반고의 현실, 일반고가 위기라고 일컬어지는 그 현실을 상세하게 말씀해주세요.

고교평준화 해체가 가져온 무기력한 '일반고'

김정안 저희 혁신학교도 일반고로서 똑같이 어렵습니다. 일반고에서는 수업이 어렵고 교육과정이 어렵고 아이들 돌보는 거 자체가 어렵다고 얘기합니다. 일반고의 이름 자체에 이미 그런 위기가 내재되어 있다고 봅니다. 일반고는 특목고도 아니고 특성화고도 아니고 자사고도 아니고 자공고도 아니고, 이 모든 학교를 못 갔거나 안 간 아이들이 모여 있는 그런 학교입니다. 다양한 진로를 선택해야 하는 아이들이 여기에 합쳐져 있습니다. 학력 차이도 심하고 다양한 돌봄이 필요한 아이들이 다 모여 있는 곳이어서 정말 어렵습니다.

곽노현 대부분의 학업 중단자, 학업 이탈자들도 일반고에서 나오는 거죠?

김정안 그렇죠. 일반고 수가 일단 70%가 넘으니까요.

곽노현 일반고에서는 수업이 일반적으로 어떻게 이루어집니까? 기본적으로 대입을 위한 기관 아닙니까?

김정안 그 다양한 목적의 아이들이 다 모여 있기 때문에 그 필요성에 응해야 하는데 그걸 다 한다는 것이 쉽지 않죠.

곽노현 대학에 갈 애들도 있고, 음악, 미술, 체육 전공하려다가 떨어져서 온 아이들도 있고, 직업교육 받아야 할 아이들도 있어서 굉장히 다양하겠네요.

김정안 그런데 우리는 다 해야 되는 거죠. 많은 학교들은 잘하는 아이들 소수를 중심으로 하고 있다고 합니다.

곽노현 될 아이들만 데려가자 이러면서.

김정안 예. 많은 아이들이 버려지거나 제대로 돌봄을 못 받는다고 할 수 있죠.

곽노현 그런데 일반고에는 특별한 목적이나 진로를 준비하는 다른 학교에 가지 못하거나 가지 않은 아이들이 온다고 말씀하셨는데, 일반고는 언제부터 이렇게 만들어졌나요?

김정안 이명박 정부에서 고교 다양화를 내세우면서 자공고, 자사고가 많이 생겼잖아요. 그러면서 그런 것이 아닌 학교가 일반고가 된 거예요. 예전에는 실업계 고등학교에 대해서 인문계 고등학교라고 했는데 이미 인문계 자체가 해체된 겁니다. 다양한 교육과정이 아니라 모든 것을 하지만 특성이 없는 학교로서 일반고가 되어버린 거죠.

곽노현   잘못하면 모든 것을 한다고 말하지만 아무것도 못하는 학교가 될 수 있겠네요.

김정안   목적 자체가 없고 달성하기 어렵다는 조건을 이름 자체에 이미 안고 있는 거죠.

곽노현   인문계가 아닌 일반고라는 이름 아래는 그런 뜻이 숨어있는 거네요. 그래서 일반고 위기의 원인으로 첫 번째 짚으신 것은 학교 다양화라는 거네요.

김정안   정체성도 목적도 없는 이런 학교를 만들어낸 근본적인 원인은 고교평준화 해체라고 봅니다. 평준화를 해체하면서 평준화가 '하향 평준화'라는 비판이 있었잖아요. 그런데 그때 방향을 잘못 잡은 겁니다. 저는 고교평준화 해체가 해방 이후 교육사에서 최대로 잘못된 사건이라고 생각합니다. 방향을 잘못 잡고, 물꼬를 잘못 터서 회복하기 굉장히 어려운 큰 사고와 사건이 일어났다고 봅니다. 두 번째는 우리나라 사회의 문제입니다. 좋은 대학을 나와야 좋은 직장을 갖고 그래야 좋은 월급을 받아 생활이 안정된다고 하면서 모든 사람들이 좋은 대학을 가기 원하는 사회구조에서 일반고는 대학 가기 어렵다고 기피하는 대상이 되어 버린 것입니다.

곽노현   다행히 일반고의 위기가 깊다는 인식이 이명박 정부 5년을 지나면서 여야를 막론하고 어느 정도 피부로 느끼게 됐잖아요. 박근혜 정부도 일반고 살리겠다고 대선 공약을 걸었고 많은 교육감들도 일반고 살리겠다고 호응을 했지 않습니까? 현재 일반고를 살리기 위해서 해결책으로 제시된 것이 어떤 것들입니까?

일반고 위기의 해법 : 핵심 미래 역량 계발에 집중해야

김정안 어려운 현실에는 다 공감을 하면서 그 해법에 있어서는 한계를 보여주고 있습니다. 교육부는 결국 예산 지원을 해줄 테니까 일반고가 각자 알아서 다양한 수요에 맞춰주라고 했습니다. 교육청도 기본에 있어서는 마찬가지여서 개별 학교에 맡겼습니다. 그리고 교육청에서는 자사고 지정 취소부터 시작해서 개혁을 시도했는데 반발에 부딪히면서 표류하고 있어요. 그래서 결국 진전된 것은 없다는 거죠. 이 상태로서는 일반고가 과연 살아날까 하는 점에서 저는 의문입니다.

곽노현 그렇다 할지라도 작은 변화라도 시도되는 것이 있겠죠? 어떤 것이 있을까요?

김정안 고3을 대상으로 직업교육을 받고 싶은 학생들이 갈 수 있는 직업위탁학교가 좀 늘었어요. 공립이 늘었다기보다는 사립에서 위탁교육을 받을 수 있게 되면서 작년보다 500명 이상의 학생들이 직업교육을 받을 수 있는 기회가 열렸습니다. 그리고 예산 지원이 되면서 올해부터 일반고 살리기를 위해서 예산을 써서 교육력을 제고해보라는 사업이 시작되었습니다. 이 두 가지가 작은 변화입니다.

곽노현 일단 쓸 수 있는 가용 자원이 늘어난 거잖아요. 그 자원이 서울시에서 일반고 1개 학교당 얼마 정도 됩니까?

김정안 교육부에서 5000만 원, 교육청에서 5000만~7000만 원, 그래서 1억 원 조금 넘게 나왔다고 합니다.

곽노현 작은 돈이 결코 아니에요. 그 돈으로 교육부와 교육청은 일반고 선생님들에게 어떤 일을 하라는 겁니까?

김정안 우선 수업을 개선해라. 교육과정을 개선하라. 대입시의 경쟁력도 높여라. 부적응 아이들도 지도해라. 직업교육도 시켜라. 학습부진아도 지도해라. 예체능 교육을 받고 싶어 하는 아이들에 대해서도 교육해라. 그것이 힘들면 특성화고와 컨소시엄을 구성해서라도 해라. 그래도 안 되면 거점 학교에 보내라. 이런 것들이 모두 개별 학교에 맡겨진 것으로 볼 수 있습니다.

곽노현 개별 내용은 모두 마땅한 것인데 현실적으로 학교에서는 어떤 것에 가장 중점을 맞출까요?

김정안 아무래도 예산 투자를 해서 가장 효과를 볼 학생이 누구인가 해서 많은 일반고에서는 몇몇 아이들을 위해서 대학 입시에 필요한 프로그램, 특히 수시 전형에 도움이 되는 프로그램을 한다든가 아니면 수능에 대비하는 방향으로 찾고 있다고 합니다.

곽노현 제가 보기에는 일반고에 특별한 지원이 주어지면 무엇보다 고질적인 학습부진이나 학교 부적응에 시달리는 아이들, 학업 일탈을 꿈꾸고 학교 바깥을 동경하는 아이들, 이 아이들한테 먼저 투자가 이뤄져야 하는 것 아닌가요?

김정안 그렇죠. 일반고 교사들도 그런 마음과 의지가 있습니다. 이런 아이들은 다만 무기력감이 너무 오래되었고 과연 공부하려고 하겠느냐, 실제로 동기 유발도 잘 안돼서 아무래도 지원이 약하고 뒷전으로 밀리거나, 하더라도 잘 안 이루어질 수 있습니다.

곽노현 혁신 고등학교에서 혁신부장을 오래 하셨잖아요. 그러면 들어오는 학생은 다른 일반고와 똑같았단 말이에요. 그리고 지금 일반고는 1억 2000만 원 가까이를 받는데 혁신학교는 1억 2000만 원 못 받았단 말이에요.

김정안 아, 이번에는 혁신 고등학교도 혁신 예산이 일부 지원이 돼서 일반고보다는 조금 더 받습니다.

곽노현　금년이 아니라 지난 혁신 고등학교 시절에는 받았던 지원금이 1억 원도 안됐잖아요. 그럼에도 불구하고 학습부진이나 학교 부적응에 대해서 아주 힘겨운 노력을 하셨을 텐데 어떤 노력을 어떻게 할 때 효과가 있던가요?

김정안　예산을 잠깐 말씀드리자면, 일반고에 비해서 원래 역차별받은 적도 있었어요. 그러나 아무튼 저희는 혁신을 위한 시범학교니까 다양한 분야에서 학교 혁신을 해야 한다는 사명을 갖고 있죠. 우리는 고등학교로서 일반고를 살리고 이 아이들이 제대로 된 교육을 받고 성장할 수 있도록 도와야 한다는 노력을 해왔습니다.

곽노현　이른바 '책임 교육' 기치를 높이 드셨잖아요.

김정안　제일 중요한 것은 사회 전체적으로, 또 고등학교 체제로 보면 차별받는 아이들한테 차별이 없어야 되겠다고 해서 어떤 아이도 차별받지 않도록 공정한 기회, 균등한 기회를 우선 주었습니다. 교사들은 참여와 협력, 민주적인 운영 시스템을 만들고자 노력했습니다. 그리고 아이들을 위해 어떤 교육을 할 것이냐, 이 아이들에게 필요한 '진짜 공부', 그것은 바로 삶과 연결되는 미래 역량이라고 봤습니다. 스스로 공부하고 스스로 탐구하고 스스로 문제를 제기하고 해결하는 것입니다. 그것도 친구와 더불어 협력하면서 해결해나가는 능력을 저희는 미래 역량이라고 보았습니다.

이러한 역량을 키우기 위해 정규 수업과 교육과정을 중심으로 노력을 했습니다.

곽노현 그래서 괄목할 만한 성과를 거두셨잖아요. 성에는 안 차시겠지만 굉장히 자부심이 있으시잖아요. 그 결과로 그 당시에도 일반고에도 적지 않은 돈이 지원됐잖아요. 심지어는 그 금액보다 더 작은 돈도 지원받았다고 하셨죠. 그럼에도 불구하고 선생님의 노력으로 아이들에게 동기부여도 하고 협력적인 자세와 미래 역량도 길러냈는데 어느 정도 성공했다고 생각하세요? 결과가 있냐는 말이죠.

선도 학교(pilot school)로 역할을 하는 혁신학교

김정안 예산의 역차별은 문교육감님 시절에 잠깐 있었습니다. 파일럿스쿨(pilot school)로서의 지원은 받았었는데 저희가 파일럿스쿨로서 일반화가 가능하거나 다른 학교에 하나의 모델을 제시할 수 있는 노력을 해왔다고 봅니다. 특히 아이들이 어떻게 하면 행복해지고 성장하느냐에 대한 가능성도 제시했다고 봅니다. 아이들은 그냥 행복해지는 것이 아닙니다. 아이들은 존중받아야 하고 학교를 통해서 성장하고 실력이 늘어야 하는 것이죠. 자기를 도와주는 친구가 있을 때 행복하다고 생각하는데 아이들이 혁신 고등학교를 행복한 학교라고 표현을 하죠. 저는 이 세 가지를 이

루었다고 생각합니다. 특히 저희가 교육과 관련해서는 아이들이
혁신학교를 통해서 미래 역량을 키웠다고 보고 있습니다.

곽노현   제가 전에 삼각산고등학교 졸업생과 인터뷰를 한 적이 있
어요. 굉장히 놀랐습니다. 고등학교 1학년 거의 모든 수업이 거
의 모든 시간에 토론 참여 형식, 또는 프로젝트 형식으로 이뤄졌
다는 거예요. 저는 제 귀를 의심했어요. 저는 그냥 국어, 사회 시
간에 30% 정도 하지 않았을까 생각했어요. 그것만 해도 대단하다
고 생각했는데 아이의 입을 통해서 들은 얘기는 거의 모든 과목이
70~80%를 그렇게 했다는 거예요. 어떻게 그것이 가능했죠?

김정안   저희가 노력을 하고 있는 거죠. 모든 시간, 모든 교과에서
그렇게 할 수 있는 것은 아니에요.

곽노현   졸업생들은 그렇게 인식하고 있던 것 같습니다.

김정안   많이 하니까 그럴 거예요. 학생들이 참여하는 수업이 저
희가 가야 할 방향이라고 생각해서 그렇게 하려고 노력하고 지향
하는 거죠. 그것이 실제로 상당 부분 반영되고, 해가 갈수록 개선
이 되고 있는 거죠.

곽노현   그러다 보니까 일반고에서도 조는 아이들이 없었다는 거
예요. 그리고 협력을 매시간 경험하다 보니까 특히 처지는 아이

들에 대한 존중이 저절로 생기더라는 거예요. 굉장히 놀라운 얘기였습니다.

김정안　저도 그 부분이 혁신학교가 가장 보람을 느낄 수 있는 성과라고 생각합니다. 친구가 갖고 있는 개성과 역량을 인정하고 장점을 발견해서 진정으로 존중해주는 것이 협력 수업의 가장 좋은 성과이고 학생들이 졸업한 후에도 살아가면서 가장 중요한 자산이 되고 앞으로도 계속 삶의 바탕이 될 것이라고 생각합니다.

곽노현　그런 수업이 공부 잘하는 아이들은 오히려 처음엔 느려서 불편했다는 거예요. 이걸 거꾸로 생각해보면 좀 처진 아이들이나 내면의 동기가 약한 아이들한테 오히려 더 도움이 됐다는 얘기거든요. 그러면 이거야말로 일반고 살리기의 모델이 아니냐. 왜냐하면 삼각산고에 모였던 아이들이 보통 일반고 아이들과 똑같은 아이들이란 말이에요. 그런데 그 정도 재원을 가지고 그 아이들을 이렇게 만드셨단 말이에요. 그러면 당연히 이런 질문이 나올 수 있어요. 그 혁신의 비결이 뭐고 동력이 뭐였습니까?

김정안　혁신학교의 동력은 교사들의 협력, 상호 존중이라고 생각합니다. 그러나 이것은 의지나 열정만으로 되지 않습니다. 학교의 민주적인 시스템을 스스로 만들어나감으로써, 모든 교사들이 부품이나 들러리가 아니라 '나도 교육의 주체'라고 스스로 참여하는 자발성을 이끌어낼 수 있었습니다. 그래서 교사들이 '내가 교육의 주체야. 나는 좋은 교사가 되고 싶었어.'라는 초심으로 돌아가서 자기가 갖고 있는 역량과 창의성을 발휘한 것입니다. 그리고 혼자서는 할 수 없는, 어렵고 도전적인 과제들도 협력의 힘을 통해 해결해나갔습니다. 이것이 저는 혁신학교의 동력이라고 봅니다.

곽노현 고등학교 교사들이 자괴감에 빠지는 경우가 많습니다. 어쩔 수 없이 EBS 수능 교재 풀게 합니다. 거기서 수능 문제 70%가 나온다니까. 이것을 바람직한 교육으로 생각하는 사람은 없어요. 그거 하려고 교사되었을 리는 만무하잖아요. 결국 현행 입시제도 아래 일반계 고등학교에서도 교사가 마음을 먹으면 적어도 1~2학년 수업에서는, 아이들에게 동기유발이 가능하고 자는 아이들이 거의 사라지는 수업, 참여·토론·협력 수업을 할 수 있다는 것을 실증해서 보여주셨습니다. 그리고 처지는 아이들을 위해서 특별한 프로그램을 했다고 들었습니다.

김정안 저희는 처지는 아이들을 도와주기 위한 시스템, 계기를 여러 가지 만들어놨어요. 정규 수업에서는 협력 수업의 형태로 하고, 방과 후에는 자율적으로 공부하는 '학습 두레'라는 것이 있어요. 이것은 자율적인 학습 동아리인데, 공부 잘하는 아이들이 배움에 더딘 아이들과 함께할 수 있도록 많이 권장했습니다. 아이들도 기꺼이 그렇게 해오고 있습니다. 그리고 '진로 집중 과정'이라고 해서, 치유 프로그램을 진행하는 일종의 대안 학급인데,

치유 프로그램만 하는 것이 아니라 직업과 연결해서 마음의 치유
와 함께 자존감도 회복할 수 있는 과정을 운영했습니다.

곽노현 말씀을 들어보면 교육부와 교육청이 일반고를 살리라고
하면서 돈을 줄 때 이러저런 활동을 하면 좋겠다는 것을 다 하신
셈이에요. 그러면 당연히 혁신 고등학교의 현재야말로 일반고 살
리기의 모델이라고 얘기할 수 있지 않을까요?

김정안 그런데 현실적인 조건에서는 우리가 했으니까 일반계 고
등학교에서도 '이렇게 하시오' 하고 권유하기도 어렵고 일반화할
수 없다고 생각합니다. 왜냐하면 혁신 고등학교는 말씀드린 대로
우리 스스로도 굉장히 어렵기 때문입니다. 아주 버겁게 애쓰면서
하고 있습니다. 저희도 교사들에게 요구되고 있는 열정과 헌신적
인 상태를 언제까지 유지할 수 있을지 이게 과연 지속 가능할까에
대해서는 의문을 가지고 있습니다. 물론 저희는 포기하지 않고
노력을 하겠지만, 이것을 일반화하기는 어렵습니다. 그만큼 어려
운 조건에서 있는 힘을 다해서 애쓰고 있는 겁니다. 혁신학교를
지원하는 구성원들이 모여서 민주적인 시스템을 만들어가면서
해내고 있는 것입니다. 그럼에도 불구하고 저희가 감당하기 어려
운 아이들이 많아요.

곽노현 그 부분을 돌파하려면 어떻게 해야 돼요?

김정안 일반고의 위기를 만들어낸 원점에서부터 문제를 해결해야 된다고 봅니다. 이 위기는 결국 평준화 해체, 고교의 서열화 체제를 만들어 낸 것이 첫 번째라고 했습니다. 한번 시작하면 정말 되돌리기 어렵고 회복하기 어려운 큰 사건이라고 봐서 교육 사회에 있어서 '4대강 사업'이라고 이름 붙이고 싶습니다. 평준화에 대해서는 외국에서도 굉장히 부러워한다고 들었습니다. 제가 1990년대 초에 일본에서 3년쯤 살면서 일본 교육을 관찰하고 사람들도 많이 만났었는데 만나는 사람마다 한국의 고등학교 평준화 체제에 대해서 어떻게 그렇게 할 수 있었느냐면서 부러워했어요. 그런데 그 좋은 방향이 해체된 것입니다. 그래서 평준화를 회복하고 고교 체제를 개편하는 것이 첫 번째 과제입니다. 두 번째는 사회가 도와줘야 한다고 생각합니다. 사회가 합의를 해서 고등학교를 졸업해도 좋은 직업을 가질 수 있고, 특성화고를 졸업해도 좋은 교육을 받을 수 있고, 학력에 따른 임금 차이를 줄이는 구조, 대학 서열화를 해소하면서 간다면, 일반고가 회생할 수 있는 단초가 거기서부터 시작될 것 같습니다. 그리고 현시점에서 고등학교에서 해결할 수 있는 것은 그건 학교에서의 민주적인 시스템이 마련되는 것이라고 봅니다.

곽노현 교사를 주체로 세울 수 있는, 교사 협력이 일어날 수 있는 토대겠지요.

김정안 그렇죠. 교사들의 동력이 만들어질 수 있는 토대, 토양.

그것이 교사가 주체로서 참여할 수 있는 학교 민주주의라고 보거든요. 이게 된다면 교사들은 자신에게 주어진 교권과 주어진 기회를 바탕으로 창의성을 발휘하면서 아이들을 위해서 가장 좋은 교육을 실현하는 좋은 교사가 될 거라고 봅니다.

곽노현 '일반고 살리기 이제부터'라고 이름 붙인 이유가 이제 드러나네요. 이게 만만치 않은 거네요. 반드시 살려야 되지만 굉장히 많은 선행 조건과 교사들의 헌신을 요구한다, 그 가운데 핵심 키워드는 민주주의와 교사 간 협력이다, 이렇게 정리할 수 있을 거 같습니다. 김정안 선생님 개인적인 질문을 하나 여쭤보지 않을 수 없어요. 제가 듣기로는 이번 학기가 김정안 선생님의 긴 교직 생활 중에 마지막 학기라고 들었거든요. 소회를 한 말씀 부탁드리지 않을 수 없네요.

김정안 하나는 제가 마지막에라도 혁신학교 교사를 한 경험이 저에게 큰 보람이었습니다. 저는 교직 생활을 통해서 혁신학교에서 저 자신도 교사로서 존중받았고 제 자존감이 높아졌습니다. 저 자신도 동료 교사 모두를 존중하면서 교사들이 힘을 합치면 얼마나 좋은 교육을 만들어낼 수 있는지 교사 개개인이 얼마나 창의적이고 훌륭한지를 알게 되었습니다. 교사들을 믿어주면 그 교사들에게 기회를 주고 참여할 수 있습니다. 주체적으로 결정할 수 있는 권한을 주면 교사들은 정말 창의성을 발휘합니다. 이것이 제가 하나 크게 느낀 것이었습니다. 또 하나는 일반고와 관련해서 혁신학교가 확산이 되어서 혁신학교가 바로 일반고를 살리는 동력을 제공해주면 좋겠습니다. 그러나 혁신학교의 확산만으로는 안되는 것이 '일반고 살리기'입니다. '일반고 살리기 이제부터'라는 것은 정말 일반고를 살리고 모든 아이를 살리는 교육인가에 대한 사회적 합의를 끌어내서 서로 공감대를 확대해야 한다는 것입니다. 우리 아이들과 우리 사회의 미래를 위해서 합의를 끌어내고 좋은 결정을 내려서 일반고가 살아나는 일이 이제부터 이뤄지면 좋겠다는 것이 제 바람입니다.

곽노현　일반고인 삼각산고등학교에서 정년을 앞 둔 4년의 혼을 불살라서 학교를 제대로 살려낸 김정안 선생님의 소회를 마지막으로 '일반고 살리기 이제부터다' 마치도록 하겠습니다.

혁신학교, 21세기 공교육의
새로운 롤모델

이 장에 실린 혁신학교 관련 인터뷰 4개는 가슴 뭉클한 감동의 연속이다. 이부영, 강명희, 김정안 선생님 등 혁신학교 선생님들의 말씀을 듣다보면 가슴 깊은 곳에서 존경심이 치솟으며 절로 고개가 수그려진다. 오세리 학생이 생생하게 증언하는 모교의 모습과 그에 대한 자부심 역시 선생님들의 교육적 실천에 뿌리를 두고 있다. 공교육 혁신에 대해 여전히 회의적인 분들은 이 인터뷰들로부터 축복의 세례를 받고 희망으로 나아갈 수 있을 것이다.

직선 교육감 1기 때는 서울, 경기 등 6개 지역에 머물던 혁신학교 운동이 직선 교육감 2기 들어 13개 지역으로 확산 중이다. 전국에서 추진되고 있는 혁신학교 운동은 공교육 혁신의 희망이자 나침반이다.

서울에서는 내가 중도하차하고 한때 문용린 교육감이 들어서며 혁신학교 운동을 죽이기 위해 안간힘을 썼었다. 혁신학교에 지원금을 줄이고 특별감사를 실시하는 등 전방위로 압박을 가했으나 서울의 혁신학교들은 흔들리지 않았다. 혁신학교의 교사들이 뭉치고 학부모들이 뭉쳐서 지켜낸 덕분이다. 혁신학교 운동은 지역마다 교사 협의체와 학부모 네트워크를 만들어냄으로써 자생력과 지속가능성을 확보했다. 특히 서울과 전북의 혁신학교학부모 네트워크는 모범적이다.

혁신학교는 공교육의 새 표준을 모색하고 구현하는 공교육 혁신의 파일럿(pilot) 학교다. 혁신학교는 공교육 바깥의 대안학교가 아니고 공립학교의 새 표준을 지향한다.

혁신학교는 일부 아이를 대상으로 진행되는 각종 프로그램이 아니라 모든 아이에게 적용되는 교육과정을 중심으로 운영된다. 교육과정은 학년별 교사들이 중심이 돼 최대한 통합적으로 운영한다. 수업 역시 기존의 일방적 주입식 강의 방식에서 벗어나 최대한 질문과 토론이 살아있는, 배움 중심, 학생 중심으로 진행된다. 공동의 과제를 놓고 팀워크를 발휘하는 프로젝트 협력 수업 방식도 활성화된다. 단순한 암기나 문제 풀이를 넘어 문제해결을 위한 창의성과 상상력을 이끌어내며 집단지성의 힘을 일깨우는 것이 수업의 목적이다.

생활교육은 무엇보다도 수업 시간마다 쌍방향적인 교육 활동을 통해 교사와 학생, 학생과 학생 사이에 상호 존중과 배려, 협력을 몸에 익히는 것으로 시작한다. 혁신학교의 수업 시간이나 학교생활에는 성적 차별이나 부모 차별, 용모 차별 등이 없다. 혁신학교는 생활교육에서도 남다른 실험과 실천을 하고 있다. 금지와 통제 일변도에서 참여와 소통, 신뢰와 협력을 수단으로 자율과 책임의 생활교육으로 전환하고 있다. 혁신학교에서는 특히 문예체 교육, 노작교육, 진로적성교육, 민주 시민교육이 실질적으로 꽃핀다.

혁신학교의 경험은 다음 몇 가지 사항을 공통으로 남겼다. 첫째, 교장 주도로는 안된다. 깨어난 소수 교사가 거침없이 치고나가는 방식으로도 안된다. 다소 더디더라도 많은 교사들의 동료애를 이끌어내 함께 갈 때 학교 혁신이 멀리갈 수 있다. 둘째, 학교 혁신은 민주적 의사결정 구조에 기반해서 진행된다. 민주적 의사결정 구조의 제도화 없이는 교사 참여를 이끌어내기 어렵다. 학교 내부 교사 집단의 집단적 효능감과 책임감을 높이지 않는 어떤 학교 혁신도 허구다. 셋째, 교육과정에 대한 고민과 수업 혁신이 없이는 지속가능하지 않다. 학교의 주 업무는 교육과정에 따라 수업을 진행하는 것이다. 모든 교육철학과 정책은 교육과정에 반영되어야만 학교와 교실에서 체감된다.

성공적인 혁신학교 덕분에 실천적으로 검증된 학교 혁신의 성공 조건과 운영 원칙은 정책화되어 모든 일반 학교에 확대될 필요가 있다. 물론 잘되는 혁신학교는 일반 학교보다 계속 더 앞서나갈 것이다. 5년, 10년, 20년, 30년 후에 혁신학교가 어떤 도전을 만나며 어디까지 혁신할지, 어떤 모습을 띨지는 미리 속단할 수 없다. 20년 후에는 정보통신, 과학기술의 발달로 지금의 학교와는 상당 부분 거리가 있는 모습일 가능성이 높다. 획일적 집단 시설로서 학교의 탈학교화가 상당 부분 진전될 것으로 예측할 수 있다.

혁신학교는 현재 전국으로 확대되고 있다. 전국에서 공교육의 새로운 혁신 지도가 완성될 것이다. 이에 따라 혁신학교의 지속과 확대에 따른 여러 정책적 지원이 요구된다. 예를 들어 혁신학교에 재지정된 5년 차 혁신학교에서는 5년마다 전근을 원칙으로 하는 교원 인사 주기가 돌아오기 때문에 지속가능성 문제가 큰 고민거리다. 그래서 혁신학교의 안정적 운영과 혁신학교 성과 확산을 위한 인사 제도 같은 것들이 강구되어야 한다.

혁신학교를 얼마나 늘려야 바람직한지는 정답이 없다. 그러나 혁신학교의 혁신성을 확보하기 위해서는 혁신학교를 많이 늘릴 수 없는 현실의 사정을 받아들여야 한다. 혁신학교를 살려내는 것은 그 자체로도 중요하지만 부근 학교에 '메기 효과'를 발휘하는 것은 물론 민주적이고 깨어있는 교장, 교사 양성 효과를 위해서도 반드시 필요하다.

혁신학교가 아니더라도 모든 학교가 일정한 내용과 수준의 혁신을 하는 것은 반드시 필요하다. 이와 관련해 혁신학교를 넘어 혁신교육지구로 가는 움직임도 주목해야 한다. 교육감과 지자체장이 상황 인식을 공유하고 재정적, 정책적인 협력을 해나감으로써 지자체 관할 내의 학교 전체를 바꿔보려는 새로운 시도가 혁신교육지구다. 사실 첫 진보 교육감 지역에선 혁신학교가 주 관심사라면 진보 교육감 재선 지역에서는 혁신학교를 넘어 모든 학교로 일정한 혁신을 확대하는 것이 주 관심사다. 혁신학교를 넘어 학교 혁신으로! 학교 혁신을 넘어 마을과 지역의 혁신으로!

학교를 민주주의와 공공성, 인권 존중의 체험 학습장으로 만들어나가는 것이 중요하다. 그래야만 한국의 미래, 아이들의 미래가 민주주의와 민생의 관점에서 좀 더 나아질 것이라는 희망이 있다. 혁신학교를 통한 공교육 혁신에서 그 답이 만들어지고 있다.

삶과 교육을 바꾸는
맘에드림 출판사 교육 도서

나는 혁신학교에 간다

경태영 지음 / 값 14,000원

공교육을 바꾸겠다는 거대한 희망을 품고 시작된 '혁신학교'. 이 책은 일곱 개 혁신학교의 이야기를 담고 있다. 지금 우리 교육이 변화하는 생생한 현장의 모습과 아이들이 꿈을 키우고 행복하게 공부하는 희망의 터로 새롭게 자리매김하는 학교들을 이 책에서 만날 수 있다.

혁신학교란 무엇인가

김성천 지음 / 값 15,000원

교육공동체가 만들어내는 우리 시대 혁신학교 들여다보기. 혁신학교 전반에 관한 이야기를 다루고 있는 책으로, 공교육 안에서 혁신학교가 생기게 된 역사에서부터 혁신학교의 핵심 가치, 이론적 토대, 원리와 원칙, 성공적인 혁신학교의 모습을 보이고 있는 단위학교의 모습까지 담아냈다.

학부모가 알아야 할 혁신학교의 모든 것

김성천, 오재길 지음 / 값 15,000원

학부모들을 위한 혁신학교 지침서!
'혁신학교에서는 무엇을, 어떻게 가르치고 있는지, 교사·학생·학부모는 어떻게 만나서 대화하고 관계를 맺어 가는지, 어떤 교육 목표를 지향하고 있는지 등 이 책은 대한민국 학부모들의 궁금증에 친절하게 답을 한다.

덕양중학교 혁신학교 도전기

김삼진 외 지음 / 값 14,500원

이 책의 1부는 지난 4년 동안 덕양중학교가 시도한 혁신과 도전, 성장을 사실과 경험에 기반한 스토리텔링 방식의 성장기로 전개하고 있다. 그리고 2부는 지역사회와 협력하여 펼치고 있는 교육 프로그램, 배움의 공동체 수업 등을 현장 사례 중심의 교육적 에세이 형태로 담고 있다.

학교 바꾸기 그 후 12년
권새봄 외 지음 / 값 14,500원

MBC PD 수첩에 방영되어 화제가 되었던 남한산초등학교.
아이들이 모두 행복하고, 얼굴 표정이 밝은 아이들. 학교가는 것
을 무엇보다 좋아하고, 방학을 싫어하는 아이들. 수업과 발표를
즐겼던 이 학교를 졸업한 아이들이 그 후 12년의 삶을 세상에 이
야기한다.

교사는 수업으로 성장한다
박현숙 지음 / 값 12,000원

그동안 교사는 수업에서 아이들을 만나지 못해왔다. 관계와
만남이 없는 성장의 결손을 낳았다. 그리하여 우리 아이들과
교사들은 모두 참 아프고 외로웠다. 이 책에서는 교사, 학생,
학부모, 지역사회가 공동체로서 서로 관계를 맺을 때에만 배움은
즐거운 활동으로서 모두가 성장하는 삶의 일부가 될 수 있음을
보여준다.

교사와 학부모가 함께 읽는 주제 통합 수업
김정안 외 지음 / 값 15,000원

'서울형 혁신학교'로 지정된 7개 혁신학교들이 지난 1~2년
동안 운영한 주제 중심 통합 교육 과정과 수업 사례를 소개한
책이다. 이 학교들의 교육과정은 전국적으로 이루어지는
혁신학교들의 성과를 반영하였고, 자신의 지역사회의 실제
환경과 경험을 살려 실제 수업에 적용한 것이다.

혁신교육 미래를 말한다
서용선 외 지음 / 값 14,000원

혁신교육은 2009년 이후 공교육 되살리기의 새로운 희망이
되어왔다. 이러한 정책을 입안하고 추진하는 데 기여해왔던
6명의 교사 출신 연구자들이 혁신교육 발전에 필요한 정책
과제들을 모아 하나의 책으로 제시한다. 이 책은 교육철학,
교육과정, 교육행정과 학교 운영(거버넌스) 등에서 주요
이슈들을 정리하고 혁신교육의 성과와 과제가 무엇인가를
보여준다.

수업을 살리는 교육과정

서우철 외 지음 / 값 16,500원

최근 교육과정을 재구성하는 논의가 활발한 가운데, 이 책에서는 개별 교과목과 교과서의 형식에 얽매이지 않고 아이들의 발달을 고려하여 주제를 중심으로 교육과정을 재구성하여 통합적으로 운영하는 방법과 구체적인 실천 사례를 설명하고 있다. 이러한 과정은 같은 학년을 맡고 있는 교사들의 토론과 협력을 통해서 이루어진 것임을 이야기한다.

수업 딜레마

이규철 지음 / 값 14,000원

이 책을 관통하는 키워드는 '사람'이다. 저자의 노하우를 전수하는 것이 아니라, 수업 속에서 딜레마에 맞닥뜨려 고통받고 있는 선생님들의 고민을 담고, 신념을 담고, 그것을 이겨내기 위한 한 분 한 분의 마음을 담고 있다. 이런 고민속에 이 책을 집어 든 나를 귀하게 여기며 다시 한번 교사로 잘 살아보고 싶은 도전을 하게 한다.

좋은 엄마가 스마트폰을 이긴다

깨끗한미디어를위한교사운동 지음 / 값 13,500원

스마트폰에 대한 아이들의 집착은 대단하다. 스마트폰은 '재미있고 편리하다.' 그러나 스마트폰 때문에 아이들은 시간을 빼앗기고, 건강이 나빠지고, 대화가 사라지며, 공부와 휴식, 수면마저 방해를 받는다. 이 책은 이러한 사례들을 생생하게 소개하고 부모들에게 아이들의 스마트폰 사용에 어떻게 대응해야 하는지 대안을 제시한다.

엄선생의 학급운영 레시피

엄은남 지음 / 값 14,000원

34년 경력의 현직 교사가 쓴 학급운영의 생동감 넘치는 지침서. 초등학교에서 아이들은 문자와 숫자를 익히는 것보다 학교와 교실에서 낯설고 모험적인 사건을 겪으면서 더 많은 것을 배운다. 이 책은 초등학교에서 교과서 지식보다 더 중요한 역할을 하는 학교생활과 학급문화를 만드는 데 담임교사의 역할을 다룬다. 교사와 아이들이 서로 존중하고 신뢰하는 관계를 어떻게 만들어야 하는지 구체적인 경험과 사례로 설명해준다.

진짜 공부

김지수 외 지음 / 값 15,000원

혁신학교가 추구하는 '진짜 공부'와 '진짜 스펙'이 무엇인지 보여주는, 졸업생들의 생동감 넘치는 경험담. 12명의 졸업생들은 학교에서 탐방, 글쓰기, 독서, 발표, 토론, 연구, 동아리, 학생회 활동을 통해 자신들이 생각하지도 못한 진짜 공부를 경험했음을 보여준다. 이 책을 통해 수능시험이 아니라 정말로 청소년 스스로 하고 싶을 즐기면서 성장하는 것이 우리 사회에 필요한 것임을 새삼 느낄 수 있다.

수업 디자인

남경운, 서동석, 이경은 지음 / 값 15,000원

서울형 혁신학교의 대표적인 수업 혁신을 담은 이야기. 아이들이 서로 협력하면서 배우는 수업을 목표로 삼은 저자들은 범교과 수업모임을 통한 공동 수업설계를 대안으로 제시한다. 아이들은 교사의 설명을 통해 배우는 것이 아니라 서로 '옥신각신'하며 함께 문제에 도전할 때 수업에 몰입하고 배우게 된다. 이 책은 이러한 수업을 위해서 교사들이 교과를 넘어 어떻게 협력하고 수업을 연구해야 하는지 잘 보여준다.

아이들이 가진 생각의 힘

데보라 마이어 지음 / 정훈 옮김 / 값 15,000원

미국 공교육 개혁의 전설적 인물 데보라 마이어가 전하는 교육 개혁에 대한 경이롭고도 신선한 제언. 이 책은 학교 혁신의 생생한 기록을 통해 우리가 학교에서 무엇을 왜 가르치고 배워야 하는지에 대한 근원적인 성찰을 담고 있다. 아이들이 지성적으로 생각하는 마음의 습관을 배우는 것이 얼마나 중요하고 그것을 위해 학교가 무엇을 해야 하는지를 일깨워준다.

어! 교육과정 아하! 교육과정 재구성

박현숙·이경숙 지음 / 값 16,500원

교육과정 재구성을 고민하는 교사를 위한 현장 지침서. 이 책은 저자들이 학교 현장에서 교육과정 재구성이라는 화두를 고민하고, 실행한 사례들이 담겨져 있다. 책의 내용은 주제 통합 수업, 교과 통합 수업, 범교과 주제 학습, 교과 체험 학습, 프로젝트 수업 등 학교 현장에서 적용해 큰 성과를 본 것들을 세밀하게 소개하면서 교육과정 재구성작업의 노하우를 펼쳐보인다.

행복한 나는 혁신학교 학부모입니다

서울형혁신학교학부모네트워크 지음 / 값 16,000원

이 책은 학부모가 자신의 눈높이에서 일러 주는 아이들의 혁신학교 적응기일 뿐만 아니라, 학부모 역시 학교를 통해 자신의 삶을 고양 시켜 가는 부모 성장기라는 점에서 대한민국의 모든 학부모들에게 건네는 희망 보고서이기도 하다. 혁신학교가 궁금한 모든 학부모들이 이 책을 통해 혁신학교 학부모로서의 체험을 미리 하는 데 부족함이 없을 것이다.

일반고 리모델링 혁신고가 정답이다

김인호, 오안근 지음 / 값 15,000원

교육 환경이 열악한 지역에 있던, 서울의 한 일반계 고등학교가 혁신학교로 4년간 도전과 변화를 겪으면서 쌓은 진로, 진학의 비결을 우리 사회 모든 학생, 학부모, 교사, 시민 등에게 낱낱이 소개해주는 책. 이 책은 무엇보다 '혁신학교는 대학 입시에 도움이 안 된다.'는 세간의 편견을 말끔히 떨어 없앤다. 이 책에서 저자들은 '결과' 중심 교육과정을 '과정' 중심으로 바꾸고, 교내 대회와 동아리 활동, 봉사 활동을 장려함으로써 대학 진학에 놀라운 결과가 어떻게 이루어질 수 있었는지를 보여주고 있다.

우리가 신뢰하는 학교, 어떻게 만들 것인가?

데보라 마이어 지음 / 서용선 옮김 / 값 15,000원

이 책의 저자인 데보라 마이어는 보수와 진보를 막론하고 미국 공교육 개혁 분야에서 가장 신뢰받는 실천가이자 이론가로 평가받는다. 학교 안에서 '신뢰의 붕괴'를 오늘날 공교육이 직면한 가장 큰 도전으로 인식한다. 이 책의 원제 〈In Schools We Trust〉에서 나타나듯, 저자는 신뢰할 수 있는 공교육의 조건이 무엇인지 자신의 경험 속에서 제안하고, 탐색하고, 성찰한다.

교사, 어떻게 살아야 하는가

김성천외 지음 / 값 15,000원

오랫동안 교육현장에서 교육과 연구를 병행해 온 저자 5인이 쓴 '신규 교사를 위한 이 시대의 교사론'. 이 책은 학교 구성원과의 관계맺기부터 학교 현장에서 맞닥뜨리게 되는 여러가지 문제들과 극복 방법, 교육 개혁에 어떻게 주체로 설 수 있는지, 어떤 과정을 통해 개인의 성장을 도모해야 하는지 등 신규 교사의 궁금점에 대해 두루 답하고 있다.

리셋, 교육과정 재구성
서울신은초등학교 교육과정 연구회 모임 지음 / 값 16,000원

서울형 혁신학교인 서울신은초등학교 교사들이 1학년부터
6학년까지 모든 학년의 교육과정을 재구성하고 실천한 경험을
모두 담았다. 이 책에 소개된 혁신학교 4년의 경험은 진정한
학습이란 몸과 마음을 통해 경험함으로써, 생각이나 감정을 다른
사람과 주고받음으로써, 과거 경험을 새로운 지식으로 다시
생각함으로써 실현된다는 점을 잘 보여주고 있다.

다섯 빛깔 교육이야기
이상님 지음 / 값 16,000원

충북 혁신학교(행복씨앗학교)인 청주 동화초등학교의 동화 작가
출신 선생님이 아이들과 함께 보낸 한해살이 이야기다.
이오덕 선생의 "아이들의 삶을 가꾸는 교육"을 고민하던 저자가
동화초 아이들을 만나면서 초등학생의 특성에 맞도록 활동 중심의
교육과정을 재구성하는 한편, 표현 위주의 교육을 위한 생활
글쓰기 교육을 실천하면서, 학교 교육을 아이들의 놀이와 생활,
삶과 연결시키고자 노력한 교단 일지를 바탕으로 구성되었다.

만들자, 학교협동조합
박주희 · 주수원 지음 / 값 14,500원

이 책은 학교협동조합이 무엇인지, 어떤 유형의 학교협동조합이
가능한지, 전국적으로 현재 학교협동조합의 추진 상황은 어떠한지,
국내외 사례를 통해 소개하고 안내하는 한편, 학교협동조합을
운영하는 원리와 구체적인 교육방법을 상세하게 풀어놓고 있다.
저자들이 실천적 지침들을 따라가다 보면 학교협동조합은 더 이상
상상이 아니라 학교 구성원의 필요와 의지, 실천으로 극복할 수
있는 실현 가능한 미래라는 점을 알 게 된다.

땀샘 최진수의 초등 수업 백과
최진수 지음 / 값 21,000원

초등학교에서 20여 년간 아이들을 가르쳐온 저자가 초등학교
수업에 대해서 기록하고 연구하고 실천하며 쌓아온 경험을
바탕으로 초등학생들과 수업을 함께하는 방법을 담고 있다.
아이들의 학습동기, 아이들이 수업에 참여하는 방법, 칠판과
공책을 사용하는 방법, 모둠 활동, 교과별 수업, 조사와 발표
등 초등학교 교사가 아이들을 가르칠 때 알아야 할 가장
기본적이면서도 가장 중요한 모든 것을 다루고 있다.

독자 여러분의 소중한 원고를 기다립니다

맘에드림 출판사는 독자 여러분의 소중한 원고를 기다리고
있습니다. 원고가 있으신 분은 nurio1@naver.com으로
원고의 간단한 소개와 연락처를 보내주시면 빠른 시간에
검토하여 연락을 드리겠습니다.